Cómo hacer (casi) todo bien la primera vez

Nota de la editorial

Los editores de FC&A han puesto el máximo cuidado para garantizar la exactitud y la utilidad de la información contenida en este libro. Aunque se ha hecho todo lo posible para asegurar que la información sea precisa, podría haber errores. Aconsejamos leer cuidadosamente y entender las ideas y los consejos aquí presentados y consultar con un profesional calificado antes de intentar utilizarlos. La editorial y los editores renuncian a toda responsabilidad (incluida la responsabilidad por cualquier lesión, daño o pérdida) derivada del uso de la información aquí contenida.

La información de salud que se ofrece en este libro debe utilizarse únicamente como referencia y no tiene como propósito ser una guía médica de autotratamiento. Esta información no constituye un consejo médico y no debe interpretarse como tal ni utilizarse en lugar de lo aconsejado por su médico.

> *"¡Si puedes...!", respondió Jesús.*
> *Todo es posible para el que cree".*
> *Marcos 9:23*

FC&A Publishing®
103 Clover Green
Peachtree City, GA 30269

Producido por el equipo editorial de FC&A

ISBN 978-1-935574-14-9

Índice

Índice

Consejos de los expertos del volante

Para comprar o vender una casa

Luzca sensacional con menos

Pasatiempos perfectos

Estire su presupuesto de comida

Preste atención a los lectores. El escáner o lector de precios agiliza el paso por caja, reduce costos y permite generar un recibo detallado de lo que usted compró. También debe servir para que las tiendas cobren el precio correcto, pero no siempre es así. La Comisión Federal de Comercio (FTC, en inglés), que lleva un registro de la precisión de estos lectores de precios, sugiere lo siguiente a la hora de comprar:

✦ Esté atento a los precios que aparecen en la pantalla de la caja registradora. En caso de un error, exija que el precio sea corregido. Pregunte sobre la política de la empresa en cuanto a los cobros en exceso; algunas tiendas le ofrecerán un artículo de forma gratuita.

✦ Tome nota de los precios marcados en el estante mientras coloca sus compras en el carrito.

✦ Tenga a mano el volante del supermercado con los productos en oferta. El cajero tal vez tenga que ingresar esos descuentos manualmente.

✦ Verifique el recibo y si encuentra que le cobraron de más, pida al cajero que haga las correcciones necesarias. Si detecta un precio equivocado después de dejar la caja, es posible que tenga que presentar su reclamo en el mostrador de servicio al cliente.

Si usted observa errores frecuentes en los lectores de precios de su supermercado, hable con el administrador o comuníquese con la oficina del procurador general de su Estado o con la FTC al 877-382-4357.

Salga menos a comprar. Si no está en la tienda, no gasta dinero. Ésa es una de las claves para hacer rendir el presupuesto familiar según Steve y Annette Economides, superahorradores y autores de *America's Cheapest Family Gets You Right on the Money*. La familia Economides,

1

con cinco niños en pleno desarrollo, gasta alrededor de $350 mensuales en alimentos, artículos de aseo y productos de limpieza. El truco está en planificar, congelar los alimentos y salir de compras sólo una vez al mes.

"Cuanto más a menudo vaya a la tienda, más tiempo pasará frente a los estantes, los especiales en los extremos de los pasillos y las tentaciones cerca de la caja", dicen los Economides. "Y cuanto más tiempo pase recorriendo la tienda, más probable es que gaste más de lo previsto".

Si teme que la fruta fresca, las verduras y los productos lácteos no le duren un mes, no se preocupe. Según el plan de los Economides, primero hay que consumir las frutas como las uvas o las bananas y después las que duran más, como las peras, las manzanas y las naranjas. Ralle el queso antes de congelarlo, ya que es difícil de rebanar una vez descongelado. Asegúrese de verter un poco de leche del envase antes de colocarlo en el congelador. Estos pequeños esfuerzos ahorran tiempo y dinero.

"Cuanto menos compre, más ahorra", dicen los Economides.

¿A cuánto equivale una lata en tazas?

No tiene por qué ensuciar una taza de medir si sabe cuánto contiene la lata de sopa o de verduras. Algunas recetas antiguas se refieren a las latas por su número de tamaño. Consulte esta práctica guía para no comprar más de lo necesario ni abrir latas adicionales.

Tamaño de lata	Peso del contenido	Volumen en tazas
Buffet	8 onzas	1 taza
N.° 1	10 a 12 onzas	1 1/2 tazas más o menos
N.° 300	14 a 16 onzas	1 3/4 tazas
N.° 303	16 a 17 onzas	2 tazas
N.° 2	20 onzas	2 1/2 tazas
N.° 3	48 onzas	5 3/4 tazas

Dese prisa sin perder dinero. A nadie le gusta perder tiempo ni dinero. Pero a veces se nos va el día buscando la mejor oferta. Siga los consejos descritos a continuación para encontrar los mejores precios rápidamente:

✦ Haga una lista y revísela por lo menos dos veces. Antes de salir de casa échele un vistazo a los anuncios semanales del supermercado que se publican en el periódico o en línea. Así no perderá tiempo en los pasillos del supermercado comparando precios.

✦ Nade contra la corriente. En los supermercados, la mayoría de las personas se desplazan en el sentido contrario a las agujas del reloj. Si usted va en la dirección opuesta, pasará menos tiempo en los pasillos esperando detrás de los compradores más lentos.

✦ Llegue temprano. Si una oferta empieza el domingo, es probable que para el viernes ya se haya agotado. Tal vez usted pueda obtener un vale para el producto en oferta, pero eso significaría otro viaje a la tienda.

✦ Quédese en casa. Usted puede comprar en línea toda clase de alimentos y hasta especialidades que su tienda local no tiene. Y los recibe en la puerta de su casa. Vea lo que hay en *www.netgrocer.com*, *www.schwans.com* o *www.amazon.com*.

Evalúe las opciones. Un supermercado puede tener los precios más bajos en alimentos congelados, mientras que en otro las verduras son más frescas y en un tercero los enlatados son más baratos. Como no existe el supermercado perfecto, tendrá que ir a varias tiendas para encontrar la calidad que usted busca al mejor precio.

Planifique con anticipación, familiarícese con cada uno de los supermercados y esté atento a sus ofertas especiales. De este modo no perderá el tiempo yendo a todas las tiendas cada vez y podrá limitar sus compras a una vez por semana o menos.

Siete maneras de ahorrar en el súper. Pruebe estos trucos para recortar sus gastos en alimentos:

✦ Aténgase a su lista de compras. Ésa es la clave para ahorrar. Todo lo que usted realmente necesita debe estar en esa lista. Y si no está, déjelo en la tienda para la próxima vez.

✦ Nunca vaya a comprar con hambre. No hay más que decir.

✦ Deje a su pareja y a los niños en casa para poder concentrarse en buscar las mejores rebajas.

✦ Compre grandes cantidades de los productos que usa con frecuencia cuando estén en oferta. Pero nunca compre un producto simplemente porque está en oferta.

✦ No se deje engañar por envoltorios de lujo o publicidad ingeniosa. En cambio, compruebe los precios por unidad, como el precio por onza, para luego poder comparar entre marcas. Si ve que el mejor precio de algo es de una marca genérica o de la tienda, lléveselo.

✦ Compre en varios sitios para saber dónde están las mejores ofertas. Y si sabe de una tienda al otro lado de la ciudad que tiene una rebaja fabulosa, pida a la tienda de su barrio que le dé ese mismo precio.

✦ Olvídese de las carnes frías carísimas de la sección de *delicatessen*. En cambio, vaya a la sección de carnes, elija un gran trozo de pavo, jamón o mortadela y llévelo al carnicero o al mostrador del *deli* para que se lo corten en rodajas. Lo harán gratis.

El jugo de frutas mantiene la agudeza del cerebro

No olvide incluir los jugos en su lista de compras. Estudios muestran que beber jugos de frutas y verduras con gran cantidad de antioxidantes naturales o polifenoles, puede retrasar el inicio de la enfermedad de Alzheimer. El jugo de uva roja es una de las mejores fuentes de polifenoles. Tres vasos a la semana es todo lo que necesita.

Baje de peso con el Hombre Etiqueta

Una nueva mascota le ayudará a entender las etiquetas de los alimentos. El Hombre Etiqueta o Labelman, como se le conoce en inglés, ha sido creado por la Administración de Alimentos y Fármacos de Estados Unidos. A través de una presentación en línea, el Hombre Etiqueta le da pautas para que usted pueda controlar su peso haciendo uso de las etiquetas de información nutricional en los envases de los alimentos. Vaya a *www.fda.gov/LabelMan* (en inglés).

El secreto para reducir drásticamente sus gastos en alimentos. Tirar un cupón de descuento de un artículo que compra a menudo es como tirar el dinero. Aprenda a ganarles la partida a los fabricantes recortando cupones de descuento y usándolos creativamente.

"Me encanta ver los descuentos en mi recibo del supermercado y saber que estoy ayudando a mi familia", dice MaryTara Wurmser, una mamá muy ocupada que dirige los debates de Kids & Family en *www.Epinions.com*. Ella suele comprar alimentos por un valor de más de $300 dólares por menos de $100, simplemente utilizando los cupones de descuento de manera inteligente. Éstos son sus consejos para ahorrar al máximo:

✦ Combínelos. "Averigüe los días en que las tiendas duplican o triplican los descuentos de los cupones, para obtener el mayor ahorro", dice Wurmser. "El resto del tiempo se ahorra más juntando la oferta de la tienda con un cupón de descuento del fabricante. Así, a veces consigo algo por centavos o hasta gratis".

✦ Amplíe la red. "Los cupones de descuento están por todos lados, no sólo en el periódico del domingo", dice Wurmser. "Busque en revistas y en Internet. Vaya a los sitios web de los fabricantes y apúntese en sus listas de correo".

✦ Busque ayuda. Inicie un grupo de intercambio de cupones para acceder a los cupones de los productos que usted usa. Además, es una gran manera de conocer a otras personas ahorrativas como usted.

✦ Sea buena gente. Organice sus cupones antes de llegar a la caja; si los entrega todos hacia arriba y con la misma orientación podrán ser escaneados con mayor rapidez. Si usted tiene un cupón para un artículo gratis, sepa el precio para que el cajero pueda anotarlo.

Haga clic para cupones a su medida. No es necesario revisar el periódico todas las semanas. Hay sitios web donde puede encontrar cupones de descuento para los productos que usted necesita e imprimirlos en casa. En algunos de esos sitios usted primero deberá registrarse, pero por lo general eso no toma mucho tiempo. Éstos son algunos de los más populares:

✦ *www.smartsource.com*

✦ *www.customcoupon.com*

✦ *www.coolsavings.com*

✦ *www.coupons.com*

✦ *www.couponsurfer.com*

Organícelos y ahorre. Usted no podrá usar sus cupones de descuento si no los encuentra. Así que trate de organizarlos por fecha según el mes de vencimiento, en orden alfabético por marca o por tipo de producto. Elija una de las siguientes opciones para mantenerlos en orden:

✦ Un archivador con fundas de plástico transparentes para cada categoría o mes.

✦ Bolsitas transparentes para las categorías menores (yogur, por ejemplo), dentro de bolsas transparentes más grandes para las categorías mayores (productos lácteos, en este ejemplo).

✦ Una carpeta acordeón o una caja grande para recetas, con separadores para las categorías o las fechas.

Mantenga los cupones en su auto o bolso para tenerlos a mano la próxima vez que pase por una tienda.

Cuándo comprar el mejor sabor al mejor precio

Debido al alto costo del combustible, hoy es más caro traer de lejos las frutas y verduras que están fuera de estación. Por suerte, las variedades que están en plena temporada son siempre más sabrosas y más baratas.

Mes	Mejores opciones
Enero	naranjas y otras frutas cítricas, brócoli, coliflor, repollo
Febrero	naranjas y otras frutas cítricas, papaya, brócoli, coliflor
Marzo	piña, mango, brócoli, lechuga
Abril	piña, mango, alcachofas, calabacines, espárragos, ruibarbo
Mayo	albaricoques, cerezas, alcachofas, calabacines, espárragos, ocra
Junio	albaricoques, fresas y otras bayas, duraznos, melón, sandía
Julio	fresas y otras bayas, melón, sandía, calabazas de verano, habichuelas verdes, maíz, tomates
Agosto	albaricoques, ciruelas, fresas y otras bayas, melón, sandía, maíz, pepinos, tomates
Septiembre	granadas, uvas, berenjenas, calabazas, espinaca, tomates
Octubre	arándanos agrios, granadas, manzanas, uvas, batatas dulces, calabazas, calabazas de invierno
Noviembre	arándanos agrios, granadas, mandarinas, naranjas, batatas dulces, calabazas, calabazas de invierno
Diciembre	granadas, naranjas y otras frutas cítricas, peras, batatas dulces, brócoli, coliflor, hongos

Nota: si no reconoce el nombre de una fruta o verdura, vea el glosario en la página 363.

¿Los cupones valen la pena?

¡Claro que sí! Con sólo ahorrar $20 a la semana usando los cupones de descuento, usted puede llegar a ahorrar hasta $1,000 en un año. Si canjea los cupones de un dólar en los días en que las tiendas duplican su valor, verá lo fácil que es llegar a ahorrar esos $20. Una compradora meticulosa dijo haber pagado tan sólo $240 por alimentos que sumaban un valor de $900, canjeando cupones de descuento, usando su tarjeta de cliente preferido y estando atenta a las ofertas.

Busque los paquetes de ahorro. Aun si no le agrada comprar alimentos al por mayor, considere estas cuatro sugerencias:

✦ Compre verduras congeladas en bolsa, no en caja. Así usted puede servirse una o dos porciones y volver a cerrar la bolsa para otra comida.

✦ No se acerque a los jugos, flanes y gelatinas en porciones individuales.

✦ En lugar de comprar té en bolsitas, cómprelo suelto y utilice un tamiz o colador para preparar las infusiones. Así podrá hacer economías y a la vez disfrutar de una amplia variedad de sabores.

✦ Olvídese de los sobres individuales de avena instantánea. Ahorre más de la mitad si compra una lata de avena de preparación rápida.

Conozca la verdad sobre los mitos del súper. Un estudio realizado por *Consumer Reports* sobre los precios, la selección y la satisfacción del cliente en los supermercados derrumbó varios mitos:

Mito: Los productos al final de los pasillos están en oferta.

Realidad: A veces las tiendas emplean esas zonas de alto tráfico para llamar la atención sobre productos que están a punto de caducar. Compare los precios como haría normalmente y verifique las fechas de vencimiento.

Mito: Las marcas de la tienda son de mala calidad.

Realidad: Usted obtiene tanto calidad como buen precio con las marcas de la tienda, ya que hoy en día éstas cumplen con estándares más exigentes que en el pasado.

Mito: Todos los productos anunciados en los volantes están en oferta.

Realidad: El almacén puede usar el espacio de publicidad prepagada simplemente para llamar la atención sobre algún producto.

La fruta congelada siempre está de temporada

Encuentre otra excusa para no comer fruta todos los días. Incluso si sus frutas favoritas están fuera de estación, las versiones congeladas estarán listas para comer. Usted encontrará arándanos azules, fresas, frambuesas, duraznos y hasta cerezas y trozos de piña, endulzados o sin azúcar. Disfrútelos en batidos, con el cereal del desayuno, en tartas o directamente de la bolsa. Estas frutas han sido cosechadas y congeladas en su mejor punto de madurez, así que son un bocado de puro verano en medio del invierno. Busque las frutas congeladas de Dole, Europe's Best y ShopRite que están a 20 ó 30 centavos la onza.

Cómo comprar carne. Consumir carne de buena calidad puede afectar su presupuesto, pero una compradora experta dice que ella llena el congelador gastando menos de $100 con estas estrategias:

+ Evite las carnes a precio completo. Recorte cupones, revise los volantes con ofertas y use su tarjeta de descuentos. Algunas personas utilizan estas estrategias de ahorro para comprar otros comestibles, pero cuando se trata de carnes prefieren pagar el precio completo. Debido a su precio elevado, es precisamente a la hora de comprar carne cuando estas estrategias son clave.

+ Planifique. Si conoce el calendario de ofertas de la tienda, usted puede combinar el precio rebajado con un cupón o con una tarjeta de descuentos y obtener de este modo la mejor selección.

✦ Mídase. Si una receta requiere una libra de carne de res molida, examine las etiquetas para encontrar un paquete de exactamente una libra o tal vez un poco menos. El peso de los paquetes varía, así que usted no tiene por qué pagar 25 por ciento más para preparar la misma comida. Nadie notará la diferencia.

✦ Obtenga ayuda de los expertos. Pida a su carnicero que le prepare porciones de carne más pequeñas o que le dé un descuento por un paquete que está próximo a caducar.

Razones para optar por lo orgánico

Algunas frutas y verduras contienen niveles muy altos de pesticidas que no se pueden eliminar simplemente lavándolas en agua corriente. He aquí una lista a tener en cuenta.

Mayor cantidad de pesticidas	Menor cantidad de pesticidas
manzanas	bananas
cerezas	arándanos azules
uvas importadas	toronjas
nectarinas	kiwis
duraznos	mangos
peras	papayas
frambuesas	piñas
fresas	plátanos verdes
pimientos morrones	ciruelas
apio	sandías
chiles	espárragos
papas	aguacates
espinacas	brócoli

Nota: si no reconoce el nombre de una fruta o verdura, vea el glosario en la página 363.

Carne más tierna por menos. Busque los cortes más baratos, como los asados, las costillas y las carnes para guisar. Una vez en casa, dese tiempo para transformarlos en las estrellas de su menú. Usted puede marinar la carne en jugo cítrico o salsa de soya, o bien agregar una cucharada de vinagre al agua de cocción. Otra manera de ablandar la carne dura es cocinándola a fuego lento en una olla eléctrica o *crockpot*.

Rico, rápido y económico. Puede ser más económico comprar la versión preenvasada o congelada del plato favorito de su familia, que prepararlo en casa. Todo depende de lo que usted pueda conseguir en oferta y de que su familia no insista en que tiene que ser como lo hacía la abuelita.

Por ejemplo, con una lasaña congelada tamaño familiar de Stouffer's comen siete y cuesta unos $13.50. Parece mucho, pero si usted suma los ingredientes —pasta de lasaña, salsa, queso *ricotta,* queso *mozzarella,* carne molida y especias— usted podría gastar más de $15.50. A eso súmele el tiempo para comprar los ingredientes y preparar la lasaña desde cero, y verá que no es mala idea.

Cuidado con las compras al por mayor. Comprar y almacenar alimentos en grandes cantidades pareciera ser la clave para ahorrar dinero. Sin embargo, Cynthia Yates, experta en ahorros y autora de varios libros sobre finanzas personales, sostiene que no siempre es así. Yates cree que es buena idea comprar alimentos esenciales, como harina, frutos secos y especias, en envases más grandes cuando están en oferta. Pero considera que almacenar alimentos en sí es una pérdida de tiempo.

"No es aconsejable comprar algo para que simplemente ocupe espacio en la casa", explica Yates. "¿Qué sentido tiene comprar un gran lomo de res si acabará olvidado en el congelador, para no ser visto nunca jamás?"

¿Y qué hay de los enormes clubes de almacén que ofrecen ahorros por comprar al por mayor cereales para el desayuno, aceite y prácticamente todo lo que usted pueda necesitar en la cocina? Yates dice que sí se puede ahorrar dinero en esos almacenes a pesar de la cuota de inscripción anual, que usted con toda probabilidad recuperará a través de las compras frecuentes. Pero advierte contra la compra de tamaños familiares de aquellos productos que no utiliza con frecuencia.

"Si usted necesita una lata de anchoas para una receta especial, cómprela al precio de tienda en lugar de adquirir un paquete de media docena, de un club de almacén", dice Yates. De lo contrario, las cinco latitas extra podrían acabar siendo un despilfarro de dinero.

"Compre únicamente lo que come y coma lo que compre", aconseja.

Dinero gratis con una cuenta de Upromise

Ayude a pagar los estudios universitarios de su nieto favorito comprando comida. Primero abra una cuenta gratuita de Upromise en *www.upromise.com.* Después inscriba la tarjeta de cliente preferido de su tienda y empiece a ganar entre el 1 y 5 por ciento de la compra de ciertas marcas. Estamos hablando de marcas como Nestlé, Lysol y Tylenol. El dinero va directamente a su cuenta de Upromise. Luego usted puede transferir ese dinero a una cuenta de ahorros del Plan 529 destinada a la educación superior de su nieto.

Gane en el juego del subibaja de precios. Usted puede ahorrar comprando únicamente los artículos "de pérdida", aquéllos que han sido rebajados para atraerlo a la tienda. Los supermercados tienen la esperanza de que, una vez en la tienda, usted se quede ahí para hacer todas sus compras, incluidas las de los productos cuyos precios han incrementado para compensar esas pérdidas. No caiga en la trampa. Compare precios para encontrar las mejores ofertas en todo lo que usted necesita. O mejor aún, compre sólo lo que vino a buscar.

Ahorre con un cuaderno de precios. Debido a la tendencia de los supermercados de anunciar ofertas diarias en vez de especiales semanales, hoy en día es más importante que nunca saber dónde están las mejores gangas. Usted puede lograrlo llevando un cuaderno de precios, donde anote cuánto cuestan determinados productos en distintas tiendas. Haga seguimiento de aquéllos que compra con más frecuencia.

Elija un pequeño cuaderno de espiral que no cueste mucho, pero que tenga muchas páginas. Divídalo en categorías, como productos lácteos, carnes y cereales del desayuno. Asigne una página a cada compra y anote la fecha, el nombre de la tienda, la marca, el tamaño, el precio total y el precio unitario (por ejemplo, el precio por onza) de esa compra.

Empiece por los productos del último volante de ofertas, luego añada la información de su recibo más reciente. Cada vez que haga una nueva compra, agregue los nuevos datos. Muy pronto empezará a ver patrones y saber cuándo y dónde están los mejores precios de las cosas que usted compra con frecuencia. Cuando encuentre una buena oferta, abastézcase.

Mire arribe y abajo. Los supermercados buscan atraer su atención hacia los productos que le generan más dinero. Las opciones más caras por lo general están acomodadas en los estantes a nivel de los ojos. Mire en los estantes de arriba y de abajo para encontrar los mejores precios y no asuma que los productos en promoción son siempre las mejores ofertas. Compare los precios unitarios para estar seguro.

Buen pan a buen precio. En las panaderías de descuento usted puede encontrar todo tipo de panes, hasta de marcas populares, a casi la mitad de su precio normal. Revise bien los paquetes, es probable que estén próximos a caducar. Si tiene cuidado en no aplastarlos, puede congelar estos panes, panecillos y tortillas rebajados para consumirlos otro día.

Compruebe si es integral

El Dr. John Johanson, gastroenterólogo de Beloit, Wisconsin, sostiene que la mala salud digestiva se debe principalmente a la insuficiencia de fibra en la dieta. La mayoría de las personas obtienen menos de la mitad de la cantidad recomendada.

El pan integral debe tener por lo menos 2 gramos de fibra por porción, pero las etiquetas pueden ser engañosas. Palabras como *multigrain*, (multicereales), *7-grain* (siete cereales) o *wheat flour* (harina de trigo) no significan que el pan esté realmente elaborado con cereales integrales. Busque *whole wheat* (trigo integral), *whole rye* (centeno integral), *oatmeal* (harina de avena), *barley* (cebada) o *Graham flour* (harina tipo Graham) como el primer ingrediente en la lista.

Cocine como un chef

Bueno hasta la última gota. No desperdicie ni una migaja.
Pruebe estas ideas sencillas y aproveche al máximo todo lo que compra:

✦ Agregue un poco de aceite y vinagre a ese frasco casi vacío de
   mostaza, adicione una pizca de sal y pimienta y agite. Usted
   acaba de inventar un nuevo aliño de ensalada.

✦ Las migajas dulces al fondo de una caja de galletas o de cereal de
   desayuno son un gran complemento para una copa de helado.

✦ La corteza de pan no tiene por qué ser para los pájaros. Con un
   procesador de alimentos convierta los restos de pan en migas,
   agréguele especias italianas y congele. Úselo la próxima vez que
   necesite pan rallado para empanizar o para una cazuela.

¿Estará maduro? Vea la etiqueta

Muy pronto usted podrá saber si una fruta o verdura está
lista para comer solamente mirando el color de una
pegatina. Los ingenieros de la empresa RediRipe están
trabajando en estas pegatinas que van a ser colocadas sobre
las verduras y las frutas por los propios productores
y distribuidores. Cuando las frutas o verduras maduran,
emiten gas etileno de forma natural. Este gas hará que
el color de la pegatina cambie de blanco a azul. No más
dudas sobre la dulzura de un melón o de un durazno.

La cereza perfecta. Estas frutas diminutas no sólo son buenas
para la salud, son además deliciosas. He aquí cinco datos que debe saber
sobre las cerezas:

✦ Junio es la mejor época del año para encontrar las cerezas más
   dulces y baratas en Estados Unidos.

✦ Las cerezas con tallo duran más que las que no lo tienen.

✦ Despepite las cerezas frescas con la punta de un pelador de verduras o con unas pinzas nuevas y limpias, de punta fina.

✦ La Comisión de Frutas del Estado de Washington dice que las cerezas se pueden congelar enteras con el tallo, distribuyéndolas en una sola capa sobre una bandeja de hornear. Una vez congeladas, colóquelas en bolsas de plástico para congelador.

✦ Las cerezas secas son buenísimas en panes y pasteles, ensaladas, platos de cereales y con frutos secos. También son una magnífica fuente de nutrientes y compuestos fitoquímicos naturales que combaten el daño celular y la artritis.

Sáquele más jugo a los limones y las limas. Trucos sencillos para extraerle el máximo jugo a los limones o las limas:

✦ Manténgalos a temperatura ambiente.

✦ Ruédelos con firmeza aplicando presión hasta que se pongan suaves, ya sea entre las manos o sobre una superficie dura.

✦ Póngalos en el microondas durante 15 segundos.

Por supuesto que usted puede utilizar un extractor de jugo o un exprimidor de limón tradicional, pero hay otros utensilios de cocina que también funcionan. Primero corte el limón por la mitad y luego elija uno de los siguientes métodos:

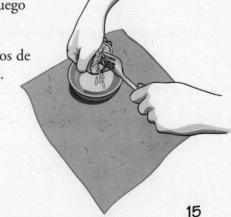

✦ Coloque una mitad entre los brazos de unas tenacillas de cocina y apriete.

✦ Coloque las dos mitades en un prensapapas.

✦ Clave un tenedor en el centro de una de las mitades y gire.

¿Arándanos azules contra el cáncer de colon?

Es posible. Los investigadores creen que el pterostilbeno, un componente químico del arándano azul, podría ayudar a prevenir esta enfermedad. En un estudio se les dio este poderoso antioxidante sólo a la mitad de un grupo de ratas susceptibles de contraer cáncer de colon. Al finalizar el estudio, las ratas que recibieron pterostilbeno tuvieron 57 por ciento menos manchas precancerosas que aquéllas que no lo recibieron. También se puede obtener pterostilbeno de la uva, pero los arándanos azules contienen mucho más.

Adiós a las semillas. Ésta es una manera muy sencilla de extraer las semillas del tomate: pique los tomates y échelos en la canasta de un centrifugador de lechuga, dele vueltas hasta que haya perdido todas las semillas.

Cómprelas verdes. Usted compra bananas sin madurar porque sabe que estarán listas para comer en cuestión de días. Lo mismo sucede con otras frutas, como la manzana, el albaricoque, el melón, el mango, la pera y la ciruela. Eso se debe a que son frutas climatéricas, que maduran cuando están expuestas al gas etileno. Colóquelas en una bolsa de papel durante uno o dos días, o no les haga nada, y pronto estarán en su mejor punto. En cambio, compre frutas no climatéricas, como el melón dulce y la sandía, cuando estén en su punto máximo de maduración.

Use bayas congeladas para hornear. Los arándanos azules son una excelente fuente de nutrientes para combatir la pérdida de memoria, los niveles altos de glucosa sanguínea, las enfermedades del corazón y el cáncer. Agréguelos a sus comidas cada vez que pueda. Compre una bolsa de arándanos azules congelados si no están en temporada. Agregue un puñado a la masa para *muffins* o panqueques. No necesita esperar a que se descongelen. Cúbralos con un poco de harina antes de incorporarlos a la masa, para evitar que se hundan hasta el fondo.

"Refresque" la fruta fresca. Cuando corta una manzana o una pera los bordes se vuelven marrones y poco apetecibles. Eso sucede porque una enzima en la fruta reacciona con el oxígeno en el aire, un proceso llamado oxidación. La mayoría de la gente sabe que si rocía la fruta con un líquido ácido, como el jugo de limón o de naranja, se reducen los niveles de pH y se previene la oxidación. Lo que no sabe es que un refresco de lima-limón, como Sprite o Seven-Up, funciona igual de bien y tiene un sabor más ligero y menos ácido.

Manzanas para todos los gustos

Tiene alrededor de 80 calorías y 5 gramos de fibra y es la merienda ideal. Pero usted puede hacer mucho más que comerse una manzana fresca como refrigerio. Use esta guía para elegir las mejores.

Variedad	Mejores usos	Mejor época
Fuji	en ensaladas y para hornear	de octubre a agosto
Gala	en ensaladas y en purés	de septiembre a mayo
Golden Delicious	en ensaladas, en purés, en *pies* y en tartas, para hornear y congeladas	todo el año
Granny Smith	en ensaladas, en purés, en *pies* y en tartas, para hornear y congeladas	todo el año
Pink Lady	en ensaladas, en purés, en *pies* y en tartas	de noviembre a agosto
Red Delicious	en ensaladas	todo el año

Favorezca las fresas. No deje que el trabajo de limpiar las fresas frescas le impida disfrutar de estas sabrosas frutillas. Ensaye una de estas opciones para quitarles el cabito y las hojas:

✦ Pase una pajilla para beber a través de la fresa, empezando por la base de la fresa y saliendo por el otro extremo. El corazón de la fresa y la hoja se deslizarán dentro de la pajilla, dejando una fresa limpia y hueca.

✦ Utilice el extremo puntiagudo de una boquilla de un *kit* para la decoración de tartas. Elija una boquilla grande en forma de estrella. Presione sobre el cabito o tallo, gire y tire hacia fuera.

✦ Un abrelatas con un extremo en punta en forma de "V" tiene la forma precisa para sacarle el cabito a la fresas.

Calme el dolor articular con vitamina C

Ese vaso diario de jugo de naranja es justo lo que usted necesita para frenar el daño que provoca la osteoartritis. Eso se debe a que una taza de jugo de naranja tiene cerca de 100 miligramos de vitamina C. Esta vitamina ayuda a desarrollar y reparar el cartílago que protege los huesos.

Un estudio demostró que en las personas que consumían suficiente vitamina C cada día —de 120 a 200 miligramos diarios— la artritis progresó más lentamente. Así que a beber jugo de naranja para darle alivio a sus articulaciones.

Exprima el ahorro de las naranjas. El jugo de naranja listo para servir y que viene en caja o en botella, ahorra tiempo. Es cierto. Pero usted paga por esa comodidad. El jugo de naranja congelado le cuesta casi un 25 por ciento menos y todo lo que tiene que hacer es descongelarlo y mezclarlo con agua. Es mucho más fácil y rápido si tritura la mezcla congelada con un aplastador de papas o con un batidor de alambre.

Cómo pelar una granada. No le tema a esta fruta. Primero, con un cuchillo haga varios cortes no muy profundos sobre la cáscara. Luego abra la granada dentro de un recipiente lleno de agua. El objetivo es separar los granos de color rojo intenso de la membrana blanca. Por último, con los dedos retire los granos del agua. Los granos de la granada contienen un jugo ácido y pequeñas semillas crujientes, que son una excelente fuente de fibra.

Usted puede comprar buenas granadas al precio más bajo entre los meses de septiembre y diciembre.

Mayores beneficios con el sustituto de la pasa. La humilde ciruela saltó a la fama en el año 2001, cuando la industria de la ciruela la rebautizó como ciruela seca. Lo cierto es que la ciruela, llámese como se llame, siempre tendrá un sabor dulce y un gran contenido de antioxidantes. Incorpórela secretamente en las recetas favoritas de su familia que normalmente llevan pasas. Utilice unas tijeras de cocina para cortar un puñado de ciruelas, o de ciruela secas, en trocitos del tamaño de una pasa. Luego incorpórelas a la masa para preparar saludables y deliciosos panes o galletas de avena.

Un perfecto "perforador" de papas. Usted sabe que tiene que pinchar la piel de una papa antes de cocinarla en el microondas. Si el tenedor o el cuchillo le causan problemas, pruebe los pinchitos para sujetar las mazorcas de maíz. Es la herramienta ideal para esta tarea.

Granadas para un corazón contento

Cambie un vaso de jugo de naranja por uno de granada. Eso fue lo que hicieron los voluntarios para un estudio sobre el corazón durante tres años. Al finalizar el estudio, se comprobó que tenían la presión arterial más baja y un menor engrosamiento de las paredes de la arteria carótida. Los investigadores creen que esto se debió a los flavonoides antioxidantes naturales del jugo de la granada. No se necesitaron fórmulas complicadas ni ingredientes secretos.

Siempre joven gracias a una simple fruta seca

Las ciruelas son excelentes para la digestión, y parece que también ayudan a prevenir las enfermedades de la edad. Investigadores hicieron pruebas con varios alimentos para determinar cuál tenía el mayor poder antioxidante, esto es, la capacidad para combatir a los dañinos radicales libres. Las ciruelas obtuvieron una puntuación casi tres veces más alta en la escala de antioxidantes que los higos, las pasas y los dátiles. Ésa es una buena noticia, ya que los expertos creen que consumir suficientes antioxidantes ayudaría a combatir los cambios en el cerebro asociados con la vejez, como las enfermedades de Alzheimer y de Parkinson.

Quite las manchas de remolacha con aceite. Evite que la remolacha fresca le manche las manos, frotándose primero una mano con un poco de aceite vegetal. Sostenga la remolacha con esa mano y el cuchillo en la mano seca. Al concluir, lávese la mano aceitosa con jabón y agua caliente.

Sazone las zanahorias para suavizarlas. Si usted prefiere que las zanahorias cocidas no le queden crujientes, añada un poco de sal al agua de cocción. Se suavizarán en segundos.

Endulce el maíz dulce. Agregue una pizca de azúcar a la olla antes de hervir. El maíz tendrá más sabor y será más saludable si usted espera a que el agua hierva antes de echarlo a la olla. La chef Ursula Knaeusel, de Ursula's Cooking School, en Atlanta, Georgia, cocina todas las verduras de esta manera, para sellar tanto el sabor como las vitaminas.

"Si usted va a 'beber' la verdura, digamos que va a preparar una sopa de verduras, entonces puede empezar con agua fría", dice Knaeusel. "Pero si no va a usar el agua, como cuando hierve papas, habichuelas verdes o zanahorias, entonces échelas tan pronto el agua haya empezado a hervir". El maíz se sella de inmediato tras caer en el agua hirviendo.

Use un cuchillo giratorio para picar la lechuga.

Coloque las hojas de su lechuga favorita sobre una tabla de cortar y pase por encima un cortador de pizza en forma de rueda. En cuestión de segundos tendrá una buena cantidad de lechuga cortada en tiras finas, ideal para sándwiches, tacos y ensaladas.

Contenga el desborde. Cuando tenga que picar verduras y frutas jugosas, como el tomate, la naranja o la sandía, coloque la tabla de cortar dentro de una bandeja de hornear más grande. Así el líquido cae en la bandeja y no se derrama sobre la mesa.

Cinco maneras de evitar las lágrimas de cebolla.

Usted no volverá a derramar una lágrima por una cebolla si entiende el papel de la ciencia en la cocina. Cada vez que usted pica, corta o muele una cebolla, se liberan compuestos que contienen azufre. Éstos se combinan con el líquido en los ojos, produciendo una forma poco concentrada de ácido sulfúrico, lo que irrita las terminaciones nerviosas provocando las lágrimas. Todo lo que usted tiene que hacer es evitar que estos poderosos gases lleguen a sus ojos.

He aquí algunas ideas para cortar cebolla sin llorar:

+ Enfríe la cebolla durante unos 30 minutos antes de cortar.

+ Corte la cebolla bajo agua fría.

+ Pique la cebolla cerca de un ventilador, un extractor de cocina o una ventana abierta.

+ Use *goggles* o gafas protectoras para nadar.

+ Corte el extremo de la raíz al final.

Reviva las verduras mustias. No tire el apio y las zanahorias simplemente porque dejaron de estar muy firmes o crujientes. Revívalos sumergiéndolos brevemente en agua fría con azúcar. Los tallos blandos del brócoli se enderezarán si usted coloca los ramilletes en un recipiente con agua fría en posición vertical.

El poder curativo de las crucíferas

El brócoli puede reducir el riesgo de contraer cáncer de colon. Los expertos creen que el sulforafano, un compuesto químico natural del brócoli y otras verduras crucíferas, como el repollo y la coliflor, ayuda a bloquear las enzimas que hacen que crezcan los tumores. Varios estudios muestran que podría frenar los tumores del cáncer de colon, de mama, de pulmón y de próstata. Así que mantenga una dieta saludable comiendo siempre un poco de brócoli.

Pique ajo con gusto. Para que el ajo no se pegue al cuchillo, coloque unas cuantas gotas de aceite de cocina en el filo del cuchillo o sobre los dientes de ajo antes de picar.

Manos sin olor a pescado. Si ya se lavó las manos, pero siguen oliendo a pescado, le será útil conocer estos dos remedios:

✦ Lávese las manos con pasta de dientes blanca con fluoruro. Úsela como jabón y enjuáguese completamente.

✦ Empápese los dedos y manos con jugo de limón de botella. Luego lávese las manos como de costumbre.

Saboree el salmón. No hay nada mejor que el salmón para una buena nutrición. Es saludable porque es rico en ácidos grasos omega-3, que son excelentes para la salud del corazón, los ojos y el cerebro. Al horno, a la plancha o a la parrilla, escalfado, frito o asado, el salmón será delicioso si sabe cómo prepararlo.

✦ Deje la piel mientras cocina el salmón para que no se seque. La piel se separará con facilidad una vez cocinado.

✦ Cocínelo bien, pero no demasiado. El salmón estará hecho cuando empieza a ponerse opaco, a cambiar de color o a deshacerse con facilidad. Si lo cocina más tiempo, perderá parte de su gran sabor.

✦ Ponga atención al tiempo de cocción. El salmón se seguirá cocinando aun después de que lo haya retirado del fuego, así que sáquelo uno o dos minutos antes de que esté completamente hecho.

Seleccione la mejor carne. Siga estas recomendaciones de los propios chefs y compradores de carne:

✦ Fíjese en la etiqueta "USDA prime" para la carne de res de mejor calidad. Esto es especialmente importante si la carne es el principal ingrediente de su menú.

✦ Elija la carne que tenga un color rosado, en vez de morado oscuro.

✦ En lugar de tomar piezas precortadas de la vitrina refrigerada, pida al carnicero que le corte una chuleta fresca.

✦ Utilice cortes de carne que tengan hueso para un sabor más intenso.

✦ Prefiera los filetes de carne algo gruesos, entre $1^1/_2$ y 2 pulgadas (entre 4 y 5 cm). Este espesor le permitirá dorar la carne sin cocer demasiado el centro.

Pero hay otros tipos de carne que usted también puede probar. La chef Ursula Knaeusel, de Ursula's Cooking School, en Atlanta, Georgia, sugiere un buen lomo de cerdo. Para ella éste es un corte de carne más tierno y no tan caro como el lomo de res.

Proteja su vista

Comer suficientes verduras de hoja verde es importante a cualquier edad. Los nutrientes que contienen pueden ayudarle a defenderse de la degeneración macular asociada con la edad (DMAE), una de las principales causas de ceguera. Las personas que consumieron más luteína y zeaxantina, carotenoides importantes presentes en la espinaca y la berza, tuvieron un riesgo menor de contraer DMAE, en comparación con las personas que consumieron menos, según un estudio sobre hábitos de alimentación. Incluir estos alimentos en su dieta reduciría el riesgo de ceguera en casi la mitad.

Dorar para sellar y mejorar el sabor. La chef Ursula
Knaeusel, profesora de cocina durante 35 años, dice que lo primero que
hace es dorar el filete de carne para sellar los jugos.

"Se debe empezar con una olla o sartén caliente", dice. "Yo frío todo en
una olla para evitar salpicaduras. Dore la carne en aceite muy caliente,
dele vuelta una vez". No le ponga sal a la carne antes de empezar, para
evitar que suelte agua.

Knaeusel prefiere preparar la carne en la cocina en vez de usar una
parrilla. "Creo que tiene un sabor mucho más delicado y más refinado
que cuando se prepara a la parrilla", dice. Freír o escalfar la carne
también son buenas opciones.

Otros chefs prefieren dorar la carne primero en una sartén, y luego
terminar de cocinarla en el horno en una sartén de hierro fundido.

Cómo preparar la carne molida. Las siguientes son cuatro
maneras fáciles de cocinar la carne picada o carne molida:

✦ Con un pisapuré usted puede mezclar en un instante todos los
   ingredientes necesarios para preparar hamburguesas, albóndigas
   o croquetas. Pero, según la Asociación Nacional de Ganaderos
   de Vacuno (NCBA, en inglés), manipular demasiado las carnes
   molidas hará que éstas se vuelvan secas y demasiado compactas.
   Así que cualquiera que sea el utensilio que use, remueva con
   mucho cuidado para obtener una textura más ligera y húmeda.

✦ Use una tapa para lograr hamburguesas perfectas. Primero haga
   las bolas de carne molida del tamaño de una bola de helado.
   Coloque cada hamburguesa entre dos pedazos de papel encerado
   para que sean más fáciles de manipular y almacenar. Aplane la bola
   presionando encima del papel con una tapa de un envase de un
   galón. Apile las hamburguesas ya perfectamente formadas dejando
   el papel encerado entre cada una y llévelas al refrigerador, o
   congélelas para más tarde.

✦ Después de dorar la carne molida, utilice un batidor de repostería
   para deshacer los trozos grandes de carne.

✦ Por último, un consejo saludable: transfiera la carne molida cocinada a un colador o escurridor y vierta agua tibia sobre la carne para eliminar cualquier exceso de grasa.

¿Qué cocinaré hoy?

¿Qué preparar esta noche sin tener que salir corriendo a comprar el ingrediente que falta? Encuentre recetas que sólo requieren los ingredientes que usted ya tiene en su despensa en *www.recipematcher.com* (en inglés). Usted ingresa los ingredientes que tiene a mano y el sitio web le ofrece una selección de recetas de platos que usted puede preparar usando sólo esos ingredientes. El servicio es gratuito.

Un buen consejo para los huevos a la diabla. Con una cuchara coloque todos los ingredientes para el relleno en una bolsa de plástico con cierre. Aplaste y sacuda la bolsa para mezclar bien. Luego haga un pequeño corte en una esquina de la bolsa y exprima el relleno sobre las mitades de huevo duro sin yema. También puede usar una manga de repostería.

Cómo pelar un huevo duro. Según la American Egg Board, la asociación de productores de huevo de Estados Unidos, ésta es la mejor manera de cocer y pelar un huevo:

✦ Empiece con huevos no muy frescos. Los que llevan almacenados entre siete y diez días, se pueden pelar con más facilidad.

✦ Coloque los huevos en una olla procurando que no se apilen. Cubra con al menos una pulgada o dos dedos de agua fría.

✦ Tape la olla, espere a que el agua rompa a hervir y retire del fuego. Si los hierve a fuego demasiado alto o durante demasiado tiempo, la clara se endurece y se vuelve gomosa, y la yema se pone dura y de un color gris-verdoso.

+ Sin destapar, deje que los huevos reposen en el agua caliente entre 15 y 18 minutos.

+ Enfríelos de inmediato bajo agua fría.

+ Golpee suavemente cada huevo y ruédelo entre las manos para romper la cáscara.

+ Mantenga el huevo bajo un chorro de agua fría y retire la cáscara empezando por la base del huevo.

Algunas personas recomiendan agregar un poco de sal o vinagre al agua de cocción.

Cincele su cintura con huevo

Comer huevo en el desayuno puede ayudar a bajar de peso. Esta idea fue puesta a prueba en una investigación en la que participaron 30 mujeres. A la mitad se les sirvió un desayuno que incluía dos huevos, mientras que la otra mitad recibió uno que incluía un *bagel*. Las mujeres que disfrutaron del desayuno con huevo dijeron tener menos hambre a la hora del almuerzo y consumieron menos calorías durante el resto del día. La proteína y la grasa del huevo serían la clave para sentirse satisfecho durante más tiempo.

Cafés 'gourmet' hechos en casa. Si los pide en un café, su bolsillo se verá afectado. Las bebidas más elaboradas casi siempre son más costosas. En cambio, pruebe estas versiones caseras:

+ *Latte light* a la vainilla. Combine media taza de cada uno de estos ingredientes secos: café instantáneo, leche en polvo baja en grasa y azúcar. Use dos cucharaditas de esta mezcla por cada taza de agua caliente y agregue un cuarto de cucharadita de vainilla a cada una.

✦ *Mocachino* de mentira. En un tazón grande de café, vierta
el cacao en polvo de un sobre individual, una cucharada de
café instantáneo y agua caliente. Agregue un poco de leche.

✦ *Frapuchino* falso. Prepare una cafetera de café muy concentrado,
utilizando el doble de café de lo habitual. Agregue una lata de
leche condensada de 14 onzas y refrigere. Vierta en una licuadora,
añada unas gotitas de vainilla y licúe con hielo.

Sea un experto preparando café. Siga las recomendaciones
del especialista en café Kenneth Davids, autor de tres libros sobre café y
editor de *www.coffeereview.com* (en inglés).

✦ Siempre fresco. Es un error dejar el café filtrado demasiado tiempo
en la cafetera o en el termo. "Si el café está en la jarra de vidrio,
sobre la placa calentadora, y usted no lo bebe de inmediato, es
decir, antes de 15 minutos, perderá todo su sabor", dice Davids.
"Es mejor retirar la cafetera de la placa calentadora tan pronto está
hecho el café, y más tarde recalentarlo en el microondas".

✦ Mejor si es de buena calidad. Davids recomienda comprar el café
que diga "*100% Colombian*" en la etiqueta. "Ese café será mucho
mejor que el de las marcas estándar, que por lo general utilizan
café de la variedad robusta", explica. "Si usted no desea pagar el
alto precio de un café *gourmet,* pero sí quiere disfrutar de un café
tostado más oscuro, pruebe uno que en la etiqueta diga "para el
gusto Latino" o "*for the Latin taste*".

✦ Utilice todo el café que desee y olvídese de las instrucciones del
fabricante. Después de todo, es su taza de café: experimente unos
días para decidir qué es lo que más le gusta.

✦ Tómese su tiempo. "La mejor rutina, si puede hacerlo, es
mantener los granos enteros en un frasco cerrado herméticamente,
sacar justo lo que va a usar, moler y preparar el café", dice Davids.

La clave está en el filtro. Un problema común al hacer café es
no saber cómo colocar el filtro, dice el experto en café Kenneth Davids.

"Muchas personas me escriben sobres sus problemas al preparar el café y resulta que no estaban colocando correctamente el filtro de papel en el portafiltros o canastilla: es necesario que esté firme y liso a los lados", dice. "De lo contrario el filtro se dobla y el agua pasa por los lados. El café les sale flojo, poco concentrado, con restos de café molido". Su consejo: utilice el tamaño y el estilo de filtro adecuado para su cafetera, y asegúrese de que esté firmemente colocado.

Usted también puede humedecer el filtro antes de ponerlo en el portafiltros. De ese modo el filtro se pega a los lados y no se arruga.

Un café rapidito. Si por las mañanas siente que no tiene tiempo ni para un café, entonces usted querrá probar este consejo. Separe filtros de café para una semana. Con una cuchara, vierta la cantidad habitual de café molido en cada uno. Coloque estos filtros en un recipiente de plástico, cierre herméticamente y refrigere o congele. Cada mañana, simplemente retire un filtro ya rellenado ¡y listo! Los expertos prefieren moler los granos justo antes de hacer el café, así que decida qué es lo más importante para usted: la rapidez o el sabor perfecto.

Ralle su propio queso. Los paquetes de queso rallado son muy cómodos, especialmente si usted tiene invitados de último minuto. Pero nunca son igual al queso rallado en casa. ¿La solución? Compre un gran bloque de queso y rállelo con anticipación. Congele porciones pequeñas en bolsitas individuales para congelar, y así siempre tendrá queso rallado a mano. Y si se trata de quesos blandos, como el *mozzarella* o el *fontina,* no tema usar un rallador o un procesador de alimentos. Simplemente póngalos en el congelador unos minutos antes de rallar.

Panqueques perfectos a toda hora. Panqueques, *crepes,* tortitas, *hotcakes*… No importa cómo los llame, cuando están calentitos sobre la mesa del desayuno auguran un buen día.

La próxima vez le saldrán aún mejor si usa una jeringuilla, de ésas que se emplean para condimentar el pavo. De ese modo, usted podrá controlar la cantidad de mezcla que vierte sobre la sartén o la plancha caliente. Y todos quedarán impresionados con sus panqueques uniformes y perfectamente redondos.

Aceites de lujo por tan sólo centavos. Los aceites saborizados le dan a su cocina un toque especial y además son ideales para acompañar el pan. Pero el precio de estos aceites es exorbitante, a menos que usted los haga en casa.

Para un aceite son sabor a ajo, combine un cuarto de taza de aceite de oliva extra virgen con dos dientes de ajo machacados y la ralladura de un limón. Deje reposar durante 15 minutos.

Para un aceite picante al estilo del sudoeste, emplee dos chiles triturados, en lugar del ajo. Cuele el aceite a través de una estopilla o tela fina de algodón. Guarde en el refrigerador y utilícelo en una semana.

Ahorre aceite gota a gota. Convierta las botellas de plástico de aceite de cocina en un práctico dispensador que no desperdicia aceite. Tome una nueva botella de aceite y retire el tapón de plástico. Con mucho cuidado haga un agujero pequeño en el sello de seguridad, con la ayuda de un cuchillo de pelar o un pincho de metal. Vuelva a tapar. Ahora puede usar el aceite gota a gota.

La cocina hecha fácil

Viva el rey de la barbacoa. Asar carnes a la parrilla es un arte. Evite los malos hábitos de los parrilleros inexpertos e impresione a sus invitados con una exquisita barbacoa al aire libre.

+ Mantenga la parrilla cubierta, especialmente si el método de cocción es indirecto. La tapa o campana evita que el calor se escape, de modo que la carne necesita menos tiempo para cocinarse.

+ No le dé tantas vueltas. Si usted está cocinando de forma directa, esto es, si la rejilla está directamente sobre las brasas calientes, es mejor no voltear la carne más de una vez. Este método de cocción es ideal para trozos pequeños, como el bistec. Y si está cocinando indirectamente, no necesita voltear la carne para nada.

+ Rocíe las carnes con salsas para barbacoa recién en los últimos 10 a 30 minutos de cocción. Si lo hace antes, la carne puede ponerse demasiado marrón o hasta quemarse.

+ Utilice espátulas y tenazas de mango largo, nunca un tenedor. De ese modo no se quemará las manos ni pinchará la carne haciendo que pierda sus jugos.

El plato perfecto para la parrillada

Use un plato limpio para servir la carne ya cocida y no el mismo plato con el que llevó la carne cruda a la parrilla. Las bacterias de la carne cruda que quedaron en el plato pueden contaminar la carne asada.

Pruebe la colita de cuadril. Este corte de carne de res es ideal para la barbacoa. En inglés se le conoce como *tri-tip roast* o *triangular roast*. El Consejo Tejano de la Carne recomienda marinar la colita de cuadril, ya sea el trozo entero o partido en filetes, y luego asar a la parrilla, a la plancha o al horno. Éste es un corte de carne sin hueso, jugoso, sabroso y muy tierno.

Alcaparras al rescate

Las alcaparras son capullos comestibles de color verde oscuro que, encurtidas o saladas, pueden hacer la carne más segura. En un estudio se colocó carne molida cocinada más alcaparras en un tubo de ensayo, para observar el proceso de "digestión" de esta mezcla. Los investigadores encontraron que los antioxidantes de las alcaparras retardaban el proceso de oxidación. La oxidación sucede naturalmente, pero a largo plazo puede contribuir a un riesgo mayor de desarrollar cáncer. Incluya alcaparras en sus platos de carne y estará agregando sabor más antioxidantes.

Cocine al aire libre. La parrilla ya no es sólo para carnes. Con algo de imaginación, casi todo lo que usted prepara en una cocina interior puede ser cocinado en una parrilla al aire libre.

Diane y Tom Dunn son fanáticos del equipo de fútbol norteamericano Atlanta Falcons, y los siguen a los partidos que el equipo juega como visitante. Eso significa tener que cocinar y comer al aire libre en los famosos *tailgates,* que son las reuniones de los aficionados en el estacionamiento de los estadios horas antes de los partidos. Ellos han probado de todo, desde salchichas de carne de venado o mero untado en mayonesa, en Tampa, hasta croquetas de cangrejo y sopa de almejas, en Baltimore.

"El mejor olor es el del estadio de Kansas City, donde la afición se especializa en barbacoas", dice Diane. Otras favoritas a la parrilla son las vieiras envueltas en tocino, las ostras Rockefeller o casi cualquier tipo de marisco. A ella también le encanta asar mazorcas de maíz. "No les quito las hojas", dice Diane. "Las remojo completamente en agua y luego las coloco sobre la parrilla. De chuparse los dedos. Nosotros recomendamos las variedades Silver Queen, Golden Queen o Honey Select".

Usted también puede disfrutar de una pizza casera al aire libre. Con cuidado coloque la masa de pizza sobre la parrilla; caliente durante unos tres minutos por cada lado, luego agregue los ingredientes para cubrir la pizza y termine de cocinar. Utilice una base de piedra para hacer pizza, si le preocupa que la masa se filtre a través de la parrilla.

Y no se olvide del postre. Cierre la comida con broche de oro preparando directamente sobre la parrilla trozos de piña o manzanas envueltas en papel aluminio. Para otra delicia al aire libre, usted puede dorar rodajas de banana en margarina sobre una sartén de mango largo, agregar algo de azúcar morena y servir sobre helado de vainilla.

Adapte sus recetas a la olla eléctrica

Prepare sus comidas favoritas en una olla eléctrica de cocción lenta, aumentando el tiempo de cocción.

Tiempo de cocción, método convencional	Tiempo de cocción, olla eléctrica de potencia baja	Tiempo de cocción, olla eléctrica de potencia alta
15 a 30 minutos	4 a 8 horas	1 1/2 a 2 1/2 horas
30 a 60 minutos	6 a 8 horas	3 a 4 horas
1 a 3 horas	8 a 16 horas	4 a 6 horas

Tres trucos para cocinar en un 'crockpot'. Un *crockpot* o un *slow cooker* es una olla eléctrica de cocción lenta. Este método de cocción le permite disfrutar de comidas tradicionales con muy poco tiempo de preparación y sin demasiada atención. Basta con seguir estos consejos:

✦ No llene el *crockpot* con más de tres cuartos de su capacidad de líquido. Si lo hace, el líquido puede derramarse al hervir.

✦ Ahorre tiempo colocando los ingredientes en la olla la noche anterior. Guarde la olla en el refrigerador, sáquela por la mañana y enciéndala. Cuando regrese a casa después del trabajo, la cena estará lista.

✦ Aun si añadió condimentos al inicio de la cocción, pruebe y ajuste la sazón una vez que la comida esté cocida. Las especias pueden perder su sabor durante la larga cocción, así que tal vez necesite añadir más.

La olla eléctrica es su aliada en la cocina. Olvídese del caos de último minuto de pasar las papas con una mano mientras que con la otra prepara la salsa, hornea los panecillos y pone la mesa. Prepare el puré de papas con anticipación y luego manténgalo caliente hasta la cena en una olla eléctrica de cocción lenta programada en bajo.

Domine el arte de la repostería. Es fácil encontrar recetas para hacer pasteles, lo difícil es encontrar buenos consejos para que le salgan bien. Pero usted ahora puede consultar *La biblia de los pasteles (The Cake Bible),* de Rose Levy Beranbaum.

Este hermoso libro es más que un recetario de repostería: contiene más de 150 recetas para tortas, baños y rellenos, y además es una increíble fuente de consejos de pastelería, como éstos:

✦ No prepare merengue o glaseado real en un día húmedo; debido a que el azúcar absorbe agua, la consistencia del glaseado se volverá blanda y pegajosa.

✦ Pesar los ingredientes para un pastel es más fácil y exacto que medirlos. Las recetas en el libro incluyen pesos (en onzas y gramos) y medidas (en cucharadas y tazas). Usted puede comprar una balanza pequeña de cocina por menos de $15. Pero si tiene cuidado, también puede obtener buenos resultados midiendo los ingredientes.

✦ Los mejores moldes para tortas están hechos de materiales que son buenos conductores del calor, como el aluminio con acabado mate. Según Beranbaum, los moldes de acero inoxidable que tienen un acabado brillante que refleja el calor, son malos conductores y no se deben utilizar para hornear. Si ya los tiene, ella sugiere transformarlos en lindos maceteros.

La biblia de los pasteles fue reconocido en 1988 como el libro de cocina del año por la Asociación Internacional de Profesionales Culinarios.

Masa a la medida. Mantenga la masa para sus pasteles o galletas siempre del mismo espesor con este truco sencillo. Coloque una varilla de madera a cada lado de la masa. Estire la masa pasando el rodillo encima de las varillas. Las varillas que use deben tener el mismo espesor que usted quiere para la masa.

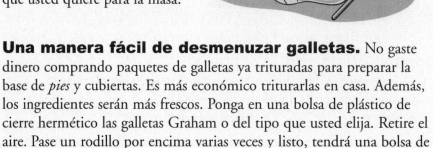

Una manera fácil de desmenuzar galletas. No gaste dinero comprando paquetes de galletas ya trituradas para preparar la base de *pies* y cubiertas. Es más económico triturarlas en casa. Además, los ingredientes serán más frescos. Ponga en una bolsa de plástico de cierre hermético las galletas Graham o del tipo que usted elija. Retire el aire. Pase un rodillo por encima varias veces y listo, tendrá una bolsa de migas frescas sin dejar la cocina hecha un desastre.

Truquito para que suba la masa

La masa de pan crece mejor en ciertas condiciones de calor y humedad que no siempre son las que hay en su cocina. Cree el ambiente perfecto en el lavavajillas. Enciéndalo el tiempo suficiente para llenar la parte inferior con agua caliente, y apague. No use jabón. Cubra la masa, colóquela en la rejilla inferior del lavavajillas y cierre la puerta.

Galletas dulces y estampadas.

El mazo para carne tiene un lado con un diseño de líneas paralelas cruzadas. Use ese lado para aplanar la masa de las galletas y consiga un estampado texturizado digno de un pastelero profesional.

Tres medidas para combatir la diabetes

Sin fármacos ni dietas de hambre. Éstas son tres maneras fáciles de mantener la diabetes tipo 2 bajo control:

◆ Sustituya los carbohidratos refinados con sabrosos cereales integrales. Más fibra en su dieta le ayudará a equilibrar la glucosa en la sangre.

◆ Aléjese de las grasas malas. En lugar de las grasas saturadas de las carnes y de los productos lácteos, elija las grasas monoinsaturadas, como el aceite de oliva, el aguacate y los frutos secos. Este cambio puede ayudarle a reducir los niveles de colesterol "malo" LDL y de glucosa en la sangre.

◆ Haga simples cambios en su estilo de vida, como hacer más ejercicio, bajar de peso o dejar de fumar.

Cómo controlar la temperatura del horno. Compruebe la precisión de su horno con este método de la revista *Cook's Illustrated*. Coloque la rejilla del centro y caliente el horno a 350 grados Fahrenheit durante 30 minutos. Vierta una taza de agua en un vaso medidor de vidrio con capacidad de dos tazas. Utilice un termómetro de cocina de lectura instantánea para verificar que el agua esté exactamente a 70 grados Fahrenheit. Ajuste agregando agua fría o caliente. Coloque el vaso medidor con agua al centro del horno durante 15 minutos, con la puerta cerrada. Retire el vaso, revuelva el agua para uniformizar los puntos calientes y vuelva a leer la temperatura del agua. Si el horno está correctamente calibrado, el agua estará en 150 grados Fahrenheit, con un margen de dos grados más o menos. De lo contrario, es necesario volver a configurar el horno para obtener mejores resultados la próxima vez que haga un pastel.

Pasteles sin problemas. Si la receta de su torta favorita no le sale bien, vea si cometió uno de estos cuatro crímenes culinarios:

✦ Si se mezcla la masa demasiado, el bizcocho puede caerse durante el horneado y puede volverse duro y seco. No adivine; utilice un cronómetro.

✦ Si el horno está demasiado caliente, la parte superior se dorará antes que la torta termine de crecer. Es probable que aparezcan grietas en la corteza y grandes agujeros o túneles en el centro de la torta. Compruebe la temperatura con un termómetro de horno.

✦ Si saca el bizcocho del horno antes de tiempo, puede hundirse, no le quedará esponjoso o tendrá una corteza pegajosa. Pruebe aumentando la temperatura del horno en 15 grados.

✦ Si utiliza polvo de hornear vencido o si no lo mide con exactitud, la torta puede hundirse o desbordarse del molde. Siempre mida el polvo de hornear y compruebe la fecha de caducidad en el envase. Si la fecha está muy cerca, compruebe si aún está fresco removiendo media cucharadita en una taza de agua del grifo. La efervescencia es buena señal. No olvide guardar el polvo de hornear en un sitio fresco y seco, no en el refrigerador.

Líbrese de la pancita

El culpable no es ni la cerveza ni el postre tentador, pero es probable que usted lo tenga sobre la mesa por lo menos una vez al día. En un estudio sobre los hábitos de alimentación de casi 500 personas se encontró que el consumo de pan blanco estaba asociado a un mayor incremento de la circunferencia de la cintura. Es más, las personas que consumían pan blanco mostraron tener un mayor aumento de grasa en el abdomen que aquéllas que disfrutaban de carnes y papas. Así que absténgase de pan blanco y pruebe una alternativa más apetitosa y adelgazante, como el pan integral de trigo, avena o centeno.

Salud y sabor. La harina integral proporciona fibra, vitaminas y minerales, pero también altera el sabor de sus recetas. Agregue un poco y obtendrá un pan sustancioso, agregue mucho y el pan se volverá duro. Resuelva este problema sustituyendo sólo una pequeña cantidad de la harina blanca común (sin preparar) con harina pastelera integral, harina de avena o harina de trigo sarraceno. Tal vez también tenga que añadir un poquitín más de líquido a la receta para obtener una textura agradable.

La prueba del tiempo de ebullición del agua

Compruebe la potencia de su horno microondas para saber en cuánto tiempo se cocinarán los alimentos. Utilice el tiempo de cocción mínimo sugerido para los hornos de alta potencia.

Llene un vaso medidor de vidrio con capacidad de dos tazas con una taza de agua y cubitos de hielo. Agite hasta que el hielo se derrita. Vierta agua hasta alcanzar la marca de una taza. Caliente en el microondas a alta temperatura durante cuatro minutos y observe a través de la ventanilla cuánto tiempo tarda el agua en hervir.

* Menos de dos minutos: horno de alta potencia, de 1,000 vatios o más.

* Dos minutos y medio: horno de potencia media, cerca de 800 vatios.

* Tres minutos: horno de potencia baja, entre 650 y 700 vatios.

* Más de tres minutos: horno de potencia muy baja, entre 300 y 500 vatios.

Domine el microondas. Evite estos dos errores comunes en el uso del horno microondas:

✦ Emplear los utensilios equivocados. Los recipientes de cerámica o vidrio son buenas opciones. Nunca utilice los que están hechos de espuma de poliestireno (*Styrofoam*), paja, mimbre o madera. Se pueden utilizar algunos metales, pero únicamente los aprobados por el fabricante para su uso en el microondas. Asimismo, lea las instrucciones de los fabricantes de vajillas de porcelana, arcilla, loza y melamina antes de usarlos en el horno.

✦ No cocinar los alimentos el tiempo suficiente para matar las bacterias. La cocción desigual puede ser un problema, ya que permite a las bacterias sobrevivir en los puntos fríos. Siga las instrucciones del envase de los alimentos para microondas y conozca la potencia de su horno. Para ello, haga la prueba del tiempo de ebullición. *(Vea el recuadro de la página 37)*. También debe remover los alimentos para igualar lo cocinado y dejar la comida en reposo durante uno o dos minutos antes de servir.

Calabaza "al horno" en cuestión de minutos. Cuando hace calor y usted no desea utilizar el horno, recurra al microondas para cocinar una calabaza común. Corte la calabaza por la mitad y retire el tallo. Coloque los lados cortados hacia abajo en un plato para hornear de vidrio o cerámica y póngalos en el microondas en alto. Empiece con cinco minutos por libra, rotando a la mitad del tiempo para que la calabaza se cocine de manera uniforme. Continúe cocinando hasta que se ponga blanda. Raspe las semillas, quite la cáscara y la calabaza estará lista para hacerla en puré o en crema. Utilice este método para cocinar otros tipos de calabaza, como la calabaza bellota o la calabaza de cidra.

Pescado jugoso y sabroso en el microondas. Primero, rocíe un poco de aceite de oliva y espolvoree sus especias favoritas sobre el pescado para darle más sabor y jugosidad. Cocínelo a una potencia del 70 por ciento. Calcule el grosor de las porciones. Para un filete de media pulgada de grosor, cocine durante dos minutos y medio por un lado, voltee y repita. Para los filetes de una pulgada, empiece con tres minutos por lado. Cuando el pescado comience a desmenuzarse con facilidad estará listo.

Cuatro razones para ir de pesca

El pescado es una delicia cargada de nutrientes. Además de su rico sabor, tiene un alto contenido de ácidos grasos omega-3, que podrían ayudarle a usted a prevenir una serie de males propios de la edad. Un estudio con enfermeras que duró 14 años, encontró que aquéllas que consumieron más pescado (entre dos y cuatro veces por semana) redujeron en casi un 50 por ciento el riesgo de sufrir un derrame cerebral. Comer pescado también puede ayudar a combatir la artritis, la enfermedad de Alzheimer y las cataratas. Así que atrape un salmón o una trucha para una cena rica y saludable.

Para almacenar alimentos: qué hacer y qué evitar

Lo que primero entra, primero sale. Aun si los congela, los alimentos no duran para siempre. Haga lo que hacen los vendedores de verduras y rote su "inventario". Coloque las compras recientes al fondo del congelador y mueva los productos más antiguos hacia delante. Así podrá verlos y es más probable que los use.

Haga lo mismo en su despensa; coloque las nuevas cajas de fideos detrás de las cajas más antiguas. Si compró en oferta varias cajas de cereales para el desayuno o frutas en conserva, marque la fecha en los envases para saber cuándo debe tirarlos.

Una manera inteligente de ahorrar en la leche. No tema abastecerse de leche si ve que está en oferta. Es seguro congelar la leche hasta por un mes.

+ Elija los bidones de leche que tengan una fecha de caducidad lo más distante posible.

+ En cuanto llegue a casa, sírvase un vaso de leche y tape el bidón. La leche aumenta de volumen al congelarse y si se deja el envase lleno hasta el borde puede rajarse o explotar.

+ Póngalo a congelar.

+ Cuando quiera descongelar la leche, coloque el envase congelado en el fregadero con agua toda la noche. Agite bien por la mañana y disfrute.

Ralle el queso antes de congelarlo. El queso puede durar más tiempo si lo congela, pero se desmoronará con facilidad y será difícil de cortar después de descongelarlo. Rállelo antes de ponerlo en el congelador, para evitar ese problema. Además, coloque la etiqueta del queso en la bolsa de plástico, para recordar qué tipo de queso es.

Evite desperdiciar las frutas y las verduras. Planifique y nunca más tendrá que tirar frutas o verduras descompuestas.

✦ Compre los alimentos perecederos en paquetes grandes, que son más económicos, pero luego divida el "botín" con un amigo.

✦ Compre en mayor cantidad sólo aquellos productos que duran más, como las zanahorias, el apio, las cebollas, las manzanas y las naranjas. Si ve bananas o peras, sólo compre lo necesario para unos días.

✦ Elija las verduras congeladas en bolsa, en vez de las congeladas en caja. Usted puede abrir la bolsa, sacar las porciones que necesita para preparar la comida, volver a cerrarla herméticamente y ponerla en el congelador para otro día.

Deléitese con el sabor de las hierbas frescas. Las hierbas frescas, como la albahaca y el orégano, hacen que sus recetas italianas tengan un aroma y sabor maravillosos. Es una pena que usted sólo pueda cultivarlas unos meses al año. Ni qué decir de los precios de las hierbas frescas en el supermercado.

Este verano, congele albahaca fresca para preparar pesto durante el invierno. Separe las hojas de los tallos. Enjuague, seque y pique las hojas al tamaño deseado. Congele porciones pequeñas en bolsas para congelar y asegúrese de etiquetar cada una. La albahaca estará buena hasta por seis meses.

Congele sin complicaciones. Si alguna vez tuvo una mala experiencia al congelar o descongelar un alimento es posible que haya sido por algo que no hizo bien. La próxima vez que desee poner un alimento en el congelador, simplemente siga estas reglas sencillas:

✦ Evite las quemaduras por frío. El aire puede secar la superficie de los alimentos, provocando la formación de cristales de hielo de color gris. Eso trae mal sabor. Extraiga todo el aire de la bolsa antes de cerrarla.

✦ Menos es mejor. Divida la comida en porciones pequeñas para que se congele más rápido. Cuanto más rápido se congela la comida, más fresca estará al descongelarse. Además, es más fácil encontrar usos para las porciones pequeñas que para las grandes.

✦ Empaquételo bien. Las bolsas para congelar pueden costar más que otras bolsas o envoltorios de plástico, pero vale la pena comprarlas. Los contenedores diseñados para el congelador tienen la resistencia necesaria para mantener la comida segura.

Mantenga frescos y seguros los alimentos

"Verifique la temperatura de su refrigerador y congelador con un termómetro para electrodomésticos", dice Katherine Bernard, directora interina del Centro de Asistencia sobre Carnes y Aves, del Departamento de Agricultura de Estados Unidos (USDA). El refrigerador debe estar a 40 grados Fahrenheit (4.5 °C) o menos, y el congelador a 0 grados Fahrenheit (−17.8 °C) o menos. Utilice este cuadro para decidir dónde conservar mejor los alimentos.

Alimento	Tiempo de conservación en el refrigerador	Tiempo de conservación en el congelador
Carne molida	1 a 2 días	3 a 4 meses
Bistecs y carnes para asar	3 a 5 días	6 a 12 meses
Chuletas y asados de cerdo	3 a 5 días	4 a 6 meses
Pollo entero	1 a 2 días	12 meses
Pescado magro (platija o lenguado, bacalao)	1 a 2 días	hasta 6 meses
Pescado graso (salmón, perca)	1 a 2 días	2 a 3 meses
Embutidos y fiambres	3 a 5 días	1 a 2 meses
Leche	5 días	1 mes
Queso	3 a 4 días	4 a 6 meses
Helado	--	2 a 4 meses

Arroz en un instante... salido del congelador. Preparar arroz toma tiempo, especialmente si a usted le gusta el saludable arroz integral. Anticípese a la próxima cena cocinando una gran cantidad de arroz y guardando lo que sobra. El arroz en recipientes herméticos se mantiene bien en el congelador hasta por seis meses. Para utilizarlo, descongele en una olla sobre el fuego agregando un poco de agua.

Para no desperdiciar la carne molida. Es una pena comprar carnes finas para luego tener que tirarlas porque se han descompuesto. Si la carne molida ha permanecido olvidada al fondo de su congelador durante tres a cuatro meses, es hora de sacarla y cocinarla. Si aún le queda carne, vuelva a congelarla en porciones de una libra (medio kilo más o menos) en bolsas herméticas para el congelador. Ahora sí puede esperar y usarla en cualquier momento para preparar un suculento guiso o un chili con carne.

Información nutricional a primera vista

Los alimentos envasados tienen la información nutricional en la parte posterior del envase, pero puede ser difícil de descifrar cuando usted tiene prisa. Los cereales para el desayuno Kellogg's ahora muestran los datos nutricionales más importantes en letras grandes en la parte frontal de la caja. Eso incluye las Cantidades Diarias de Referencia (*Guideline Daily Amounts* o GDA, en inglés) para las calorías, el azúcar y la vitamina C, entre otros. Busque las pestañas de color verde con los números de GDA en la parte superior de la caja.

Maneras sencillas de evitar las plagas en la despensa. Hasta en la cocina más limpia puede presentarse una invasión de insectos y bichos, ya que estos animalitos pueden haberse introducido en los alimentos desde la planta de procesamiento, en la tienda o incluso durante el transporte. Estos insectos pueden pasar de la harina y el arroz a los fideos y las galletas, haciendo que éstas ya no se puedan comer. Evite el problema congelando las bolsas nuevas de cereales durante por lo menos cuatro días, antes de almacenarlos en contenedores herméticos.

Obtenga el máximo sabor de las hierbas a granel.

Las hierbas y especias secas en frasco pequeño no son baratas, pero por suerte hay otra opción. "Comprar a granel le da a usted la oportunidad de obtener especias de primera calidad por un tercio o menos de lo que costaría comprarlas envasadas", dice Ellen Bouchard, gerente de la sección de hierbas y especias secas de la cooperativa Frontier Natural Products.

Las especias a granel pueden mantenerse tanto tiempo como las variedades preenvasadas, siempre y cuando se almacenen correctamente. "Guárdelas en envases de vidrio con tapas herméticas", dice Bouchard. "Esto evitará la oxidación, que es lo que deteriora el sabor, el color y el aroma". Mantenga el aire fuera de las especias, colocándolas en envases del tamaño adecuado, sin dejar aire en exceso. Y guárdelas en un lugar fresco, seco y oscuro.

"Un error común es colocar el estante de especias sobre la estufa", dice Bouchard. "Si bien esto es cómodo a la hora de cocinar, la exposición al calor y a la humedad de la cocina hace que el sabor y el color de las especias se deterioren rápidamente".

Las hierbas y las especias enteras pueden durar entre uno y tres años, en tanto que las variedades molidas se mantienen bien de seis meses a un año. Eso varía según el tipo de especia. La pimienta entera y otras especias con poco aceite pueden durar más tiempo, mientras que las especias como el clavo de olor, que tienen más aceite, pierden su sabor rápidamente.

Sea un detective de la frescura

Si en su despensa hay pequeñas latas rectangulares de McCormick de color rojo y blanco, entonces sus especias tienen por lo menos 15 años, con excepción de la pimienta negra. Los frascos de vidrio con especias de McCormick que dicen "Baltimore, MD" en la etiqueta, también tienen la misma antigüedad. Ya es hora de tirarlos. Para comprobar la frescura de las especias utilizando el código del producto, vaya a *www.mccormick.com* (en inglés) y haga clic en *All about spices* (Todo sobre las especias) a la izquierda, y luego en *Keep your spices fresh* (Mantenga frescas las especias).

No se moje las manos comprando verduras. ¿Ya se cansó de ensuciarse las manos en el supermercado cada vez que compra lechuga o brócoli? Pruebe este truco. Tome una bolsa de plástico del rollo y úsela como guante. Utilice esa mano para tomar el brócoli o la verdura que quiere comprar y luego deslice la bolsa al revés y hacia fuera. El brócoli quedará dentro de la bolsa y sus manos seguirán limpias y secas.

Cubra los recipientes de comida con bolsas recicladas. No se complique la vida con el plástico para envolver alimentos que no se adhiere a los recipientes de plástico o acrílico. Guarde las bolsas de plástico en las que compró las verduras y frutas y úselas para cubrir los recipientes de comida. Cierre con un sujetador de alambre o con unas pinzas para ropa, y listo.

Larga vida a los bizcochos. Si coloca una rodaja de manzana en el interior del recipiente en el que ha guardado el bizcocho, éste se mantendrá húmedo y fresco por más tiempo.

Un nuevo uso para la vaporera de bambú. Fresco, seco y oscuro, pero con circulación de aire. Eso describe el lugar perfecto para almacenar papas, cebollas y ajos, evitando que germinen o se enmohezcan. Coloque la vaporera de bambú sobre el mostrador de la cocina y úsela como una despensa portátil.

Conceptos básicos sobre seguridad alimentaria

Cuatro medidas para una cocina más segura. "Las bacterias están por todas partes", dice Katherine Bernard, del Centro de Asistencia sobre Carnes y Aves, del Departamento de Agricultura de Estados Unidos (USDA). "Las carnes, las aves, los pescados y mariscos y los huevos crudos no son estériles. Tampoco lo son las verduras y frutas frescas, como la lechuga, los tomates o los melones". Debido a que estos peligrosos gérmenes no se pueden ver ni oler, es mejor seguir estas reglas básicas para prevenir las enfermedades transmitidas por alimentos:

✦ Límpielos. Lávese las manos y limpie los mostradores de la cocina con agua jabonosa caliente después de manipular carnes crudas. Lave las tablas de cortar y los utensilios en el lavavajillas.

✦ Sepárelos. Utilice una tabla de cortar para aves y carnes y otra para verduras y panes. Refrigere la carne y el pescado crudo en envases cerrados, para que los jugos no contaminen otros alimentos.

✦ Cocínelos completamente. No se puede saber si la carne está lista para comer por su aspecto. Utilice un termómetro de carne para mayor seguridad. Al recalentar salsas o sopas, hágalas hervir.

✦ Refrigérelos rápidamente. "Uno de los problemas más comunes es dejar los alimentos a temperatura ambiente por más de dos horas", dice Bernard. Mantenga calientes los alimentos calientes, a 140 grados Fahrenheit (60 °C) o más, y mantenga fríos los alimentos fríos, a 40 grados Fahrenheit (4.5 °C) o más fríos.

Las verdades y los mitos de los alimentos seguros. En la cocina también es necesario separar los hechos de la ficción:

Mito: La mayonesa provoca intoxicación alimentaria.

Realidad: Los alimentos que contienen huevo crudo, como la mayonesa casera, la masa de galletas o el ponche de huevo hecho en casa, pueden contener la bacteria *Salmonella.* Pero las versiones de tienda, incluida la mayonesa, contienen huevos pasteurizados. Éstos son seguros para comer si los utiliza correctamente.

Mito: El huevo pasado por agua es seguro en los aliños de ensalada.

Realidad: Cocer el huevo sin hervirlo, no mata las bacterias. Utilice huevos pasteurizados o productos de huevo, como *Egg Beaters,* para preparar el aderezo para la ensalada César.

Mito: Los alimentos envasados pueden consumirse pasada la fecha de caducidad.

Realidad: Algunas fechas indican la fecha límite de consumo *(use-by date),* otras la fecha límite de venta *(sell-by date).* Gracias a esas fechas usted puede determinar la calidad y frescura de un producto. Pero estas fechas no le dicen si su consumo es totalmente seguro o no. Usted deberá manipular y almacenar estos alimentos adecuadamente.

La bolsa mezcladora. La próxima vez que prepare albóndigas o pastel de carne pruebe este truco para no acabar con carne cruda en las manos y hasta bajo las uñas. Coloque todos los ingredientes en un tazón grande y use dos bolsas de plástico pequeñas como guantes sueltos, una en cada mano. Los dedos permanecen limpios y libres para moverse y mezclar.

Cómo atar sin contaminar. Para atar las piernas del pavo crudo sin contaminar todo el ovillo de hilo, consiga un envase limpio de plástico con tapa, como el de yogur. Haga un corte en la tapa, ponga el ovillo dentro del envase y pase el hilo o cuerda de cocina a través de la ranura. Usted ahora puede usar toda la cuerda que necesite y evitar que el resto se contamine con los jugos de la carne cruda.

Evite los peligros de comer fuera. Tome las siguientes precauciones la próxima vez que salga a comer, para no sufrir consecuencias desagradables:

+ Use lo ojos. Si el restaurante no se ve limpio, no se quede a comer.

+ Pida que la comida esté bien cocida. Como cuando cena en casa, la carne de res, el pollo, el pescado, los mariscos y los huevos deben estar totalmente cocidos para evitar gérmenes. Si le sirven la comida fría o parcialmente cocida, devuélvala.

+ Cuídese de los cítricos. Un estudio reciente de las rodajas de limón que adornan el borde de los vasos encontró que en 21 restaurantes cerca del 70 por ciento de las rodajas de limón estaban contaminadas con bacterias o levaduras.

+ Refrigere las sobras lo antes posible. "Mi recomendación es hacerlo dentro de las dos horas posteriores a su preparación", dice Mary J. Weaver, gerente técnica del NSF Retail Food Safety, programa dedicado a la seguridad de los alimentos de venta al por menor. "En climas cálidos, recomendaría una hora. Las bacterias se multiplican más rápidamente entre las temperaturas de 40 y 140 grados Fahrenheit (entre 4.5 y 60 °C), por lo que es clave mantener los alimentos fuera de ese rango".

Alta tecnología identifica alimentos en mal estado

Si no puede estar seguro del estado de un alimento por su aspecto o su olor, entonces usted necesita la ayuda de:

+ El contador digital DaysAgo que, una vez fijado al recipiente de comida, cuenta los días en que éste permanece en el refrigerador. Adquiera dos por $10 en línea en *www.howmanydaysago.com*.

+ La etiqueta SensorQ que, colocada en las tiendas al momento de envasar las carnes y las aves, cambia de color si los niveles de bacterias se elevan demasiado.

+ El monitor manual SensorFreshQ, que mide el entorno de un envase de carne o pollo recién abierto y le deja saber si detecta una presencia considerable de bacterias, pero no le indica si éstas son dañinas. Cuesta unos $90 y está disponible en línea en *www.fqsinternational.com*.

La regla para recalentar. No asuma que el envase en el que el restaurante puso las sobras puede ser utilizado para recalentar comida en el microondas. Puede que no sea seguro. La Administración de Alimentos y Fármacos (FDA, en inglés) regula los materiales para los contenedores que van a estar en contacto con comida y para los que pueden usarse en el microondas, y los materiales no siempre son los mismos. Algunos plásticos pueden derretirse a temperaturas altas. Un posible culpable es el poliestireno, el plástico usado para fabricar Styrofoam.

"El Styrofoam o poliestireno extruido no ha sido diseñado para ser usado en recipientes para recalentar comida", dice Mary J. Weaver, gerente técnica del NSF Retail Food Safety, programa dedicado a la seguridad de los alimentos de venta al por menor.

Lo mejor es utilizar platos de vidrio o contenedores de plástico especialmente diseñados para el microondas. Weaver recomienda usar recipientes que sean seguros para el microondas y seguir las instrucciones del fabricante.

Es bueno dejar los malos hábitos. Usted no necesita gastar una fortuna en contenedores vistosos para guardar comida. Pero fíjese en que los envases que tenga en la cocina hayan sido realmente diseñados para la cocina y evite las siguientes prácticas:

✦ Almacenar comida en latas de película. Es mala idea guardar comida en bolsas de plástico o en frascos no aptos para alimentos, debido a que pueden contener sustancias químicas.

✦ Usar bolsas de papel marrón en el horno. Estas bolsas son para traer a casa los comestibles del supermercado, no para hornear comida en ellas. El Departamento de Agricultura de Estados Unidos advierte que estas bolsas pueden causar incendios, no son sanitarias y pueden liberar gases tóxicos. Las bolsas para hornear cuestan poco y valen la pena.

✦ Cocinar en un cubo de basura. Tal vez parezca una forma ingeniosa de asar un pavo o cocinar algo grande, pero es peligroso. Los contenedores de metal galvanizado contienen materiales tóxicos que pueden filtrarse en la comida.

✦ Reutilizar envases de un solo uso. Eso significa botellas de agua, tenedores y cucharas desechables y botes de margarina. Estos envases han sido fabricados para ser usados una sola vez y es casi imposible lavarlos bien sin dañar el material del que están hechos.

Conozca a sus enemigos

Éstas son algunas de las bacterias comunes que pueden contaminar los alimentos y causarle problemas de salud. Siga estos consejos para mantenerse sano y salvo:

Bacteria	Dónde se encuentra	Cómo protegerse
E. coli	carne de res molida o picada	Usar un termómetro de carne y cocinar a una temperatura interna de 160 grados Fahrenheit (71 °C).
Salmonella	carne molida o picada de pollo, res, pavo y cerdo	Usar un termómetro de carne y cocinar a una temperatura interna de 160 grados Fahrenheit (71 °C).
	huevos	Cocinar completamente hasta que la clara y la yema estén firmes.
	helados y frutas (cuando se transportan con carnes o huevos contaminados)	Separar las carnes crudas de los demás alimentos en el carrito de compras y en el refrigerador.
Campylobacter	aves de corral	Usar un termómetro de carne y cocinar a una temperatura interna de 165 grados Fahrenheit (74 °C).

Lea las etiquetas

Las personas que son alérgicas a ciertos alimentos, como los mariscos, los frutos secos o el huevo, ahora pueden comprar con tranquilidad. La Ley de Etiquetado de Alergenos Alimentarios y Protección al Consumidor (FALCPA, en inglés) exige que en las etiquetas se indique claramente si el producto contiene uno de los principales ocho alergenos alimentarios: leche, huevos, pescado, crustáceos, cacahuate o maní, frutos secos, trigo o soya. Lea las etiquetas antes de comprar un alimento para verificar cuáles son sus ingredientes o constatar que no hayan cambiado.

Consejos para comprar en bolsa. Después de conocerse que el origen de los recientes brotes de la peligrosa bacteria *E. coli* eran verduras empaquetadas en bolsa, muchas personas empezaron a no querer comprarlas. No tema. No tiene por qué renunciar a la comodidad de comprar lechuga, espinaca y zanahorias bebé en bolsa, si sigue estos consejos de la Administración de Alimentos y Fármacos (FDA, en inglés):

✦ Mantenga las frutas y las verduras separadas y en bolsas distintas de las carnes y pescados cuando las traiga del supermercado.

✦ Ponga la lechuga en bolsa en el refrigerador dentro de las dos horas posteriores a comprarla, y consérvela en el refrigerador a 40 grados Fahrenheit (4.5 °C) o menos.

✦ Lea la etiqueta de la lechuga o cualquier verdura precortada y empaquetada para comprobar si ya fue lavada. Si es así, usted no necesita lavarla de nuevo.

✦ Si usted compra verduras en bolsas abiertas, lávelas bien en agua corriente antes de servirlas. Lávese las manos bien antes y después de limpiar las verduras para evitar diseminar las bacterias a los alimentos.

Alimentos limpios y saludables. Las frutas y las verduras frescas se ven preciosas en la tienda, pero eso no significa que estén listas para comer: lávelas, aun si han sido etiquetadas como orgánicas.

+ Enjuáguelas bajo agua corriente. Puede espolvorear un poco de bicarbonato de sodio, restregar y enjuagar.

+ Utilice una escobilla para eliminar la suciedad y las bacterias. Esto es especialmente importante para manzanas, papas, zanahorias y otras frutas y verduras de cáscara dura.

+ Corte las partes magulladas o dañadas.

+ Seque con papel toalla.

Uso seguro de las sartenes antiadherentes

El sobrecalentamiento de las sartenes antiadherentes puede hacer que liberen un compuesto químico llamado ácido perfluorooctanoico (PFOA, en inglés). Algunos creen que el PFOA puede causar cáncer o dañar el sistema nervioso. El PFOA dejará de ser usado en la fabricación de utensilios de cocina a partir del 2015. Por ahora, use las ollas y sartenes antiadherentes de manera segura siguiendo estos consejos de DuPont, el fabricante del revestimiento Teflon:

+ Cocine a una temperatura media o baja. Esto es, nada de asar, método de cocción que requiere una temperatura de unos 500 grados Fahrenheit (260 °C) o más.

+ No deje la sartén vacía sobre el fuego o en el horno caliente.

+ Siempre siga las instrucciones del fabricante.

Cinco lugares donde se concentran los gérmenes en la cocina. Concentre sus esfuerzos de limpieza en estos cinco puntos para una cocina más segura:

+ La esponja. ¿Cree que es demasiado caro remplazarla a menudo? Entonces combata las bacterias colocando la esponja en la canastilla de los cubiertos del lavavajillas y lavándola en el ciclo más caliente.

+ Tabla de cortar. Primero cortamos el pollo crudo, luego la fruta. ¡Mala idea! Las bacterias sobreviven en las diminutas grietas de la tabla y contaminan los demás alimentos. Es mejor usar tablas de cortar separadas, por ejemplo, una sólo para la carne cruda.

✦ El desagüe del fregadero. Es difícil ver qué hay ahí abajo, pero sabemos que es un lugar oscuro y húmedo, propicio para las bacterias. Desinfecte con regularidad, como lo hace con los mostradores.

✦ Las manijas de las puertas, de los electrodomésticos y los grifos. Todo el mundo las toca. Use un desinfectante en aerosol o páseles un paño cada día.

✦ Toallas de mano. Un lindo detalle, pero toallas compartidas también comparten gérmenes. Mejor secarse las manos con papel toalla.

Medida sencilla para un desagüe impecable.

Desinfecte el fregadero de la cocina, el sumidero, el triturador de residuos y la tubería de conexión para eliminar la comida atrapada y la resultante propagación de bacterias. Mezcle una cucharadita de lejía o cloro en un cuarto de galón (un litro) de agua, y vierta por el desagüe. El agua caliente y el jabón pueden limpiar lo que se ve a simple vista, pero no acabarán con las bacterias.

Eche la red para pescar salud. Usted ha oído que el

pescado es bueno para la salud y es cierto. Los saludables ácidos grasos omega-3 que se encuentran en pescados grasos, como el salmón, la sardina, el atún y la trucha, pueden ayudar al corazón, prevenir ciertos tipos de cáncer y proteger los ojos y el cerebro.

Pero no se vaya por la borda. Algunos peces y mariscos pueden estar contaminados con mercurio, que puede causar daño a los nervios y problemas cardíacos. También pueden contener bifenilos policlorados (PCB, en inglés), que se cree están asociados con un mayor riesgo de padecer cáncer. Así que preste atención al momento de elegir. Usted puede disfrutar de las variedades más seguras, como el salmón, el lenguado, la tilapia y los camarones, más de una vez por semana. Es más probable que las otras variedades, como el filete de atún, el hipogloso o halibut, pargo o mero, estén contaminadas. Cómalas una vez al mes o menos. Las mujeres embarazadas o lactantes, así como los niños, deben tener aún más cuidado.

Utensilios de cocina esenciales

Cocine como los profesionales. Para cocinar bien no siempre se necesitan utensilios caros. Sin embargo, hay algunas características de las ollas y sartenes de alta calidad que sí pueden asegurarle buenos resultados. Los materiales de alta resistencia, por ejemplo, distribuyen y conservan el calor uniformemente, de modo que la comida se cocina de forma pareja.

La chef Ursula Knaeusel, de Ursula's Cooking School, en Atlanta, Georgia, cree que uno cocina mejor si emplea utensilios con los que se siente cómodo. "Los chefs profesionales suelen usar ollas de materiales muy pesados, con los fondos más pesados que los lados", dice Knaeusel. "Pero las amas de casa no tienen por qué levantar una olla tan grande y pesada cuando preparan comida para cuatro o seis personas".

Otras características que debe buscar: que las tapas sean resistentes al calor, y que los mangos y las asas sean firmes y no se recalienten.

Nunca pague el precio completo. Usted puede conseguir ollas, sartenes, cuchillos y todo lo que necesita para cocinar a precios de descuento de temporada, tal como sucede con la ropa y los zapatos. Por ejemplo, cubiertos a precios rebajados en la época de Pascua y del Día de Acción de Gracias, y ofertas en artículos para picnic o parrillas al aire libre en los meses de verano. Esté atento a los anuncios de las tiendas con ofertas especiales en las mejores marcas de utensilios de cocina.

Cómo elegir el mejor cuchillo. Los buenos cuchillos son caros. Si usted sólo puede comprar uno o dos, elija uno de éstos por su versatilidad:

✦ Cuchillo de chef: es un cuchillo multiuso con el que puede cortar, picar y rebanar. Busque uno con una longitud de hoja de ocho a doce pulgadas por menos de $50.

✦ Cuchillo pelador: se trata de un cuchillo de menor tamaño que ofrece más control para pelar o mondar.

✦ Cuchillo de pan: sirve para rebanar el pan y los panecillos, y tiene una hoja aserrada.

Cubra el mango del cuchillo con una banda elástica para un buen agarre.

Gánele a la artritis en la cocina

¿Le duelen las manos? ¿No puede abrir frascos? ¿Dejó de cocinar debido a la artritis? Recupere el control con estas medidas:

◆ Envuelva la tapa del frasco con una gran banda elástica para mejor agarre. O póngase los guantes de goma para lavar platos cuando quiera abrir un frasco.

◆ En vez de cerrar las bolsas de plástico con un sujetador de alambre, utilice pinzas para colgar ropa o clips de plástico. De ese modo, le será más fácil abrirlas.

◆ Remplace los tiradores de los cajones con perillas o manijas grandes y fáciles de agarrar. Estará agradecido de poder abrir nuevamente los cajones sin sentir dolor.

Redescubra las ventajas del hierro fundido. Las cacerolas de hierro fundido o hierro colado son simples, baratas y cocinar con ellas es un sueño. Es más, estas ollas de hierro fundido, que usaban nuestras abuelas, calientan la comida de forma uniforme y tienen un acabado antiadherente natural.

Siga estas reglas sencillas para mantenerlas en buenas condiciones:

✦ Lávelas con cuidado. "Jamás use detergente lavavajillas", dice Mark Kelly, gerente de comunicaciones de marketing de la compañía Lodge Cast Iron Cookware. Use sólo agua caliente y una escobilla firme. Procure no restregar.

✦ Las primeras veces que use la sartén, prepare comidas con poco líquido y de baja acidez. Déjela destapada para no atrapar el vapor, ya que podría afectar la capa protectora.

✦ Si la comida sabe a metal o tiene un color marrón, es posible que se esté desprendiendo el óxido. Lave la sartén y vuelva a "curarla".

✦ Guárdelas destapadas para que se sequen completamente. Puede colocar papel toalla para absorber la humedad y evitar la oxidación.

Cómo "curar" las sartenes. Usted puede comprar sartenes y cacerolas de hierro fundido ya curadas, pero las tradicionales necesitan un trato especial. Cúrelas antes de usarlas para crear un revestimiento antiadherente natural.

Algunos cocineros son muy exigentes con la grasa que utilizan para curar sus sartenes. "Depende de gustos y tradiciones", dice Mark Kelly, de la compañía Lodge Cast Iron Cookware. "Por ejemplo, los italianos en Nueva York y en el noreste del país usan aceite de oliva. Otros prefieren la grasa de pato. Otros la grasa del tocino". Crisco también funciona.

Cubra el fondo de la sartén con una capa de manteca o grasa animal y colóquela en el horno, boca abajo, sobre una bandeja de hornear. Hornee durante aproximadamente una hora, entre 300 y 500 grados Fahrenheit (149–260 °C). Espolvoree sal, limpie con un paño y repita el proceso.

Líbrese del RLS con una sartén de hierro fundido

Las personas que sufren de síndrome de las piernas inquietas (RLS, en inglés) no pueden dejar de moverlas. Tienen una necesidad constante de mover las piernas, y pueden sufrir de dolor y sensaciones de hormigueo. También presentan una deficiencia de hierro.

Los expertos dicen que cocinar con sartenes de hierro fundido puede proporcionarle más hierro a través de la comida. Esto, a su vez, podría aliviar los síntomas del RLS.

Secretos para hacer brillar el cobre. Los utensilios de cobre pueden perder el brillo atractivo que los caracteriza si usted usa el limpiador equivocado o los restriega demasiado. No utilice limpiadores abrasivos o esponjas para restregar, y olvídese de productos agresivos, como el bicarbonato de sodio, la lejía o cloro líquido, y los limpiadores de piso. Elimine las manchas de sus utensilios de cobre sin que éstos pierdan su brillo, con uno de estos métodos:

✦ Limpie el interior con una rodaja de limón con sal.

✦ Mezcle sal, vinagre blanco y harina de maíz en partes iguales, frote el interior de la sartén y enjuague.

✦ Empape un paño con salsa de tomate *(ketchup)* y frote la superficie interior y la exterior.

✦ Para el exterior de la sartén, pula con una pasta preparada con un cuarto de taza de vinagre blanco y dos cucharadas de sal.

✦ Los limpiadores formulados especialmente para limpiar cobre, como *Radiance* y *Twinkle Copper Cleaner,* también son opciones seguras.

El cuidado de las sartenes antiadherentes. Evite la acumulación pegajosa en las sartenes con recubrimiento antiadherente. Eso sucede cuando las rocía con aceite en aerosol, una y otra vez. En vez de eso, primero rocíe la comida y luego colóquela sobre la sartén. De ese modo, la sartén se mantendrá limpia y sin rayones.

Devuélvale la belleza al esmalte. Los utensilios esmaltados se ven muy bien en la cocina, mientras que estén limpios y sin manchas. Estos tres métodos de limpieza son totalmente naturales:

✦ Frotar una pasta hecha con bicarbonato de sodio y agua y dejar reposar por una hora. Agregar más agua a la pasta, mezclar hasta que se disuelva y dejar hervir durante 20 minutos.

✦ Hervir agua y la cáscara de cítricos en la olla esmaltada durante 20 minutos. Lavar como de costumbre.

✦ Llenar la olla con agua y un puñado de sal y dejar en remojo toda la noche. Luego hervir el agua con sal durante 20 minutos.

Aclare las manchas resistentes causadas por el té.

El té negro es un tinte fantástico para textiles, pero, lamentablemente también tiñe las tazas de cerámica. Devuélvales su blancura nacarada con estos trucos sencillos:

✦ Trátela como a las dentaduras postizas. Llene la taza con agua y eche una tableta limpiadora de dentaduras. Verá los resultados en aproximadamente tres horas.

✦ Lave las manchas oscuras con unas cuantas cucharadas de vinagre blanco.

✦ Restriegue la taza con una pizca de bicarbonato de sodio y una esponja húmeda.

Recupere una olla quemada en pocos minutos. No

agote sus esfuerzos en restregar el fondo quemado de una olla de acero inoxidable. Espolvoree un poco de detergente lavavajillas sobre la comida quemada, llene la olla hasta la mitad con agua, tape y póngala al fuego. Cuando empiece a hervir, baje el calor y deje hervir a fuego lento durante unos minutos. Limpie los restos quemados con la ayuda de un cepillo y listo.

Déjelos limpios y cristalinos. Sumerja los vasos y copas en

vinagre para que queden relucientes. Mezcle una o dos tazas de vinagre en un galón de agua caliente. Déjelos ahí durante varias horas.

Aprenda a comer con palillos. Claro que usted siempre

puede pedir un tenedor cuando va a un restaurante de comida china; sin embargo, los palillos son perfectos para coger una pieza de *sushi* y mojarla en la salsa o para disfrutar de las otras delicadezas de la cocina japonesa. Aquí le decimos cómo usar estos utensilios tradicionales de Asia.

Coloque uno de los palillos en la base del dedo pulgar, como a dos tercios de la punta y con el extremo más angosto hacia abajo. Sostenga el otro lado con el dedo anular. El dedo medio debe descansar sobre la parte superior. Este palillo no se moverá mientras usted come. Sostenga el otro palillo como un lápiz, entre el dedo índice y la punta del pulgar. Este palillo se moverá, abriéndose y cerrándose a modo de pinza, para recoger los bocados de comida. Mantenga alineadas las puntas de los palillos.

Haga su propia tabla de amasar

Cree una superficie plana donde pueda extender la masa sin que se pegue. Usted puede comprar una baldosa de mármol de 12 pulgadas cuadradas por unos cuantos dólares en una tienda para mejoras del hogar. La baldosa no debe tener una superficie rugosa o granulada. Lave y seque la losa, pegue cinta antideslizante en la parte posterior, y listo, empiece a rodar el rodillo.

Tres usos únicos para los filtros de café. A usted le encanta su nueva cafetera, pero no usa los mismos filtros de papel que su antigua cafetera. ¿Qué hacer con los filtros que le sobran?

✦ Ponga las hojas de té sueltas en los filtros en forma de cono. Llene un filtro hasta la mitad, doble, engrape para cerrar y póngalo en la tetera de agua caliente.

✦ Evite las salpicaduras y ahorre en papel toalla usando los filtros estilo canasta para cubrir los alimentos en el microondas.

✦ Proteja la vajilla de porcelana intercalando cada pieza con filtros estilo canasta para evitar golpes y arañazos.

Soluciones ingeniosas de limpieza

Los cinco productos de limpieza que nunca deben faltarle. Usted no tiene que gastar una fortuna en productos de limpieza para mantener la casa impecable. Los cinco productos que nunca deben faltarle cuestan menos de $10. Le ayudarán a reparar, limpiar, abrillantar y proteger todo en su hogar por unos pocos centavos. Y es probable que usted ya tenga todo lo que necesita en este momento.

✦ El **bicarbonato de sodio** se compone de partículas finas, eso significa que si lo mezcla con un poco de agua para formar una pasta, usted puede restregar ollas, cacerolas, lavabos, bañeras y hornos. Y debido a que es absorbente, es eficaz como desodorizante.

✦ El **vinagre blanco**, el limpiador maravilla del hogar, es económico, no tóxico y útil para docenas de tareas. Es el ácido del vinagre lo que corta la grasa, mata los gérmenes e inhibe las bacterias y el moho.

✦ La **lejía** o **cloro** no es más que una mezcla química de gas de cloro, hidróxido de sodio y agua. Es un potente desinfectante, que mata bacterias y virus en el baño y la cocina, elimina el moho y hace que la ropa blanca quede más blanca en el lavado. Explicar por qué es un formidable quitamanchas es algo complicado, pero tiene mucho que ver con la reacción química que elimina el color.

✦ El **amoníaco** puede ser un producto difícil de utilizar debido a las medidas de seguridad que es preciso tomar. Los vapores pueden irritar o incluso quemar la piel, los ojos o los pulmones, por lo que siempre hay que usarlo en un área bien ventilada. Nunca combine el amoníaco con la lejía o el cloro, esta mezcla produce un gas peligroso.

✦ El **detergente líquido para lavar la vajilla a mano** contiene surfactantes, que son productos químicos orgánicos que cambian las propiedades del agua. Ayudan a humedecer rápidamente la superficie de lo que se desea limpiar, aflojan la suciedad y atrapan los aceites de modo que no puedan adherirse nuevamente a la superficie y sean fáciles de enjuagar. La mayoría de los detergentes líquidos para lavar la vajilla a mano cortan la grasa y son biodegradables.

7 maneras de limpiar con bicarbonato de sodio

mal olor del desagüe del lavabo	Para refrescar el desagüe maloliente de lavabos y bañeras, verter dos cucharadas de bicarbonato de sodio por el desagüe y dejar correr agua tibia durante un minuto.
juntas de los azulejos	Hacer una pasta con bicarbonato de sodio y agua, aplicarla a las juntas de los azulejos y restregar con un viejo cepillo de dientes. No se debe enjuagar.
bañera, azulejos y baldosas	Combinar media taza de agua, media taza de jabón líquido para vajilla y 1 $^2/_3$ tazas de bicarbonato de sodio, luego agregar dos cucharadas de vinagre y aplicar la mezcla de inmediato. Pasar un paño y enjuagar.
mal olor de las alfombras	Agregar 10 gotas de aceite esencial, como lavanda, a dos tazas de bicarbonato de sodio. Remover bien, verter en un frasco mezclador y dejar reposar durante dos días para que seque y no manche las alfombras. Luego espolvorear sobre las alfombras, esperar 30 minutos y pasar la aspiradora.
horno microondas	Hacer una pasta con cuatro cucharadas de bicarbonato de sodio y agua, limpiar con una esponja y enjuagar bien.
latón, cobre, bronce y aluminio	Espolvorear bicarbonato de sodio sobre una rodaja de limón y frotar sobre el metal para lustrar.
plata fina	Forrar por dentro un tazón de vidrio o plástico con papel aluminio, espolvorear sal y bicarbonato de sodio y llenar con agua tibia. Sumergir la plata, enjuaguar, secar y pulir.

Los frascos de tapa con perforaciones facilitan la limpieza.
Es buena idea guardar y reutilizar cualquier tipo de envase que tenga una tapa con perforaciones. Vierta bicarbonato de sodio en uno de estos frascos y úselo para rociar cuando limpie el inodoro o la bañera.

10 maneras de limpiar con vinagre

cristales y espejos	Mezclar una parte de vinagre blanco y tres de agua, rociar sobre las ventanas y secar con papel periódico.
inodoros	Echar una taza de vinagre blanco sin diluir, esperar cinco minutos y tirar la cadena. Esta fórmula deja la taza de cualquier inodoro automáticamente reluciente.
lavavajillas	Colocar una taza con vinagre blanco en la bandeja inferior del lavavajillas y programar un ciclo completo de lavado para eliminar el jabón acumulado.
moho de los azulejos	Mezclar partes iguales de vinagre blanco y agua. Rociar y luego limpiar con una esponja.
bañera	Limpiar con vinagre blanco y enjuagar con agua.
lavabos de cerámica o de acero inoxidable, griferías cromadas	Limpiar las superficies con una esponja o con un paño empapado en vinagre blanco. Luego sacar brillo con un paño suave y húmedo.
cabezales de ducha obstruidos	Llenar una bolsa hermética de plástico hasta la mitad con vinagre blanco y, con la ayuda de una banda elástica, asegurarla sobre la ducha o regadera, de manera que el cabezal quede sumergido en el vinagre. Dejar toda la noche y enjuagar con agua caliente.
pisos de vinilo	Verter media taza de vinagre blanco en un galón de agua tibia y limpiar con un trapeador.
muebles de madera	Para eliminar las aureolas o manchas blancas, frotar con partes iguales de aceite de oliva y vinagre blanco.
malos olores	Hervir una cucharada de vinagre blanco en una taza de agua para erradicar los malos olores. Colocar una taza de vinagre blanco en una habitación para absorber el aire viciado por el humo de cigarrillos.

Prepare su propia solución de limpieza con fresco aroma. Ponga cáscaras de naranja, limón, lima o toronja en un frasco de vinagre blanco y cierre herméticamente. Déjelo reposar cuatro semanas, luego cuele el líquido y utilícelo para limpiar su casa como si fuera vinagre común.

4 maneras de limpiar con lejía o cloro

moho	Mezclar entre 8 y 12 onzas de lejía y 2 onzas de jabón líquido para vajilla en un galón de agua. Limpiar.
manchas en juntas, en azulejos y en baldosas	Verter una parte de lejía y 10 partes de agua en un frasco atomizador. Rociar sobre las manchas, dejar actuar durante 10 minutos, luego restregar con un viejo cepillo de dientes y enjuagar. Usar guantes de goma y protección para los ojos.
manchas en lavabos de porcelana	Llenar el lavabo con agua tibia, no caliente. Agregar unas cuantas onzas de lejía y esperar una hora. Para manchas difíciles empapar toallas de papel en lejía y colocarlas sobre las manchas antes de irse a dormir. Enjuagar bien a la mañana siguiente.
tazas de inodoros	Echar un cuarto de taza de lejía en el inodoro y esperar una hora, luego tirar la cadena. Es posible que tenga que restregar las manchas. Evitar la lejía si hay un limpiador en el tanque del inodoro, ya que podría producirse una reacción entre estas dos sustancias químicas.

Secreto para limpiar la cortina de baño sin esfuerzo. Limpie la cortina de baño y la bañera durante la noche, sin tener que restregar. Llene la bañera con agua fría, agregue un chorro de lejía (o cloro) y coloque la cortina dentro. Mantenga la cortina bajo el agua con algún peso para impedir que flote. Déjela en remojo durante la noche, en la mañana enjuague y cuelgue. La cortina y la bañera estarán relucientes.

Si prefiere no ensuciarse las manos, póngala a lavar en la lavadora con detergente de ropa y media taza de bicarbonato de sodio. Agregue una taza

6 maneras de limpiar con amoníaco

ventanas	Mezclar siete pintas (14 tazas) de agua fría, media taza de amoníaco jabonoso y una pinta (dos tazas) de alcohol para uso externo. Teñir con dos gotas de colorante azul para alimentos, mezclar bien y verter en un frasco atomizador.
la casa en general	Combinar en un envase con capacidad de un galón dos cucharadas de amoníaco, una cucharadita de lavavajillas líquido y una pinta (dos tazas) de alcohol para uso externo. Terminar de llenar con agua caliente. Tapar y verter en botellas con atomizador, según sea necesario.
paredes y duchas	Verter media taza de amoníaco, un cuarto de taza de vinagre y otro cuarto de bicarbonato de sodio en un balde con un galón de agua tibia y limpiar.
bañera	Limpiar el anillo de suciedad alrededor de la bañera con una esponja y amoníaco sin diluir. Usar guantes de goma.
bandejas colectoras de grasa	Remojar toda la noche en una tina grande llena de agua caliente y cuatro tazas de amoníaco. Restregar al día siguiente utilizando guantes de goma.
crayón en las paredes	Pasar un paño empapado en amoníaco para borrar los rayones o las marcas de crayón de las paredes.

de vinagre blanco en el inicio del ciclo de enjuague. Añada unas cuantas toallas para incrementar el poder de fricción del restregado.

Los tres mayores errores en la limpieza de joyas.

Según Gerald Golech, del Instituto Gemológico de Estados Unidos, "el uso de productos químicos o abrasivos que pueden dañar ciertas piedras preciosas o rayar el metal es el mayor error que se comete al limpiar las joyas. Los diamantes son duraderos, pero hay que tener mucho cuidado con otras piedras preciosas, como las esmeraldas o las perlas", advierte.

✦ Piense dos veces antes de usar zumo de limón. "He escuchado a gente decir que las perlas se limpian con jugo de limón. Esta práctica es equivocada. El jugo de limón es altamente ácido, de hecho, puede disolver el material del que están hechas las perlas", dice Golech.

+ Evite a toda costa los blanqueadores con cloro. Pueden dañar algunos de los metales y las piedras preciosas más frágiles.

+ No utilice amoníaco, que también se encuentra en limpiadores de joyas, para las gemas orgánicas porosas, como perlas o turquesas.

¿Qué hacer? A menudo basta un lavavajillas líquido y un cepillo de dientes de cerdas suaves. "Use un cepillo nuevo, porque la pasta dental suele contener abrasivos que podrían rayar los metales", advierte Golech. Tenga presente que los limpiadores comerciales para joyas a veces contienen abrillantadores de metal, que podrían sacar brillo a metales con acabado mate. Nunca limpie sus joyas sobre el lavabo sin antes tapar el desagüe, para evitar perder alguna accidentalmente. Y haga que un profesional inspeccione una vez al año las joyas que usted usa, para detectar las partes sueltas o desgastadas antes de que se conviertan en un problema.

6 maneras de limpiar con lavavajillas líquido

pisos	Agregar lavavajillas y una taza de jugo de limón a un balde de agua caliente y fregar el piso con un trapeador.
ventanas	Mezclar dos cucharadas de vinagre blanco y un chorrito de detergente para vajilla en un litro de agua. Verter en frascos atomizadores para limpiar las ventanas.
fregaderos y mostradores	Mezclar en un tazón el detergente para vajilla con un poquito de bicarbonato de sodio hasta formar una pasta. Utilizar una esponja no abrasiva para restregar.
puertas de ducha	Mezclar el lavavajillas con agua tibia para disolver los residuos de jabón en las puertas de la ducha o la regadera.
herramientas	Remojar las herramientas grasientas en agua tibia con detergente para vajilla y secar bien antes de guardarlas.
entrada para autos	Eliminar con detergente lavavajillas y agua tibia las manchas de grasa y gasolina a la entrada de su casa.

Dígale adiós a las marcas en el piso. He aquí tres soluciones para los pisos manchados y desgastados.

✦ Para los pisos de vinilo o linóleo, haga un agujero en una pelota de tenis, inserte un tarugo o un palo viejo de escoba y frote con la pelota hasta borrar la marca en el piso.

✦ Borre las marcas en las baldosas con una goma de borrar lápiz.

✦ Elimine las marcas de las baldosas de vinilo con un paño húmedo y un poco de pasta dental blanca o bicarbonato de sodio.

Medidas de seguridad

Nunca combine la lejía o el cloro con productos ácidos, entre ellos el vinagre, los limpiadores para el inodoro y los quitamanchas de óxido. Tampoco la combine con limpiadores que contengan amoníaco, como los limpiadores de ventanas y algunos detergentes para lavar platos a mano. No reutilice las botellas vacías de limpiadores comerciales para guardar preparados caseros. El nuevo limpiador podría interactuar con el viejo. Además, es posible que olvide lo que realmente contiene la botella. Ya sea que esté usando productos de limpieza comerciales o sus propios preparados, use guantes adecuados y protección para los ojos y siempre tenga buena ventilación.

Combata los resfriados y la gripe. Una persona con gripe puede contaminar 60 por ciento de las superficies del hogar. Eso hace de la limpieza durante la época de gripes una de las principales prioridades. Los expertos recomiendan los siguientes pasos como primera línea de defensa:

✦ Cante "feliz cumpleaños" dos veces mientras se lava las manos en agua tibia. Es el tiempo que necesita para hacer espuma durante unos 20 segundos y matar el virus del resfriado y de la gripe.

✦ Use toallitas limpiadoras con alcohol y desinfectantes para manos cuando no se pueda lavar con agua y jabón. Frótese las manos hasta que se seque el gel desinfectante.

✦ Limpie regularmente con toallitas desinfectantes o con aerosoles las manijas de las puertas y del refrigerador, los grifos, la manija del inodoro, los controles remotos, las llaves de casa, las perillas de los cajones, los mostradores, los interruptores de luz, el teclado y el ratón de las computadoras y otras superficies de contacto común. El virus de la gripe puede sobrevivir en superficies de dos a ocho horas.

✦ Tosa y estornude en pañuelos o en la parte superior de la manga, no en las manos. Recuerde, el virus puede sobrevivir durante horas, así que tire los pañuelos de papel tan pronto como los haya usado.

Prepare sus propias toallitas húmedas. ¿Por qué comprar toallitas de limpieza caras cuando usted puede prepararlas por unos céntimos la unidad? Primero, consiga un rollo de papel toalla bueno y resistente. Corte las hojas por la mitad y dóblelas para que quepan en un envase de plástico. Para la limpieza general, mezcle una parte de vinagre blanco y una parte de agua. Para desinfectar, prepare una solución con su limpiador líquido favorito. Revise las instrucciones de la botella. Vierta con cuidado sobre las toallas, cierre el envase y deje reposar toda la noche.

Deje su casa reluciente sin hacerse daño. La limpieza de primavera puede acabar en visitas al médico, con espaldas desencajadas por levantar demasiado peso o accidentes con productos químicos de limpieza. Siga estos consejos y evitará lesionarse mientras limpia la casa:

✦ Mantenga un *set* básico de herramientas y productos de limpieza en cada piso de la casa.

✦ Coloque posamuebles debajo de las piezas pesadas, para que los muebles se deslicen fácilmente sobre la alfombra o el piso duro.

✦ Cargue de forma correcta. Párese con los pies separados al ancho de los hombros, flexione las rodillas, apriete los músculos del estómago y levante con las piernas.

✦ No se exceda. En lugar de tratar de limpiar toda la casa en un fin de semana, planifique limpiar una habitación cada día. Sentirá menos estrés, por no decir menos dolor.

✦ Siga las instrucciones que aparecen en los envases de los limpiadores y use guantes de goma y protección para los ojos, cuando sea necesario.

Tres minutos le ahorran $1,000 al año

Los niños escolares no son los únicos que llevan el almuerzo en una bolsa de papel. Muchos adultos también lo hacen. Si usted trabaja o planea estar fuera de casa todo el día, empacar su almuerzo la noche anterior le puede ahorrar tiempo y dinero. Almorzar fuera de casa puede fácilmente costarle $5 al día, pero usted puede preparar su propio almuerzo por alrededor de $1. Haga la suma; esta tarea de tres minutos puede ahorrarle más de $1,000 al año. Eso es como si le pagaran 54 dólares por una hora de su tiempo.

Secretos quitamanchas para alfombras. Las máquinas para limpiar las alfombras en casa utilizan el método de extracción con agua caliente, recomendado por la mayoría de fabricantes de alfombras. Sin embargo, en un exceso de celo muchos acaban humedeciendo demasiado sus alfombras. "El exceso de agua deshace el adhesivo entre los soportes y produce lo que se conoce como delaminación", dice David Tassa, Maestro de Limpieza Certificado y propietario de Diversified Cleaning Systems.

Otro problema es el exceso de jabón. Al final quedan residuos de jabón en la alfombra, lo que atrapa más suciedad. "La alfombra se ensucia más rápido, por lo que hay que limpiarla una y otra vez, mojándola demasiado. En dos años, la alfombra quedará arruinada", asegura Tessa.

En lugar de limpiar toda la alfombra regularmente, limpie las manchas tan pronto se produzcan. Tampoco es necesario comprar costosos quitamanchas. Tassa dice que "la paciencia limpia más manchas que cualquier otra cosa".

"Si algo se derrama sobre la alfombra, recoja todo el exceso que pueda, absorba el resto con la ayuda de un paño o un papel y a continuación aplique un poco de agua", dice Tassa, quien recomienda humedecer la mancha y darle unos toques con el dedo o con un paño húmedo, pero no frotarla. "Coloque el paño sobre la mancha y déjelo ahí durante 15 minutos, luego presione suavemente para limpiar", dice. Y si eso no funciona, ponga un par de gotas (no chorros, sólo gotas) de detergente para vajilla en una taza con agua tibia, luego humedezca y limpie con eso.

Cinco pasos que le ayudan a enfrentar el día. Usted no se imagina lo bien que se sentirá por la mañana haciendo estas cinco pequeñas tareas la noche anterior:

✦ Coloque los platos sucios en el lavavajillas y limpie el lavabo.

✦ Prepare el café de la mañana. Cargue el café molido y llene con agua el tanque de la cafetera. Por la mañana, todo lo que tiene que hacer es prenderla.

✦ Empaque el almuerzo del día siguiente.

✦ Camine por toda la casa con una canasta y recoja todos los objetos que están fuera de lugar. Y a su paso, vaya colocando en su sitio los objetos que pertenecen a cada habitación.

✦ Ordene el correo en varias pilas (cuentas a pagar, basura, etc.), y luego archívelo en los lugares apropiados.

Seis secretos para limpiar la cocina más rápido.
Controle el desorden de la cocina con estos simples consejos:

✦ Deje el lavavajillas abierto y las bandejas salidas mientras cocina. Vaya colocando cada plato y utensilio sucio tan pronto como termine de usarlo.

✦ Mida los ingredientes secos primero, luego los ingredientes líquidos, de modo que sólo necesite una taza de medir.

✦ Mida los ingredientes sobre papel encerado para evitar que se derramen sobre el mostrador.

✦ Cubra el fondo de la gaveta para verduras y frutas con papel toalla, para que los jugos sean más fáciles de limpiar.

✦ Marine las carnes en bolsas de plástico herméticas y desechables.

✦ Abra las bolsas de verduras, pero deje las verduras en ellas. Si los alimentos se echan a perder, es menos complicado tirarlos.

Alergia poco conocida a un insecto útil

Puede que las mariquitas sean buenas para su jardín, pero si usted es alérgico a ellas, no le harán a su cuerpo ningún favor. Nuevas investigaciones muestran que las alergias a las mariquitas son tan comunes como las alergias a los gatos y a las cucarachas, pero menos conocidas. Usted puede mantenerlas fuera de su hogar reparando los mosquiteros de las ventanas, asegurándose de que las puertas y ventanas cierren bien y reparando las grietas de la masilla. Aspire las mariquitas muertas y vacíe la aspiradora fuera de la casa.

Deshágase de los murciélagos en el ático. ¿Sabía usted que los murciélagos marrones pueden comer hasta 10 mosquitos por minuto? Si bien es posible que los quiera en su jardín, es probable que usted no los quiera en su casa. Afortunadamente, usted puede deshacerse de los murciélagos con cosas que ya tiene en casa.

Si usted ya tiene murciélagos en el ático, averigüe dónde duermen. Después de que hayan salido por la noche, selle todas las aberturas al exterior de más de 2 pulgadas de ancho. La cinta adhesiva de tela extra-fuerte e impermeable (*duct tape,* en inglés) es una solución temporal.

Para una solución más permanente, tape con masilla de silicona o lana de acero. También puede cubrir los agujeros engrapando una malla fina de plástico. A diferencia de las ardillas, los murciélagos no usarán los dientes para meterse de nuevo.

Y si además desea desalentarlos, pruebe los siguientes trucos ingeniosos:

+ Cuelgue tiras de papel de aluminio de 2 pulgadas de ancho y de al menos 7 pulgadas de largo en las áreas en las que suelen dormir, como áticos, sótanos y patios. Los globos metálicos o de aluminio también los disuadirán.

+ Coloque una luz brillante en el lugar en que duermen y enciéndala en la noche.

+ Rocíe sus lugares de reunión nocturna con repelente en aerosol para perros y gatos, pero hágalo durante el día, mientras están fuera. Estos aerosoles pueden alejarlos durante meses con cada rociado.

Los tres mayores mitos sobre los ratones. Líbrese de los ratones evitando estos tres errores comunes:

+ Pensar que su gato los atrapará. La mayoría de los felinos domésticos están demasiado bien alimentados y son muy lentos para atrapar a un ratón en movimiento. Es más, es probable que su alimento para mascotas atraiga a los roedores.

+ Comprar dispositivos sónicos. Los ruidos repentinos pueden ahuyentar ratones, pero éstos se acostumbran rápidamente a los sonidos regulares y repetitivos como los emitidos por dispositivos electrónicos y ultrasónicos.

+ Colocar muy pocas trampas. Use muchas y a no más de 10 pies de distancia en los lugares donde los ratones están activos. A los ratones les encanta la mantequilla de maní, el chocolate, la fruta seca y los pequeños trozos de tocino. Ponga el cebo en las trampas, pero no las programe la primera vez. Una vez que hayan comido el cebo, coloque otro y esta vez sí prepare las trampas.

Puede mantenerlos fuera para siempre sellando todas las grietas que conducen al exterior. Rellene cualquier agujero más grueso que un lápiz con lana de acero, séllelo con masilla y alise.

Ahuyente hormigas con menta. Prohíba la entrada de hormigas a su casa y hágales saber que no son bienvenidas. Prepare una buena cantidad de infusión fuerte de menta, vierta en una botella con atomizador y rocíe las áreas afectadas, como el interior de los armarios, los mostradores de la cocina y los pisos. Si le preocupa que la infusión pueda manchar estas superficies, simplemente rocíe agua con unas gotas de extracto de menta. Según la creencia popular, es posible ahuyentar las hormigas con los bastones de caramelo de menta, típicos de Navidad. Sencillamente espolvoree el caramelo molido sobre el hormiguero o a la entrada de su casa.

Destierre insectos molestos con limones. Es fácil acabar con las pulgas y tener una casa impecable y de fresco aroma al mismo tiempo. He aquí como: agregue el jugo de cuatro limones a medio galón de agua caliente y trapee los pisos. O prepare un aerosol casero para forzar a las pulgas a salir de los tejidos: ponga 10 gotas de aceite esencial de lavanda, romero o eucalipto en un frasco atomizador lleno de agua, y rocíe ligeramente las camas de las mascotas, los muebles tapizados y las alfombras después de pasar la aspiradora.

Mejor ánimo, sueño y memoria en 11 minutos

Once minutos en la mañana y en la tarde son todo lo que usted necesita para un mejor sueño, más energía, mejor humor y una memoria más aguda. Comience con un minuto de respiración profunda que ayuda a disminuir el ritmo cardíaco, reducir la tensión arterial y regular el azúcar en la sangre. Los 10 minutos siguientes estírese, camine, levante pesas ligeras o realice cualquier actividad física que le guste.

La idea es estar en movimiento. El ejercicio le da un impulso de energía natural que acaba con la fatiga, libera sustancias químicas en el cerebro que mejoran el estado de ánimo y le ayuda a dormirse más rápido y dormir mejor al final del día. Y una mejor calidad del sueño puede mejorar la memoria.

Controle las alergias con una planta de interiores. ¿Está respirando moho o tal vez algo peor? Tire los purificadores de aire y rodéese de macetas de hiedra inglesa en su lugar. En un estudio se observó cómo este tipo de hiedra, colocada en un recipiente sellado con moho y excrementos de perro, llegó a eliminar el 78 por ciento del moho en el aire y 94 por ciento de las partículas flotantes de materia fecal del perro. Y eso fue después de sólo 12 horas. Gracias a esta hermosa planta usted puede controlar las alergias y de paso refrescar el ambiente de su hogar y mantener los alergenos al mínimo. Recuerde que debe mantenerla lejos de los niños y las mascotas porque es tóxica si se ingiere.

Usos asombrosos de las láminas para secadora.

Limpie las persianas, los televisores y las pantallas de computadora, deles un aroma fresco a las maletas y los armarios, y hasta saque brillo a sus zapatos, todo con una lámina para la secadora de ropa. Normalmente la tiraría después de usarla una sola vez, pero vea todo lo que puede hacer:

✦ Sacuda el polvo de las persianas y las pantallas de televisores y computadoras con láminas para secadora. Atrapan el polvo fácilmente y ayudan a repeler la suciedad futura.

✦ Limpie la comida pegada colocando una lámina para secadora en la olla sucia. Llene la olla de agua y remoje toda la noche.

✦ Coloque una lámina suavizante para telas, sin usar, en la bolsa de la aspiradora y refresque la habitación mientras aspira. Cambie la lámina en unas semanas o cuando el olor empiece a desvanecerse.

✦ Evite que el hilo se enrede, pasando una aguja enhebrada a través de una lámina para secadora antes de coser.

✦ Colóquelas en las maletas guardadas, para evitar el olor a humedad.

✦ Coloque una lámina en un zapato maloliente para eliminar los malos olores, y después úsela para lustrar ese zapato.

✦ Reemplace las viejas bolsitas perfumadas con una lámina para secadora en los cajones del vestidor, los armarios y junto a la ropa guardada fuera de temporada.

Respire mejor aire en el hogar. Los aromatizantes de ambiente, las velas, los productos de limpieza, los desinfectantes, los aerosoles, las pinturas y la ropa recién llegada de la tintorería pueden liberar productos químicos tóxicos, conocidos como compuestos orgánicos volátiles. Éstos han sido vinculados al cáncer y a problemas del corazón, del hígado, del sistema nervioso y del sistema respiratorio. Usted puede mejorar el aire de su casa en cinco pasos sencillos:

+ Mantenga el nivel de humedad entre el 40 y 50 por ciento durante el tiempo muy frío y entre el 40 y 60 por ciento el resto del año para reducir al mínimo los contaminantes.

+ Siempre que utilice productos de limpieza, desinfectantes, aerosoles o aromatizantes de ambiente comerciales tenga muy buena ventilación. Abra las ventanas o ponga a funcionar los extractores de ventilación.

+ Cambie a productos de limpieza más naturales. Bicarbonato de sodio, vinagre, jabón líquido para vajilla y agua son más seguros, menos tóxicos, más baratos y tan efectivos como la mayoría de los limpiadores comerciales.

+ Evite las velas importadas. Pueden contener mechas de plomo y al quemarse pueden producir niveles peligrosos de plomo en la casa. Por otro lado, las velas perfumadas son más propensas a producir partículas de hollín potencialmente dañinas.

+ Deje las ventanas abiertas para que entre aire fresco cuando queme incienso. El incienso puede liberar grandes cantidades de contaminantes, entre ellos compuestos relacionados con la dermatitis por contacto, el asma y el cáncer.

Nueva vida para sus animales de peluche. Para refrescar los juguetes de peluche con olor a moho, póngalos en la secadora en 'bajo' con una lámina suavizante. Si están muy sucios, simplemente coloque cada uno en una funda de almohada, amarre la funda y lávelos en agua fría en el ciclo suave. Secar a baja temperatura.

El cuidado de las almohadas de plumas finas. Pacific Coast Feather Company, un fabricante líder de almohadas de plumas, ofrece estos consejos para que las almohadas le duren muchos años:

✦ Asegúrese de que la almohada sea lavable en lavadora. Si es así, use un detergente suave con agua tibia en el ciclo suave. Lavar dos almohadas en lugar de una puede ayudar a equilibrar la carga.

✦ Utilice dos ciclos de enjuague y luego dos ciclos de centrifugado consecutivos para eliminar tanta agua como sea posible.

✦ Seque a baja temperatura. Continúe el secado hasta que no se sientan bultos. Los bultos significan que la almohada todavía está mojada por dentro, aun cuando se sienta seca al tacto. Sacuda la almohada a mano entre los ciclos.

Entre los lavados, devuélvale la forma a las almohadas aplastadas colocándolas en la secadora, en el ciclo de aire, con un par de pelotas de tenis limpias y una lámina para secadora. Advertencia: las pelotas de tenis producirán un gran alboroto.

Alivio de plumas para las alergias

Si usted está siendo acosado por las alergias, considere cambiarse a las almohadas de plumas. Los estudios demuestran que las almohadas sintéticas pueden albergar más ácaros del polvo, así como de siete a ocho veces más alergenos de mascotas que las almohadas de plumas.

Forma rápida de limpiar el mimbre. Puede que el mimbre sea bello, pero es muy difícil de limpiar. Haga fácil esta tarea rociando una brocha limpia con un quitapolvo o un lustramuebles en aerosol y pasándola por todo el mimbre. Alcanzará a limpiar entre el tejido y en todas las rendijas.

Acabe con el caos del desorden

Líbrese del correo no solicitado. Hágalo rápida y fácilmente en un solo paso. Escriba a la Asociación de Marketing Directo (DMA, en inglés) y solicite ser retirado de todas las listas de correo. La DMA pondrá su nombre y su dirección en una lista llamada *"do-not-mail list"* y las compañías que participan de la DMA se verán obligadas a eliminar su nombre de sus listas de correo. Envíe una postal o una carta con su nombre, domicilio y firma a:

> Mail Preference Service
> Direct Marketing Association
> P.O. Box 643
> Carmel, NY 10512

La cantidad de correo no solicitado debería empezar a disminuir unos tres meses más tarde. Si después de ese tiempo aún recibe promociones no solicitadas, póngase en contacto directamente con esas empresas y exíjales que retiren su nombre de sus listas de correo interno.

Pare la avalancha de catálogos. ¿Tiene el buzón a reventar por catálogos no solicitados? Manténgase fuera de las listas de correo para siempre. Cancele los catálogos que no desee, llamando al número gratuito de servicio al cliente que aparece en el catálogo y exigiendo que lo retiren de la lista. Y hágales saber que usted no desea que su nombre sea vendido o alquilado a otras empresas.

Para que su nombre sea eliminado de las principales listas de distribución de la industria del catálogo, escriba a: Abacus, Inc., P.O. Box 1478, Broomfield, CO 80038. También puede enviar un correo electrónico con su nombre y domicilio a Abacus en *optout@abacus-us.com*.

Plan infalible contra las pilas de correo. Revise el correo tan pronto llegue a casa. Decida en ese momento qué guardar y qué tirar y, a continuación, tome una acción: escriba ese cheque, archive esa carta o tire ese catálogo. Hágalo de inmediato y se quitará un peso de encima.

¿Qué guardar y por cuánto tiempo?

¿Aún guarda papeles de hace 20 años? ¿Teme deshacerse de documentos "importantes"? Esta guía práctica le ayudará a saber por cuánto tiempo guardar ciertos documentos y cuándo tirarlos. Recuerde, las leyes y las normas del IRS pueden cambiar, así que consulte con un abogado o con un contador antes de destruir documentos legales o financieros.

Documentos	¿Por cuánto tiempo?
documentos del plan 401K	los estados de cuenta trimestrales hasta que los compare con el resumen anual; los resúmenes anuales, hasta que se jubile o cierre la cuenta
documentos de la cuenta IRA	para siempre, si usted ha hecho contribuciones no deducibles a su cuenta de retiro individual (IRA)
recibos de pago de sueldo	hasta que los compare con el formulario anual W–2
facturas	en la mayoría de los casos, hasta que reciba el cheque cancelado o hasta que aparezca como ya pagada en la siguiente factura
recibos	para artículos de precio elevado, por el tiempo que los tenga; para artículos con garantía, hasta que expire la garantía; para compras con tarjeta de crédito, hasta recibir el estado de cuenta mensual
recibos del cajero automático (ATM)	hasta comprobar que han sido registrados en su estado de cuenta bancaria mensual
documentos relacionados con el pago de impuestos	durante siete años: todas las facturas (incluidas las facturas médicas), recibos, cheques y otros documentos utilizados para calcular sus impuestos
declaraciones y pagos de impuestos	de preferencia para siempre, pero por lo menos durante siete años
gastos relacionados con la venta y las mejoras de la vivienda	durante seis años después de vender la casa (incluidos los documentos sobre honorarios legales, comisiones del agente, gastos de remodelación y aquéllos que acreditan el precio de compra original)
registros del auto	hasta que deje de ser propietario del auto

Ponga los cables y las luces de Navidad bajo control. Usted puede utilizar un tubo de cartón para almacenar con facilidad los molestos cables eléctricos y las luces navideñas. Simplemente enrolle las luces alrededor de tubos vacíos de papel toalla o de papel de envolver, y guárdelas con los ornamentos navideños.

Además, mantenga los cables en orden en toda la casa utilizando tubos vacíos de papel higiénico. Enrolle los cables de las secadoras de pelo y otros aparatos eléctricos, y encaje el exceso de cable dentro de los tubos. Deje fuera suficiente cable para que llegue al tomacorriente.

Cuelgue las luces navideñas sin enredos. Si le encanta iluminar la casa durante las festividades, no se olvide del viejo carrete de la manguera del jardín. La próxima vez que baje las luces navideñas, enróllelas alrededor de un carrete portamanguera con manivela. Cúbralas con una bolsa de basura de plástico para protegerlas del polvo durante el almacenamiento. Al año siguiente será muy fácil desenrollarlas y será mucho más rápido colocarlas y decorar la casa.

Aproveche al máximo el espacio detrás de las puertas. Las bolsas colgantes para zapatos pueden tener otros usos. Son perfectas para organizar baños, despensas, salas de juego o cualquier otro lugar que tenga una puerta. Colóquelas en el lado interior de las puertas y utilice los bolsillos para guardar champús en el baño; alicates, destornilladores y pilas en el cuarto de herramientas; especias en la despensa; o ganchillos, hilos y botones en el cuarto de costura.

Organizadores económicos en cada habitación. Los organizadores para zapatos de melamina son una brillante solución para almacenar objetos en toda la casa. Colóquelos sobre un estante, en el piso o fíjelos a la pared. Estos cubículos pueden servir para guardar:

✦ bufandas, pañuelos, guantes, sombreros y botas impermeables en el armario del pasillo.

✦ calcetines emparejados, sudaderas, medias o pijamas en el closet del dormitorio.

+ hilos, telas y artículos de mercería en el cuarto de costura.

+ juguetes y animales de peluche en la habitación de los niños.

+ paños, toallas de mano y lindas botellas con sales de baño en el cuarto de baño.

+ facturas, catálogos y el correo entrante y saliente en el escritorio.

Ponga su garaje en orden con un archivador. Lleve ese mueble de oficina viejo y oxidado al garaje. Organice los papeles de lija de distinto grano, las hojas de sierra de diferente tamaño, los moldes de costura y los manuales de instrucción de las herramientas en carpetas colgantes con etiquetas. Utilice el espacio sobrante del cajón para taladros, cables enrollados, latas de aerosol o bombillas de luz de repuesto.

Done su desorden a una buena causa. Cada vez que organiza o remodela su casa, lo más probable es que termine con una montaña de cosas que ya no necesita. Usted no pierde nada si dona todo a Habitat for Humanity o Hábitat para la Humanidad.

Esta organización sin fines de lucro acepta, entre otros, electrodomésticos, muebles, alfombras y materiales de fontanería y electricidad a través de su tienda ReStore. Según Sharon Hazel, gerente de ReStore en Newnan-Coweta, Georgia, las donaciones van directamente a una familia de un hogar Hábitat o sirven para recaudar dinero para construir un nuevo hogar. "Cualquier artículo donado que no podamos utilizar directamente en la construcción de una casa de Hábitat, lo ponemos a la venta para generar dinero y comprar los materiales de construcción y servicios para construir nuevas viviendas de Hábitat", explica Hazel.

Todo lo que usted done debe funcionar y estar en buenas condiciones. "Cuando se trata de muebles tapizados, preferimos que el tapiz no esté hecho jirones, cubierto de pelos de animales, malos olores o manchas. Los electrodomésticos deberán tener menos de 10 años de antigüedad y estar en perfecto estado de funcionamiento. También aceptamos inodoros, lavabos, duchas y bañeras, siempre y cuando la porcelana no está desportillada y puedan reutilizarse", dice Hazel.

Llame al Hábitat para la Humanidad de su zona y pregunte si tienen una tienda ReStore. Averigüe qué artículos aceptan y si los recogen. Algunos recogen de forma gratuita, otros piden una pequeña donación para el combustible, que es deducible de impuestos. Al donar, usted recibirá un comprobante por la cantidad deducible de impuestos de su donación.

Separadores gratuitos. Haga sus propios separadores de gaveta usando cajas de cartón. Sólo tiene que cortar la caja en piezas que quepan en su gaveta. Haga un corte en los extremos para que las piezas encajen y se entrelacen. Utilice piezas de diferentes tamaños para formar compartimentos personalizados.

Lleve los viejos corbateros a la cocina. Cuelgue cepillos y toallas de un corbatero pequeño montado en el interior del estante bajo el fregadero. Monte otro en la pared para los utensilios de cocina.

Organice el armario de limpieza. Monte un toallero delgado detrás de la puerta y cuelgue los frascos de aerosol de los disparadores.

Divida y venza al desorden de la cocina

Observe su cocina. Usted lava los platos en una zona, prepara la comida en otra y hace las tostadas o el café en otra. Divida su cocina en zonas y organice los estantes y gavetas en base a lo que más usa en cada zona. Los libros de cocina deben ir en la zona de preparación de la comida, mientras que las tazas deben ir en la zona cafetera.

Una "estación de recarga" que le ahorra dinero.
Compre detergentes para vajillas y para ropa, limpiadores y productos de higiene personal en envases rellenables. Luego ahorre dinero comprando esos mismos productos en envases grandes o a granel. Establezca una "estación de recarga" en el cuarto de servicio donde pueda rellenar los envases más pequeños y guardar lo que sobra. Ubique los envases más pequeños en los lugares de la casa donde más los necesite.

Asesoramiento profesional para clósets y armarios.

Diana Auspurger sabe de closets. Como presidenta de la Asociación de Especialistas en Armarios y Almacenamiento y de Creative Storage, su propia empresa de clósets a la medida, ella ha visto casi todo tipo de errores. Éstas son sus recomendaciones para hacer lo correcto:

✦ Mida las repisas. Las repisas interiores no necesitan tener más de 16 pulgadas (40.5 cm) de profundidad a menos que se trate del armario para ropa blanca. Mida la ropa doblada o los objetos que piensa guardar y en base a eso determine el tamaño de las repisas.

✦ Cuelgue a la altura correcta. Si su vestido tiene 60 pulgadas de largo, la barra debería estar a 65 pulgadas. Si deja más espacio del necesario, usted estará desperdiciando espacio útil para las repisas.

✦ Déjela ir. A menudo las personas se aferran a la ropa porque no pueden perdonarse a sí mismas haber comprado algo que no les quedaba bien. "Perdónese por haber hecho una mala compra", aconseja Auspurger, "y deshágase de la ropa".

✦ Sea realista. Si no siente que le queda bien a la hora de probársela en la tienda, no la compre, porque es probable que no la use.

✦ Combine, no mezcle. Usar el mismo tipo de percha o caja de zapatos, por ejemplo, crea un sentido de organización. Genere una sensación de orden simplemente guardando artículos en contenedores similares.

Organizadores de zapatos para clósets compactos.

Estas son tres ideas para crear en un instante más espacio para el calzado:

✦ ¿Le sobra espacio en la barra, pero no hay espacio para los zapatos? Compre una bolsa con compartimentos para zapatos que se pueda colgar de la barra del clóset.

✦ Invierta en un portazapatos sólido y resistente que pueda montarse en el interior de la puerta del clóset.

✦ Déjelos en sus cajas. Pegue una fotografía de cada par en el exterior de la caja y coloque las cajas en los estantes, o compre cajas de zapatos de plástico transparente para poder ver qué hay dentro.

Truco muy útil para colgar los bolsos. Recoja los bolsos de piso del clóset y sáquelos de las repisas con este truco ingenioso. Enganche un anillo de cortina de baño alrededor de la barra del clóset y enlace las asas de los bolsos a través de la apertura del anillo. Haga lo mismo con las hebillas de cinturones y los pañuelos y bufandas. Para ahorrar aún más espacio, cuelgue todos los cinturones o bolsos de mano enganchando varios anillos en una sola percha de plástico.

Almacenamiento más seguro para las medicinas

Mantener en orden su botiquín es tanto una cuestión de seguridad como de limpieza. Siga estas pautas para guardar los medicamentos con receta y de venta libre.

- Limpie el botiquín cada seis meses y tire los medicamentos que hayan caducado o se hayan secado, manchado, decolorado o desmenuzado.

- Verifique también las gotas para los ojos y los oídos. Una vez que expiran, pueden empezar a cultivar bacterias y hongos.

- Retire el algodón de los frascos de pastillas. El algodón absorbe la humedad y esto podría afectar al medicamento.

- Guarde los medicamentos en un lugar fresco y seco, no en el baño o cerca de la estufa de la cocina. La mayoría de los baños son demasiado húmedos y las áreas alrededor de la estufa se calientan demasiado.

- Mantenga sus medicamentos en una repisa o en un botiquín diferente al de su pareja, para que no tome accidentalmente una pastilla equivocada.

Cree un espacio especial para los accesorios. Los tableros de clavijas no sólo son útiles en el garaje. Corte uno para que quepa detrás de la puerta del clóset, y luego píntelo y cuélguelo. Inserte los ganchos y cuelgue pañuelos, joyas, corbatas y otros accesorios.

Secretos para guardar las cosas de baño en espacios minúsculos.

Hasta en los cuartos de baño más pequeños hay espacio para guardar cosas. Sólo tiene que pensar de forma creativa. Pruebe algunas de estas ideas:

✦ Los toalleros horizontales desperdician espacio. Piense en vertical y use ganchos para toallas, uno por cada persona que usa el baño.

✦ Atornille un gancho resistente para colgar tazas al lado del tocador y utilícelo para colgar la secadora de pelo, la plancha rizadora o las toallas de mano.

✦ Pegue cintas magnéticas a lo largo del interior de las puertas del botiquín. Úselas como soporte para colgar instrumentos pequeños de metal para el cuidado personal, como pinzas, tijeritas y rizadores de pestañas.

✦ Atornille ganchos más pequeños en el interior de las puertas del tocador para colgar cepillos.

✦ Retire el material de lectura que suele ponerse sobre la tapa del tanque del inodoro. Coloque un revistero de pie al lado del inodoro o monte un revistero colgante sobre la pared.

✦ Coloque un perchero en la esquina para las batas de baño si más de una persona utiliza el baño.

Acabe con el desorden de los mini productos.

Imponga orden en el revoltijo de muestras gratis de champús y dentífricos de tamaño de viaje. En lugar de abarrotarlas en el botiquín, sepárelas en bolsas de plástico con cierre hermético. Guárdelas en las maletas de viaje para que estén listas cuando usted las necesite.

El secreto para mantenerse organizado con éxito.

Usted puede organizar toda su casa si lo hace poco a poco. Elija un proyecto manejable que pueda completar en 30 minutos y asuma el compromiso de concluir un proyecto nuevo cada día; treinta minutos al día, todos los días. Divida los proyectos más grandes, como organizar el armario del pasillo, en tareas más pequeñas. Organice su casa cajón por cajón, puerta por puerta y piso por piso. Una vez que esté organizada, manténgala así invirtiendo 10 minutos diarios antes de acostarse para poner todo en su sitio.

Cuatro tareas que usted puede hacer mientras ve televisión. Póngase al día con sus programas de televisión favoritos y limpie su casa al mismo tiempo. ¡Basta de culpas! Éstas son sólo unas cuantas tareas domésticas que usted puede hacer mientras ve televisión:

+ Recortar cupones de descuento, artículos de revistas y periódicos que desea conservar. Archívelos mientras está sentado en el sofá.

+ Cargar y descargar el lavavajillas durante los comerciales.

+ Rodéese con ropa sucia y el quitamanchas. Aplique el quitamanchas a la ropa mientras ve el programa, póngala a lavar y secar durante los comerciales.

+ Sacuda, barra y realice otras tareas domésticas ligeras y silenciosas mientras la televisión está encendida.

Una solución sencilla para acabar con las tareas pendientes. Si usted está jubilado, puede que sienta como si tuviera todo el tiempo del mundo para llevar a cabo tareas especiales de organización o de limpieza. Sin embargo, parecería que nunca encuentra el momento justo para cuadrar su chequera, organizar sus archivos y ordenar sus recetas. Y si usted trabaja fuera de casa, es fácil dejar pasar las cosas.

La solución es simple: programe citas para todo lo que tiene que hacer. Compre un calendario con mucho espacio para anotar citas diarias, y establezca fechas y horas para todo lo que tiene en su lista de tareas pendientes. Procure darse el tiempo suficiente para poder completar las tareas especiales, sin tener que dejar de lado sus otros compromisos diarios.

Reparaciones rápidas para el hogar

Ayuda gratuita para personas de edad avanzada.
Sin importar cuáles sean sus ingresos, usted puede recibir servicios de asistencia legal, reparaciones de la casa y hasta ayuda con los quehaceres domésticos, sin costo alguno, a través de la Agencia para Adultos Mayores de su Área *(Area Agency on Aging)*. Hace más de 45 años, el Congreso aprobó la Ley para Estadounidenses Mayores *(Older American Act),* que creó una red de servicios de apoyo para ayudar a las personas mayores con:

✦ las tareas del hogar, tales como lavandería, compras de comestibles, limpieza y preparación de comidas

✦ transporte para citas médicas, recados y compras

✦ asistencia médica en casa para las personas de edad avanzada que no necesitan atención las 24 horas

✦ comidas calientes a domicilio

✦ llamadas telefónicas o visitas domiciliarias para adultos confinados en casa o que viven solos

✦ asistencia legal, incluidos el asesoramiento, la orientación y la representación en asuntos civiles

✦ asesoramiento sobre los beneficios de Medicare y las pensiones

✦ asistencia económica para servicios públicos y calefacción para personas mayores de bajos ingresos

✦ reparaciones de viviendas, incluidas las reparaciones del tejado, de las tuberías y del aislamiento térmico

Cualquier persona de más de 60 años de edad tiene derecho a estos beneficios, aunque algunos programas dan prioridad a las personas mayores más necesitadas. Para más información o para inscribirse en los servicios, llame al 800-677-1116 y pida hablar con un representante en español o visite *www.eldercare.gov*.

No se deje estafar con la limpieza de la chimenea.

La limpieza periódica evita que productos químicos peligrosos se acumulen en el interior de la chimenea y es una manera de comprobar que todos los componentes funcionan debidamente. Pero no se deje engañar. Entreviste a las compañías de limpieza antes de contratarlas y pida una inspección del nivel uno (*Level 1,* en inglés). Si no saben lo que eso significa, busque a una que lo sepa.

Mejoras que agregan el mayor valor

A nivel nacional, añadir una terraza, sustituir el revestimiento exterior y las ventanas, así como hacer remodelaciones menores en la cocina y en los baños son las inversiones más rentables a la hora de vender una casa. Sin embargo, los expertos advierten de una tendencia decreciente en el retorno de la inversión, dólar por dólar, en los proyectos de remodelación.

Si usted está remodelando para satisfacer sus propias necesidades, puede ser que esto no le ataña. Pero si usted está remodelando con el fin de vender su casa, piense dos veces antes de gastar grandes cantidades de dinero. Pida a un agente local de bienes raíces que visite su hogar y le ofrezca asesoramiento sobre qué remodelaciones vale la pena hacer.

Cinco consejos antes de emplear a un contratista.

Seleccionar un contratista bueno y honrado debe ser su primera prioridad.

✦ Entreviste a más de uno. Obtenga presupuestos de por lo menos tres contratistas. No contrate al primero que le devuelva la llamada o a alguien de la calle que lo solicite.

✦ Verifique las referencias. Junto con el presupuesto, obtenga una lista de referencias. Llame y pregunte si el contratista terminó a tiempo y dentro del presupuesto y si quedaron satisfechos con el trabajo.

✦ Busque la experiencia. Pregunte a cada contratista cuánto tiempo ha estado en el negocio. Cuanto más tiempo, mejor. Es más, asegúrese de que tenga experiencia con su tipo de proyecto.

✦ Verifique su seguro. Haga que le muestren prueba escrita de un seguro, ya sea una tarjeta o un certificado, que los cubra a ellos y a sus trabajadores. De lo contrario, usted será el responsable por los accidentes en el trabajo.

✦ Póngalo por escrito. Insista en un contrato que detalle la fecha de inicio, la descripción del proyecto y el costo estimado. Un apretón de manos no le protegerá si tiene que demandar a un contratista por un trabajo mal hecho o sin terminar.

Dedíquese a la decoración. Lleve un "diario de decoración". Llene las páginas de un cuaderno con muestras de pintura, recortes de revistas, anuncios de muebles, retazos de tela y sus propias notas y medidas. A medida que vaya coleccionando las imágenes, los colores y las texturas que le gustan, usted irá descubriendo un tema común que se convertirá en el nuevo *look* de la habitación.

Evítese problemas a la hora de pintar. Pruebe estas cuatro soluciones a los problemas más comunes:

✦ Proteja la alfombra al pintar los zócalos. Corte tiras de cinta adhesiva protectora o cinta de pintor de una pulgada y media de ancho y cubra la alfombra junto a los zócalos. Utilice una espátula de plástico para empujar el borde de la cinta debajo del zócalo.

✦ Evite el sangrado. Pase una tarjeta de crédito o una espátula de plástico a lo largo del borde de la cinta adhesiva de pintor para crear un sello hermético entre la cinta y la pared. La pintura no se filtrará debajo de la cinta y usted obtendrá una línea limpia.

✦ Espere siempre a que la pintura esté ligeramente pegajosa, ni húmeda ni seca, para quitar la cinta.

✦ Use las viejas cortinas plásticas de baño para proteger el piso.

Cómo pintar sin ensuciar. Invierta un par de dólares en una boquilla de plástico que encaje en el borde de las latas de pintura de un galón. Le dará un vertido limpio, además de un borde en el interior para raspar el exceso de pintura de la brocha. Lo mejor de todo, es de plástico por lo que se limpia fácilmente con agua.

El truco para pintar las escaleras. Al pintar las escaleras, el primer día pinte un escalón sí y otro no. Pinte el resto uno o dos días después, una vez que la pintura se haya secado, de modo que pueda seguir subiendo y bajando.

Compre la cantidad exacta de pintura

No adivine a la hora de comprar pintura. Estos tres sitios web calcularán en un instante la cantidad de pintura que usted necesita para casi cualquier proyecto. Ojalá la elección de los colores fuera tan fácil.

- *www.kilz.com/calculator*
- *www.behr.com* (haga clic en "Expert Advice")
- *www.benjaminmoore.com/paintcalculator*

Minimice el desgaste de las alfombras. Según David Tassa, maestro de limpieza de segunda generación y dueño de Diversified Cleaning Systems, pasar la aspiradora con regularidad es la mejor manera de alargar la vida de las alfombras. "Se dice que cada grano de arena tiene nueve bordes cortantes", explica Tassa. "La gente deja granitos en la alfombra, los pisotea y no aspira".

Estas partículas arenosas cortan literalmente las fibras de la alfombra. "A medida que se reduce de tamaño y se separa, cada mechón de alfombra se abre como una flor", dice Tassa. Este efecto hace que la alfombra luzca desgastada, gris y deslucida. Pasar la aspiradora, limpiarse los zapatos en el felpudo de la entrada y quitarse los zapatos en casa hará que las alfombras luzcan hermosas por más tiempo.

Cómo quitar el papel tapiz de la pared

Marque o talle suavemente el papel tapiz con la ayuda de una herramienta marcadora. (Se consigue en las ferreterías). Empape el papel tapiz con una de estas soluciones disolventes caseras. Deje en remojo durante 10 minutos y luego raspe el empapelado con una espátula de plástico. Aplique más solución de ser necesario.

Ingredientes	Instrucciones
suavizante para ropa	Mezcle una parte de suavizante con dos partes de agua muy caliente. Rocíe o aplique con un rodillo para pintar.
vinagre	Rocíe partes iguales de vinagre blanco y agua caliente hasta que el papel tapiz esté completamente saturado. Empiece a raspar cuando se formen burbujas en el papel.
jabón líquido para vajilla	Agregue una onza (dos cucharadas) de lavavajillas líquido con poder desengrasante a dos tazas de agua caliente. Rocíe sobre el papel tapiz.

Borre las marcas en la alfombra. Utilice un vaporizador para tapicería sobre el área aplastada o coloque una toalla encima y use una plancha de vapor. Deje que el vapor penetre las fibras de la alfombra y luego peine con un tenedor, como si estuviera esponjando el arroz. Continúe aplicando vapor y esponjando hasta que la marca desaparezca.

Silencie los pisos chirriantes. Estos cuatro trucos funcionan como por arte de magia para silenciar cualquier piso crujiente:

+ Ponga generosamente talco entre las tablas ruidosas de los pisos de madera. Cubra con una toalla y písela para hacer que el talco penetre en todos los rincones y grietas. Si vuelve a oír un chirrido, aplique más talco.

+ Vierta cera líquida entre las tablas de los pisos de madera encerada. No intente hacer esto en los pisos barnizados o con revestimiento de uretano.

✦ Rellene con adhesivo de construcción a lo largo de la grieta donde las tablas del piso encajan con las vigas, en los pisos en los que las vigas están expuestas. Haga esto desde la parte de abajo del piso.

✦ Compre una herramienta muy económica llamada "Squeeeeek No More" cuando no pueda llegar a las vigas del piso porque la habitación está alfombrada. Sirve de guía para colocar un tornillo, a través de la alfombra, a la viga del piso subyacente. Luego corta la cabeza del tornillo para que quede totalmente oculto por la alfombra. Pregunte si tienen este producto en su ferretería local o cómprelo por Internet en *www.squeaknomore.com*.

Elija el colchón ideal para su cuerpo. Roger Herr, fisioterapeuta y miembro de la Asociación Estadounidense de Terapia Física, ofrece las siguientes pautas a la hora de elegir el colchón:

✦ Busque un colchón de 18 pulgadas de altura e invierta en un marco de cama más alto, de ser necesario. Según Herr, "es más fácil subir y bajar de la cama cuando ésta es más alta".

✦ Elija el colchón adecuado para su tipo de cuerpo. Una persona más pesada y de huesos más grandes puede necesitar el soporte adicional de un colchón firme con grandes resortes interiores. A la gente pequeña y delgada le va mejor un colchón menos firme y una mayor densidad de resortes (resortes más pequeños y más juntos).

✦ Los colchones de espuma se adaptan constantemente al cuerpo, por lo que son perfectos para las personas delicadas, muy delgadas y huesudas o para aquéllas muy adoloridas. Tenga en cuenta que cuanto más densa es la espuma, más firme es el colchón.

✦ Evite los colchones de espuma si suda mucho o es muy caluroso. La goma retiene el calor del cuerpo, una bendición para algunos durmientes, pero una pesadilla para quienes prefieren los colchones tradicionales de resortes que "respiran". Además, la espuma impide que el sudor se evapore.

Es importante escuchar el cuerpo. "No hay libro, sitio web o vendedor que pueda saber cómo duerme mejor su cuerpo que usted mismo", dice Herr.

No deje que las chinches le chupen la sangre

Las chinches están regresando con fuerza. Estos insectos chupasangre se esconden en los colchones y los muebles tapizados, emergiendo en la noche para alimentarse de sus anfitriones. Son difíciles de erradicar una vez que se han instalado en su casa, así que lo mejor es prevenir la infestación en primer lugar. Un nuevo producto, *AllerZip* de Protect-A-Bed, puede ayudar: sella herméticamente el colchón o sommier, dejando las chinches, los ácaros del polvo y los alergenos fuera. Llame a Protect-A-Bed al 866-297-8836 para encontrar un distribuidor cerca de usted o visite *www.protectabed.com.*

Elija la almohada perfecta. Las almohadas ayudan a mantener el cuello y la columna vertebral correctamente alineadas al darle apoyo a la curvatura del cuello. Roger Herr, fisioterapeuta en Seattle, recomienda elegir una almohada basándose en su posición favorita para dormir.

✦ "Los que duermen boca arriba necesitan una almohada con un soporte medio", afirma Herr. Si es demasiado baja, no dará el soporte necesario a la curvatura del cuello. Si es demasiado alta y presiona el cuello, dificultará la respiración.

✦ A los que duermen de lado les conviene una almohada más gruesa, de firmeza media o mayor, para sostener la cabeza y mantenerla en línea con el cuello y la espalda. Mientras más anchos sean los hombros, mayor será el apoyo que necesite al dormir de lado.

✦ Los que duermen boca abajo, por otro lado, necesitan una almohada de perfil bajo, delgada y con menos densidad y apoyo.

Herr también recomienda a las personas con las rodillas huesudas, con artritis en las piernas o que han tenido cirugía de cadera, dormir con una almohada entre las rodillas para mejorar la alineación de la columna.

Pero Herr dice que, en última instancia, "usted sabe lo que le sienta bien a su cuerpo. Usted tiene la almohada que necesita siempre y cuando duerma bien y se despierte sintiéndose mejor que cuando se fue a dormir".

Soluciones deslizantes para los cajones atascados.

Saque el cajón y lije los rieles con un trozo de papel de lija. Limpie el polvo. Luego frote una vela o barra de jabón a lo largo de los rieles para "engrasarlos". Para darles un olor fresco, use velas o jabones perfumados. Para cajones de metal, rocíe un poco de aceite lubricante en un paño suave y páselo a lo largo de los rieles.

Deles nueva vida a sus muebles dañados. No se

deshaga de los viejos muebles, pero repárelos en casa con estos consejos:

- ✦ Gire las mesas. Arregle una mesa tambaleante con sólo girarla. Encuentre la pata que no está firme y la que se encuentra en diagonal a ella. Levante la mesa de modo que ambas patas estén a la misma distancia del suelo. Empiece a girar la mesa alrededor de su centro hasta que ambas patas se apoyen en el suelo y ¡listo! No hay más tambaleo. Este truco sólo funciona con las mesas cuadradas o rectangulares.

- ✦ Aplane la combadura. Con el tiempo, la madera tiende a combarse o arquearse, y el barnizado en un solo lado acelera este proceso. Para aplanar las mesas y otros tableros combados, retire la parte torcida. Humedezca uniformemente la parte que se ha encorvado hacia dentro con un paño húmedo. Limpie el exceso de agua desde el otro lado. Sujete con abrazaderas cada extremo de la tabla o mesa entre dos piezas largas y planas de madera. Apriete la abrazadera hasta que el tablero esté plano, y deje secar un día o dos. Repita si es necesario.

- ✦ Arregle la tapicería. Usted puede coser tela gruesa sin problemas, pero en el cuero y la tapicería de tejido fino se verán las costuras. Corte un trozo de lona u otra tela delgada en una forma ligeramente más grande que la rotura. Pele la tapicería rasgada y use el mango de una cuchara para deslizar el nuevo trozo de tela debajo de los bordes rotos. Pinte las caras que se van a tocar con un látex adhesivo de tela. Aplane la pieza desgarrada y manténgala en su lugar con alfileres de tapicero hasta que el pegamento se fije.

Evite que se pierdan las herramientas pequeñas.

Utilice restos de espuma de poliestireno (*Styrofoam*) para sujetar pequeñas herramientas, como brocas y mini destornilladores. Coloque la espuma plana y empuje la cabeza de las herramientas profundamente en la espuma. Etiquete cada agujero resultante con un marcador para saber qué herramienta o broca va en cada agujero, y devuélvalas al mismo lugar cuando termine de usarlas.

Cómo aflojar una bombilla de luz atascada. Aplique una capa delgada de vaselina, WD-40 u otro lubricante, a la rosca de las bombillas antes de enroscarlas. Entrarán más fácilmente y no ofrecerán resistencia la próxima vez que las cambie.

Si la ampolla de vidrio se separa de su base al desenroscarla, pruebe este ingenioso truco. Desconecte la electricidad que alimenta la lámpara, pele una papa, empuje la papa cruda en la base de metal y gírela. La papa se irá agarrando a la rosca interior de la bombilla a medida que usted desenrosque.

Qué hacer con el asbesto

Muchos hogares de cierta antigüedad contienen asbesto, una fibra mineral que solía utilizarse en las tejas del tejado y del revestimiento exterior, en el aislamiento, en los compuestos para juntas, en las baldosas de los pisos de vinilo, en el aislamiento de tuberías y en otros materiales de construcción. Por desgracia, la inhalación de estas fibras puede provocar enfermedades pulmonares y hasta cáncer. Es muy probable que los materiales del hogar hechos con asbesto sean seguros, siempre y cuando estén en buenas condiciones y no se estén desmoronando. Si están dañados, no intente quitarlos usted mismo. Llame a un profesional certificado en asbesto para repararlos o eliminarlos.

Tenga siempre un lápiz a mano. Deje de buscar un lápiz en medio de un proyecto. Retire una de las piezas de un gancho o pinza para tender ropa, e inserte el lápiz en su lugar. Luego sujete el ingenioso *clip* a su bolsillo o a su manga.

Mantenga las herramientas en forma óptima.

Prevenga la formación de óxido limpiándolas después de cada uso. Luego frote las partes metálicas con WD-40 antes de guardarlas. Manténgalas en un ambiente de baja humedad para alargar su vida funcional. Para limpiar las herramientas ligeramente oxidadas, rocíelas con WD-40 y luego frótelas con una esponja resistente. Limpie con un paño el óxido y el exceso de lubricante antes de guardarlas. No intente lijar el óxido, pues el papel de lija raya el metal.

Absorba los derrames de aceite.

Actúe rápidamente cubriendo el derrame fresco de aceite a la entrada de su casa o en el garaje con una capa gruesa de arena para gatos. Deje reposar durante 12 horas y luego barra. A continuación, espolvoree una capa de cemento seco y deje reposar un día o dos antes de barrerlo. El polvo de cemento absorberá el remanente de aceite e incluso devolverá a la entrada su color original. En el caso de manchas viejas de aceite, páseles primero un diluyente de pintura antes de cubrirlas con arena para gatos.

Arreglo rápido de las grietas en el hormigón.

Las fisuras en los pisos de hormigón o concreto pueden crecer rápidamente. Afortunadamente, parchar el hormigón es una tarea sencilla. Empiece rascando el hormigón suelto y la suciedad con un cepillo de alambre. Para que el parche se adhiera, la grieta debe tener media pulgada de profundidad y ser más ancha en la parte inferior que en la superior. Para profundizarla o hacerla más ancha, inserte un cincel en la grieta y utilice un martillo para romper el hormigón y ensanchar la base de la grieta. Limpie nuevamente los escombros y enjuague con una manguera. Barra el agua acumulada justo antes de rellenar la grieta con hormigón.

Medidas de seguridad en el hogar

Consejos críticos para sobrevivir a un asalto. En caso de asalto a su morada mantenga la calma y siga estas recomendaciones de los expertos:

✦ Si irrumpen en su casa mientras usted está allí, coopere con los intrusos. Puede que se relajen y prefieran no hacerle daño.

✦ Si usted oye a alguien forzando la entrada en plena noche, si le es posible, salga de la casa sin alertarlos. Luego llame a la policía desde la casa de un vecino o desde su teléfono celular.

✦ Si despierta y alguien está en su dormitorio, finja que sigue durmiendo. Espere hasta que no haya nadie alrededor, y luego llame a la policía.

✦ No mire a un intruso a los ojos. Éste podría hacerle daño si piensa que usted puede identificarlo con la policía.

✦ Acuerde una palabra o frase clave con un amigo que llama a menudo. Si llegase a llamar durante un allanamiento de morada, dígale al intruso que su amigo sospechará si usted no contesta. Así usted puede alertar a su amigo para que llame al 911 diciendo la palabra clave.

Evite los robos durante las vacaciones. Asegure la puerta automática del garaje al salir de vacaciones, desconectando la apertura automática y echando el pestillo a los paneles de la puerta desde el interior. Luego, salga de la casa por la puerta principal.

La mejor manera de disuadir a los ladrones. Los ladrones deciden por dónde meterse basándose en qué puerta se ve más fácil de abrir. Haga que los ladrones se desanimen, siguiendo estos consejos:

✦ Elija puertas exteriores de metal o de madera sólida, de al menos 1$^3/_4$ pulgadas (4.5 cm) de espesor, con marcos hechos de un material igualmente resistente. Las puertas deben asegurarse con clavijas ocultas o no extraíbles y cerrar de forma segura en sus marcos.

✦ Instale puertas y cerraduras extra resistentes entre el garaje y su casa. Los ladrones prefieren meterse por el garaje porque éste ofrece más cobertura de las miradas indiscretas.

✦ Compre cerrojos de seguridad con un pestillo que se extienda por lo menos una pulgada (2.5 cm) y con inserciones de acero templado para impedir que los ladrones lo corten con una sierra.

✦ Asegúrese de que el cerrojo de seguridad tenga una placa reforzada antigolpes anclada en la puerta con tornillos extra largos.

✦ Considere la posibilidad de instalar un cerrojo de seguridad de doble cilindro en las puertas que tienen vidrio a menos de 40 pulgadas, esto es, a menos de un metro de la cerradura.

Tome medidas preventivas. Planee dos rutas de escape desde cada habitación, y haga que todos en casa sepan dónde están. Mantenga estas rutas libres de obstáculos y con fácil acceso en todo momento. Asegúrese de poder encontrar las rutas de escape valiéndose del tacto y la orientación, ya que podría no ser capaz de ver en la oscuridad.

Ayuda para personas con discapacidad

Las personas discapacitadas necesitan ayuda especial para llegar a un lugar seguro durante las catástrofes naturales. Si usted es una de ellas, regístrese en el departamento local de bomberos o de policía, o en la agencia local de manejo de emergencias. Además, regístrese en la compañía eléctrica si usted utiliza equipo médico crítico que depende de la electricidad.

Almacene agua para emergencias. Si usted utiliza agua de pozo o agua pública sin tratar, agregue una pequeña cantidad de lejía o cloro casero antes de guardarla como parte de su *kit* de emergencias. Use solamente un blanqueador líquido normal que contenga hipoclorito de sodio al 5.25 por ciento, no use lejía perfumada o con protectores del color. Agregue revolviendo 16 gotas por galón de agua y deje reposar 30 minutos. Huela el agua con cuidado. Usted debería percibir un leve olor a cloro. De lo contrario, añada otras 16 gotas más y deje reposar 15 minutos.

No es necesario agregar cloro al agua antes de guardarla si la ciudad trata el agua del grifo con cloro. Guárdela en botellas de plástico aptas para uso alimentario, como las botellas de soda de dos litros, en un lugar fresco y oscuro. Los envases de leche no son lo suficientemente herméticos. Reemplace el agua almacenada cada seis meses, no importa si ha sido tratada por usted o por la ciudad.

Características de una radio salvavidas. Las radios de manivela son muy prácticas, basta con girar la manivela para cargarlas y no necesitan ni pilas ni enchufe eléctrico. Busque una con bandas AM, FM y WX, y que acepte tantas fuentes de energía como sea posible: pilas, electricidad y manivela. Algunas radios de manivela vienen hasta con una linterna y un cargador de teléfono celular, dos salvavidas potenciales.

Proteja su corazón de la contaminación por plomo. El plomo no es una amenaza sólo para los niños. En los adultos, incluso niveles de plomo normales o "seguros" en la sangre aumentan el riesgo de muerte, especialmente de un ataque cardíaco o de un derrame cerebral. Y lo peor es que el 38 por ciento de los estadounidenses se ubican dentro de este rango mortal. Estados Unidos prohibió el uso de plomo en muchos productos hace años, pero el peligro persiste ya que este país importa una gran cantidad de sus bienes. He aquí una guía para saber cómo protegerse:

✦ Tenga cuidado con la pintura descascarada. Es probable que muchas casas construidas antes de 1978 tengan pintura a base de plomo. Los expertos dicen que la pintura con plomo constituye un problema sólo cuando comienza a desconcharse y descascararse, o durante una remodelación, cuando en el lijado y el raspado liberan partículas de polvo de plomo en el aire.

✦ Revise los productos enlatados. En 1995, Estados Unidos prohibió el uso de soldadura de plomo en las latas, pero las latas hechas en otros países aún pueden contener plomo. Esté atento a la presencia de junturas anchas en latas selladas con soldadura color gris plata. El plomo puede filtrarse en el interior de los alimentos, especialmente una vez que la lata se abre.

✦ No compre estos platos. Los platos con barniz de plomo y toda la cerámica con vidriado de plomo, que en su mayoría son fabricados en otros países, pueden desprender plomo en los alimentos, como también sucede con los vasos y copas de cristal de plomo.

✦ Manténgase lejos de la joyería barata. Algunas alhajas de fantasía, así como los amuletos baratos de metal, pueden contener plomo.

✦ Tenga cuidado con las mini persianas. Se ha encontrado plomo en las persianas opacas de vinilo fabricadas en otros países.

Prescinda de los kits caseros antiplomo

La Comisión para la Seguridad de los Productos de Consumo de EE.UU. (CPSC, en inglés) aconseja no confiar en los resultados de los *kits* caseros de análisis de plomo. En más de la mitad de los casos estudiados por la CPSC, estos *kits* indicaban que un producto no contenía plomo cuando, de hecho, lo tenía. En vez de eso, haga que un experto analice la pintura y otros artículos en su hogar. Llame a la línea directa del Centro Nacional de Información sobre el Plomo al 800–424–LEAD para que le recomienden a un experto. Para más información en español, vaya a: *www.epa.gov/lead/pubs/leadinfoesp.htm*

Reduzca la contaminación del aire en su casa. "Los contaminantes del aire interior son bastante comunes en nuestros hogares", dice Laura Spriggs, gerente de comunicaciones del Instituto Ambiental GREENGUARD. El mobiliario, los materiales de construcción y los productos de limpieza, todos pueden emitir gases que contienen compuestos orgánicos volátiles (COV). Controlar los COV en la fuente es la mejor manera de proteger el aire que usted respira.

En la actualidad está especialmente extendida la presencia de un COV: el formaldehído. A menudo forma parte de muebles laminados, estanterías y revestimientos. En muchos casos, a los adhesivos que unen la madera se les agrega urea formaldehído. "Evite los muebles de madera que contienen niveles más altos de adhesivos, como los tableros de partículas, los tableros de fibra de densidad media (MDF, en inglés) o la madera contrachapada o multilaminada: la madera sólida es una mejor opción", dice Spriggs.

Con el tiempo estos muebles emitirán cada vez menos COV, por lo que no hay necesidad de tirar los muebles viejos. Por esta razón, tome medidas para mantenerlos y protegerlos. "Cuando renueve sus muebles, use selladores y tintes certificados con bajos niveles de contenido y emisiones de contaminantes químicos. Y asegúrese de teñirlos al aire libre, con un equipo de protección adecuado, como guantes y una mascarilla", dice Spriggs.

Encienda velas más limpias y saludables

Las velas de parafina hechas con productos derivados del petróleo pueden emitir compuestos nocivos mientras arden, incluido el formaldehído. Según estudios de laboratorio, las velas de soya, hechas con aceite de soya hidrogenado, arden de forma más limpia que la parafina y son casi tan limpias como la cera de abejas. Así que piense en cambiar sus velas derivadas del petróleo por las de soya o cera de abeja natural.

Acondicione su hogar para la vejez. Su cuerpo envejece, pero su casa permanece igual, las mismas escaleras empinadas, los gabinetes difíciles de alcanzar y las bañeras resbaladizas. Rebecca Stahr, especialista en viviendas para personas mayores de 50 años y fundadora de LifeSpring Environs, una consultora para los que desean envejecer en su propia casa, sostiene que no tiene por qué ser así. "Hay cientos de formas en que se pueden reducir y contrarrestar los riesgos de seguridad en la casa. No hacer nada, esa es la opción equivocada", dice Stahr. Estos son algunos de los cambios que ella sugiere:

+ Instale barras de apoyo en la ducha o regadera, al lado del inodoro, y en otras zonas húmedas.

+ Instale tiras antideslizantes de goma en las bañeras y en las duchas.

+ Reemplace las cabezas fijas de ducha por unas de mano flexibles.

✦ Instale un teléfono en el baño al que se pueda llegar desde el piso.

✦ Instale gavetas deslizantes en los armarios de la cocina para facilitar el acceso a ollas, sartenes y otros utensilios.

✦ Levante las alfombras, oculte los cables eléctricos y deshágase de los sillones demasiado bajos.

✦ Coloque más bombillas de luz y de mayor potencia, y pinte las superficies con colores contrastantes para poder distinguirlas mejor.

Remedio natural para las quemaduras de sol

Empape un paño o toallita de baño en leche o crema, colóquelo en una bolsa hermética de plástico y póngalo a enfriar en el refrigerador o en el congelador. Retire el paño y aplíquelo sobre las quemaduras de sol para un alivio rápido.

Apague el riesgo de incendio en casa. De diciembre a febrero las estufas o calentadores portátiles son la principal causa de incendios en el hogar, según los expertos en seguridad de Underwriters Laboratories, Inc. (UL). Éstas son cuatro medidas a tener en cuenta:

✦ Compre un calentador con el sello de UL, una función de apagado automático y una cubierta de seguridad alrededor del elemento de calefacción.

✦ Asegúrese de que las estufas eléctricas no tengan cables pelados o el aislamiento dañado antes de enchufarlas. Apague la unidad inmediatamente si parece estarse sobrecalentando.

✦ Mantenga todo lo que pueda incendiarse a una distancia mayor de 3 pies (un metro) de la estufa.

✦ Apague los calentadores portátiles de combustible líquido y deje que se enfríen completamente antes de repostarlos. Use sólo el tipo de combustible recomendado por el fabricante. Otros combustibles pueden arder a una temperatura demasiado alta e iniciar un incendio.

Electrodomésticos sin complicaciones

Sepa cuándo arreglar y cuándo reemplazar. No espere hasta que el refrigerador se malogre para pensar en comprar uno nuevo. Cada tipo de electrodoméstico tiene una expectativa de vida útil. Si usted tiene uno que se está acercando al fin de su época de oro y que necesita reparaciones, tal vez sea mejor reemplazarlo. Los aparatos viejos consumen mucha más energía y son menos eficientes que los modelos más nuevos. De hecho, un electrodoméstico calificado por Energy Star puede pagarse por sí mismo en unos pocos años sólo con el ahorro de electricidad.

Cómo conseguir las mejores ofertas. Decida qué marca y modelo desea antes de ir de compras. Llame por lo menos a cuatro tiendas de electrodomésticos y pregunte el precio del modelo exacto que ha elegido, y si ése es el precio más bajo que le pueden ofrecer. Las ofertas en Internet pueden ser mejores que las de las tiendas. En sitios como *www.shopzilla.com* y *www.shopping.com* se comparan los precios de muchas tiendas.

Compre de segunda selección. Los principales minoristas, como Sears, tienen puntos de venta en los que usted puede encontrar electrodomésticos casi nuevos, pero con ligeras imperfecciones, por una fracción del costo de uno nuevo. "Si durante la entrega de una lavadora, un lado se golpea un poco, eso reduce el precio considerablemente, pero no afecta la lavadora", señala Rick Doble, editor del boletín *Savvy Discounts.* "Y si usted pone la lavadora en el sótano, ¿quién lo va a notar?". Eso sí, asegúrese de que tenga todas las piezas originales, incluido el manual de usuario, controles remotos, mangueras, cables y todo el equipo que necesita para instalarla. Estos electrodomésticos se venden tal como están y la mayoría de las tiendas no aceptarán devoluciones.

Cuatro preguntas clave sobre las garantías. Antes de comprar una extensión de garantía haga las siguientes cuatro preguntas:

✦ *¿Cuánto tiempo dura la garantía del fabricante?* La mayoría de productos viene con una garantía del fabricante con una duración de entre 90 días y un año. Algunas duran más, en cuyo caso el extenderlas sería un desperdicio de dinero.

✦ *¿La compañía de su tarjeta de crédito ofrece una extensión de la garantía del fabricante?* Algunas la extienden hasta un año, lo que hace innecesaria una garantía extendida. Llame a su compañía de tarjeta de crédito y pregunte si ofrecen este beneficio. Si es así, puede que prefiera comprar el electrodoméstico con su tarjeta de crédito en lugar de pagar en efectivo.

✦ *¿Cuánto cuesta el aparato?* Un gasto de $30 en una garantía para un horno microondas de $100 no tiene mucho sentido. Es poco probable que necesite la cobertura, y cuando el horno se malogre definitivamente, uno nuevo costará casi lo mismo. No compre una garantía que cueste más del 20 por ciento del precio del producto.

✦ *¿La cobertura de la garantía extendida incluye servicios de rutina?* Algunas garantías se parecen a contratos de servicio, en donde usted puede solicitar que un técnico realice mantenimiento de rutina gratuito, durante la duración de la garantía. En ese caso, la compra de la cobertura adicional podría valer la pena, ya que el mantenimiento regular puede prolongar la vida útil de los electrodomésticos.

¿Cuánto tiempo duran los electrodomésticos?

Un nuevo estudio realizado por la Asociación Nacional de Constructores de Viviendas arroja luz sobre la expectativa de vida de los electrodomésticos. Según los autores del estudio, de los electrodomésticos en el hogar, las cocinas a gas tienen la mayor expectativa de vida: unos 15 años; las secadoras y los refrigeradores duran alrededor de 13 años; los aparatos pequeños, por el contrario, tienden a tener una vida más corta. La mayoría de los compactadores de basura sólo duran seis años, los lavavajillas y los microondas nueve. ¿Siente curiosidad sobre la vida útil del linóleo, los grifos o los mostradores de granito? Lea el informe completo (en inglés) en *www.nahb.org*.

Mantenga el horno siempre limpio. ¿Le gustaría conocer un método sencillo para eliminar la mugre de un horno ennegrecido? Espolvoree una capa gruesa de sal sobre los derrames mientras están aún calientes y blandos, y continúe cocinando. La comida derramada se tostará a un punto crujiente que usted podrá raspar una vez que el horno se enfríe.

Solución casera para limpiar el microondas. Este limpiador aromático y natural es muy fácil de preparar. Mezcle agua, jugo de limón, rodajas de limón y cáscara rallada de limón en un recipiente apto para microondas. Caliente en alto durante varios minutos y deje que hierva. Una vez que enfríe, limpie el interior del microondas con un paño húmedo. Sustituya por vinagre blanco si no tiene limones a mano.

Soluciones naturales para refrescar el triturador de desperdicios de comida. No desperdicie dinero en costosos productos de limpieza. Usted tiene en su despensa toda la potencia limpiadora que necesita.

✦ Vierta media taza de bicarbonato de sodio en el triturador, seguido de una taza de vinagre. Cubra todos los desagües y deje que la mezcla se ponga efervescente. Quite las coberturas y enjuague el sumidero del triturador con agua caliente.

✦ Corte un limón, una lima o una naranja por la mitad y colóquelo en el triturador con un puñado de bicarbonato de sodio. Encienda el triturador y vierta agua fría. Si no usa el bicarbonato de sodio, ponga agua caliente en vez de agua fría.

✦ Llene una cubeta de hielo con vinagre blanco. Ponga a congelar. Vierta los cubitos de vinagre en el triturador y triture con agua fría.

Si estos limpiadores inteligentes no consiguen eliminar el olor, trate de limpiar la abertura de goma del triturador con jabón líquido para vajilla y un cepillo de dientes. Asegúrese de limpiar también la parte de abajo.

Seis secretos para dejar los platos relucientes.
¿Está cansado de perder tiempo y dinero lavando los platos dos veces?

Siga estos consejos infalibles para lograr que su lavavajillas lo haga bien la primera vez:

✦ Enjuague los platos antes de colocarlos en el lavavajillas únicamente si su máquina tiene más de cinco años de antigüedad. Los modelos más recientes pueden lidiar con la suciedad de los platos sin enjuagar.

✦ Apoye los vasos contra los dientes de las bandejas. Colocarlos sobre los dientes puede dejar marcas de agua.

✦ Coloque algunos cubiertos con el mango hacia arriba y otros con el mango hacia abajo para evitar que se acoplen entre sí.

✦ Resista la tentación de cargar platos y tazones mirando en la misma dirección. Cambie a la dirección contraria cuando llegue a la mitad de la bandeja. Platos y tazones deben mirar hacia el centro.

✦ Compre sólo la cantidad de detergente que va a utilizar en dos meses, y tírelo a la basura si se pone viejo. Cuanto más viejo es el detergente, peor limpia. Guárdelo en una despensa fresca y seca, no debajo del fregadero de la cocina.

✦ Cargue las bandejas planas para hornear, las sartenes y las fuentes a los lados, pero no a lo largo de la parte delantera. Podrían bloquear la apertura de la bandeja del detergente. Mueva la cesta de los cubiertos a la mitad de la bandeja, si necesita más espacio lateral.

Cárguese de energía con un batido de frutas

En una licuadora, pulverice tres cuartos de taza de avena. A continuación agregue una taza de leche baja en grasa, un plátano maduro pelado y troceado y una taza de yogur con sabor bajo en grasa. Licue hasta que la mezcla esté uniforme y sin grumos. O dé rienda suelta a su imaginación y agregue fresas, arándanos, mangos y hasta kiwi. Añada una cucharadita de miel para mayor dulzura natural.

Deje la licuadora reluciente. Limpiar la licuadora nunca ha sido tan fácil. Añada agua tibia con unas gotas de jabón lavavajillas y licue a velocidad alta entre 15 y 30 segundos. A continuación, tire el agua y desarme la licuadora. Pula las cuchillas de acero inoxidable con limpiador de vidrios. Limpie con cuidado las piezas de plástico con bicarbonato de sodio y agua tibia. Enjuague todo y deje secar al aire. Para mantener el filo de las cuchillas de la licuadora, no las lave en el lavavajillas.

Acabe rápido con los malos olores del refrigerador.
Ponga un puñado de briquetas de carbón en un recipiente en el refrigerador, y tírelas a la basura una vez que el mal olor desaparezca. Eso sí, no use briquetas que han sido tratadas con líquido encendedor.

Siete pasos para prolongar la vida del refrigerador.
Con un poco de cuidado, usted puede mantener el refrigerador funcionando sin problemas y como nuevo:

✦ Lave las juntas de goma que sellan las puertas con agua tibia y un detergente suave, nunca con lejía o cloro. Enjuague y deje secar. Puede utilizar un cepillo de dientes para llegar al fondo de las ranuras de las juntas.

✦ Limpie las bobinas del compresor una vez al mes. Usted encontrará las bobinas en la parte inferior de la mayoría de los modelos más nuevos, mientras que los modelos más antiguos pueden tenerlas en la parte de atrás.

✦ Extraiga y lave la bandeja de descongelación una vez al mes. Búsquela detrás de la rejilla de la base o en la parte posterior del refrigerador.

✦ Limpie detrás y debajo del refrigerador con regularidad, y asegúrese de que esté nivelado cuando lo vuelva a poner en su lugar.

✦ Lave el exterior con una esponja y con agua jabonosa tibia, luego enjuague y seque.

✦ Lave las rejillas y cajones a mano en agua tibia con jabón. Nunca utilice limpiadores a base de petróleo en las partes de plástico.

✦ Encere la parte exterior del refrigerador una vez al año con una buena cera para electrodomésticos o con cera en pasta para automóviles; de esta manera lo protegerá contra el óxido.

Cuatro problemas con el refrigerador que usted puede arreglar en un santiamén. Hay problemas a los que no tiene por qué resignarse. Aquí le presentamos las soluciones:

✦ Si la temperatura de su refrigerador está demasiado alta, limpie el serpentín del condensador y asegúrese de que el aire pueda circular libremente a su alrededor.

✦ Un refrigerador ruidoso no necesariamente es síntoma de piezas sueltas, antes de mandarlo reparar compruebe si está nivelado y si el piso debajo del mismo está en buenas condiciones estructurales.

✦ ¿Su refrigerador suda en el interior? Revise si las puertas están alineadas y si las juntas sellan, como debe ser, cuando usted cierra las puertas.

✦ Si el refrigerador suda en el exterior, vea si el interruptor de ahorro de energía está encendido.

Al rescate de los electrodomésticos averiados

Encontrar un repuesto para los electrodomésticos averiados es tan fácil como bailar. Comience por revisar el manual del propietario. Los fabricantes suelen incluir una lista de piezas, un formulario de pedido y un número de teléfono para que les pida directamente los repuestos. Otras tiendas se especializan en la venta de piezas de repuesto.

◆ RepairClinic.com, llame al 800–269–2609 o visítelos en línea en *www.repairclinic.com*

◆ Partstore.com, al 866–925–PART o en *www.partstore.com*

◆ AppliancePartsPros.com, llame al 877–477–7278 o visítelos en línea en *www.appliancepartspros.com*

Estrategia ingeniosa para el mantenimiento de la lavadora. ¿Alguna vez ha celebrado el cumpleaños de su lavadora? Con este ingenioso consejo que le prolongará la vida, usted podrá celebrar con velitas y torta. Revise periódicamente las mangueras de llenado de goma que llevan agua a la lavadora. Busque protuberancias, grietas, ampollas y áreas peladas, y piense en sustituirlas cada cinco años, que es el tiempo promedio de vida que tienen.

Qué hacer para que la secadora funcione al ciento por ciento. Las trampas de pelusa sólo atrapan una parte de la pelusa. El resto es expulsada a través del tubo de ventilación que va de la secadora al exterior. Reemplace el tubo blanco plástico de ventilación con un tubo rígido de metal. Los códigos de construcción ya no permiten las tuberías de vinilo o plástico, porque son fácilmente inflamables. Los tubos de ventilación flexibles laminados o de plástico, así como los que tienen pliegues son mucho más propensos a atrapar la pelusa, lo que constituye otro peligro de incendio. Un tubo metálico rígido tiene menos probabilidades de atrapar pelusa y puede ayudar a contener el fuego, si llegara a producirse un incendio.

No importa qué tipo de tubo de ventilación utilice usted, asegúrese de limpiarlo con regularidad. Limpie toda la longitud de la tubería y asegúrese de eliminar la pelusa por completo. Existen cepillos largos y flexibles diseñados exclusivamente para esta tarea que hacen que sea muy fácil. Aspire también la pelusa acumulada debajo y detrás de la secadora, y limpie el filtro de pelusas cada vez que la use.

Solución de 10 segundos para un secado veloz. Las láminas suavizantes para la secadora y la pelusa, pueden dejar un residuo en el sensor de humedad de la secadora que le impida determinar cuándo la ropa está seca. Si le gusta hacer uso del ciclo del sensor de humedad, pero su ropa aún sale húmeda, limpie los sensores con un bastoncillo de algodón humedecido en alcohol. Los sensores de humedad parecen dos tiras delgadas y planas de metal en el interior del tambor de la secadora y, por lo general, están situados en la parte delantera o trasera, donde entran en contacto directo con la ropa.

Respire mejor en el invierno. Los humidificadores pueden ser una salvación para las personas con los labios agrietados, los senos nasales secos o que sufren ataques de asma en invierno. Sin embargo, un humidificador sucio hace más mal que bien. Cambie el agua todos los días: vacíe los tanques, seque todas las superficies por dentro y por fuera, y llene con agua fresca, de preferencia destilada o desmineralizada.

Limpie la unidad cada tres días, descascarillando el sarro con vinagre casero, y luego desinféctela con lejía o cloro. Lea las instrucciones del fabricante. Generalmente hay que verter 8 onzas (una taza) de vinagre blanco en la base y dejar en remojo durante 30 minutos, agitando de vez en cuando. Con un cepillo de dientes u otro cepillo de cerdas suaves, frote suavemente el interior para eliminar las escamas y la acumulación de minerales. Vacíe el vinagre, enjuague la máquina a fondo, y deje secar al aire.

Una vez seca, vierta en la base una mezcla de una cucharadita de lejía o cloro por galón de agua y deje reposar por otros 30 minutos, agitando de vez en cuando. Enjuague el humidificador con agua fresca hasta que ya no se pueda oler el cloro. Reemplace el filtro una vez al año o con la frecuencia recomendada por el fabricante, o más a menudo si está sucio.

Mire hacia el mar para aliviar los ojos secos

Las lágrimas artificiales, especialmente las que contienen conservantes, pueden afectar las lágrimas naturales que su cuerpo produce. En lugar de buscar medicamentos para humedecer los ojos, busque un tenedor. En un estudio, las mujeres que comieron gran cantidad de grasas saludables omega-3, especialmente del atún y otros pescados grasos, redujeron el riesgo del síndrome de ojo seco hasta en 68 por ciento. El omega-3, conocido por combatir la inflamación, también puede estimular la producción de más lágrimas.

Respire mejor sin un purificador de aire. Según un informe de la Asociación Estadounidense del Pulmón (ALA, en inglés), un purificador de aire por sí solo no mejora la calidad del aire interior. Hay medidas más eficaces que puede tomar usted mismo. Por ejemplo, poner una cubierta impermeable sobre el colchón calma las alergias a los ácaros más que encender un purificador de aire junto a la cama.

Sin embargo, las personas con alergias graves y síntomas de asma que han intentado todo lo demás, podrían beneficiarse del uso de un purificador de aire. Los modelos domésticos pequeños no tendrán mucho efecto, advierte la ALA. Los estudios muestran que sólo los purificadores de alta eficiencia y con filtros más grandes atrapan suficientes partículas como para ser eficientes. Busque uno que produzca menos de 0.05 ppm (partes por millón) de ozono, ya que el ozono puede ser peligroso para su salud.

Si usted invierte en un purificador de aire portátil, colóquelo cerca de una fuente específica de contaminación, en donde pueda atrapar el mayor número de partículas. Mantenga todas las ventanas y las puertas de la habitación cerradas, tanto como le sea posible, y deje suficiente espacio alrededor de la máquina para que circule el aire.

Repaso rápido mantiene el acondicionador de aire funcionando. Limpie los filtros de aire en los acondicionadores cada 225 a 360 horas de funcionamiento. Eso es más o menos una vez cada dos meses, para una unidad que funciona seis horas diarias. Y ya que estamos en ello, pase la aspiradora sobre la rejilla de descarga para mantenerla libre de polvo. Dos veces al año, limpie los serpentines del evaporador y del condensador, la bandeja del evaporador, el sistema de drenaje y el exterior de la unidad. El mantenimiento adecuado ayudará a que su acondicionador de aire dure más y consuma menos energía.

Consejos de alta tecnología

Secretos para abrir paquetes de plástico difíciles.
No se complique la vida. Si usted está comprando un artículo que no piensa devolver, simplemente pida al vendedor o al cajero que se lo abra. Pero si prefiere hacerlo usted mismo, hay instrumentos ingeniosos que pueden ayudarle a cortar y abrir paquetes en un santiamén. Por ejemplo, Pyranna es un artefacto especialmente diseñado para cortar empaques de plástico duro o tipo almeja. Lo puede comprar por Internet en *www.pyranna.com.* También está OpenX, que se vende en Walgreens, Target, Office Depot, Costco y en línea en *www.myopenx.com,* y que facilita la tarea de abrir empaques de plástico tipo almeja, así como sobres de envío, cajas, frascos de pastillas y otros envases y envoltorios.

Por otra parte, usted no necesita una herramienta de lujo. Sólo necesita unas tijeras fuertes y afiladas, y un poco de paciencia. Con los estuches de plástico duro tipo almeja empiece desde abajo o donde el plástico sea más delgado y corte con cuidado alrededor del borde.

Estrategias para ahorrar en aparatos electrónicos.
Según la revista *Consumer Reports,* la clave para conseguir la mejor oferta en aparatos electrónicos se encuentra en estos seis consejos:

+ Evite comprar costosas garantías extendidas.

+ Sea escéptico acerca de los precios demasiado bajos. El artículo puede ser reacondicionado, y no nuevo.

+ Regatee por una mejor oferta. El regateo puede funcionar igual de bien para la electrónica como lo hace para otras cosas.

+ Busque si hay cupones en línea para las principales tiendas de electrónica en los centros de intercambio de cupones, como *www.couponcabin.com.*

+ Use robots de compras, como BizRate, Kelkoo, MySimon, Yahoo y Shopping.com para comparar precios al comprar por Internet.

✦ Compre con tarjeta de crédito. Usted obtendrá una mayor protección si algo sale mal con el producto. Algunas, como American Express, incluso extienden la garantía del fabricante de forma gratuita.

Cómo proteger contra robo sus objetos de valor.

Vaya a la estación de policía más cercana y pregunte si pueden prestarle su *Engraving Pen,* un lápiz de marcado neumático diseñado para grabar en metales y en materiales duros. Úselo para grabar el número de su licencia de conducir y su Estado en todos sus equipos electrónicos valiosos, como televisores, cámaras, computadoras y teléfonos celulares. Esto ayudará a las autoridades a ponerse en contacto con usted si el artículo es robado y hallado más tarde. También puede incluir las palabras "en caso de pérdida" (*in case of loss,* en inglés), junto con su número de teléfono o dirección de correo electrónico. No grabe su número de Seguro Social o cualquier otro dato que un ladrón de identidad podría utilizar.

Dirija sus propias películas. Producir sus propias películas caseras suena divertido, pero puede llegar a ser abrumador. La experta Joyce Bertolami, camarógrafa profesional con más de 25 años de experiencia y copropietaria de Joy of Video, de Woburn, Massachusetts, le ofrece estos consejos:

✦ Sepa lo que su cámara puede y no puede hacer. Según Bertolami, "entender su equipo es un factor determinante en la producción de un video". Aprenda a usar los controles manuales para obtener buenas tomas de forma consistente en cada situación.

✦ Invierta en un estabilizador de cámara. "He visto muchos videos grabados a mano alzada que daban pena por los movimientos erráticos de cámara", dice. "A pesar de que las cámaras de video de hoy en día poseen un excelente sistema de estabilización de imagen, el trípode sigue siendo una herramienta valiosa".

Desafortunadamente, los trípodes no son muy móviles. Si usted desea moverse más, pero aún así obtener tomas estables, invierta en un monopie. "En nuestro negocio de producción de videos de bodas y eventos, los monopies nos permiten ser muy creativos a la vez que proporcionan una estabilidad excelente para la cámara".

✦ Aprenda a trabajar con la luz. "Una iluminación adecuada es esencial en la producción de un buen video". Para la mayoría de las películas caseras, la luz disponible es suficiente. El consejo de Bertolami: "Practique con la cámara en diferentes condiciones de iluminación para aprender lo que funciona mejor y cómo ajustar la configuración de la cámara".

Dicho esto, deje los eventos importantes en manos de los profesionales. "La creación de una película casera puede ser un pasatiempo agradable, pero para las ocasiones más importantes en su vida, como bodas, aniversarios y graduaciones, es mejor contratar a un camarógrafo profesional", aconseja Bertolami.

Ahorre dinero con las rebajas ocultas. Siempre que compre un aparato electrónico, pregunte si hay rebajas disponibles. Las tiendas que ofrecen descuentos mediante reembolsos instantáneos le pueden ahorrar la molestia de recordar solicitarlos por correo. Los fabricantes y minoristas a menudo también ofrecen este tipo de rebajas en sus sitios web. Una vez que sepa qué marca desea, antes de salir a comprar, busque en línea ofertas especiales e incentivos. Los sitios web de descuentos también le pueden ayudar a encontrar gangas. Pruebe *www.refundsweepers.com*, *www.rebateplace.com* y *www.couponmountain.com*.

No se pierda los descuentos por reembolsos

Guarde copias de los recibos y de los formularios de reembolso (*rebate forms,* en inglés) en una carpeta especial después de enviar los originales, para que recuerde efectuar el seguimiento de su reembolso si no llega a tiempo.

Cómo limpiar tres tipos de aparatos electrónicos. Según los expertos de *Popular Mechanics,* usted sólo necesita un paño suave, alcohol para uso externo y un toque delicado:

✦ Limpie y elimine los gérmenes de su teléfono celular mezclando tres partes de agua y dos partes de alcohol para uso externo.

Humedezca con la mezcla un bastoncillo de algodón o un paño suave y limpie con cuidado las áreas sucias.

✦ La misma mezcla de agua con alcohol limpia las manchas de las lentes de las cámaras de video. Haga correr una cinta especial para limpiar los cabezales y mejorar la calidad de la imagen.

✦ Para limpiar el polvo y la acumulación de tinta en las impresoras de inyección de tinta, abra el panel de la impresora que cubre los cartuchos. Con un paño seco o con un pincel de espuma pequeño, limpie el polvo y la tinta seca. Cierre la impresora y ejecute el programa de limpieza para limpiar los inyectores de tinta.

Cuatro maneras de cuidar los CDs y DVDs. El Instituto Nacional de Estándares y Tecnología ofrece los siguientes consejos para la protección y limpieza de los CDs y DVDs:

✦ Coloque los estuches de lado en posición vertical, como si fueran libros. No los guarde planos por largos períodos de tiempo.

✦ Mantenga los discos en un lugar fresco, seco, oscuro, lejos del calor, la humedad y la luz directa del sol.

✦ Limpie las manchas y los derrames frotando el disco con un paño suave de algodón humedecido en alcohol para uso externo o en un detergente especial para CDs y DVDs. Nunca limpie en círculo alrededor del disco: limpie desde el centro hacia el borde exterior.

✦ No escriba en los discos con algo puntiagudo, como un bolígrafo, lápiz o marcador de punta fina.

Si el disco comienza a saltar, mire si tiene arañazos. Usted puede intentar rellenar la ralladura con una cera para muebles, como Pledge, o pulirlo con un abrasivo muy suave, como la pasta dental blanca (no gel). También puede comprar un *kit* de reparación.

Protéjase contra las sobrecargas. Durante las sobrecargas eléctricas y caídas de rayos, un buen protector contra picos de tensión se sacrificará por salvar la computadora, la impresora, el televisor y otros costosos electrodomésticos. Sin embargo, no todos los protectores de sobretensión pasan el examen. Busque uno con estas características:

✦ Cumple con las normas UL 1449.

✦ Protege las tres líneas eléctricas de entrada en el tomacorriente: de línea a tierra (L-T), línea a neutro (L-N) y neutro a tierra (N-T), o L-G, L-N y N-G, en inglés.

✦ Tiene un límite nominal no superior a los 330V en las tres líneas.

✦ Contiene conectores para teléfono y para cable coaxial, ya que las sobrecargas también pueden viajar por estas líneas.

✦ Cortará la alimentación eléctrica a los aparatos enchufados una vez que ya no pueda amortiguar los picos de energía eléctrica.

✦ Cuenta con una luz que indica si el tomacorriente al que está conectado tiene una buena conexión a tierra.

✦ Viene con una garantía que promete reemplazar cualquier dispositivo enchufado que sufra daño por una subida de tensión.

Cómo reciclar las baterías recargables

Usted puede tirar de forma segura las baterías o pilas alcalinas, de litio, de iones de litio, de níquel-hidruro metálico y de zinc-aire. Pero en lugar de tirarlas a la basura considere la posibilidad de reciclarlas. Llame al 877-2-RECYCLE para encontrar un punto de entrega cerca de usted. Hay puntos de reciclaje en Sears, Radio Shack, Home Depot, Lowe y muchas otras tiendas, donde aceptan todo tipo de baterías recargables: de níquel-cadmio (Ni-Cd), de níquel-hidruro metálico (NiMH), de iones de litio (Li-ion) y pequeñas baterías de plomo (Pb). Esto incluye las baterías de herramientas eléctricas inalámbricas, teléfonos celulares, teléfonos inalámbricos domésticos, computadoras portátiles y cámaras digitales, por nombrar algunas. No aceptan pilas alcalinas ni de ningún otro tipo no recargable, pero el centro de gestión de residuos de su zona puede que sí lo haga. Consulte directamente con ellos.

La mejor batería para los electrónicos. Las baterías ahora son alcalinas, de litio, de níquel-hidruro metálico y la lista continúa. Las diferencias son más que un truco de marketing: diferentes tipos de baterías funcionan mejor en diferentes aparatos. Por ejemplo, las cámaras digitales consumen una gran cantidad de energía y desgastan las pilas alcalinas con rapidez. Las baterías de litio y de níquel oxihidróxido son una mejor opción, porque duran más tiempo, en aparatos que gastan mucha energía. Las baterías recargables también son otra opción para alimentar aparatos gastadores. Las pilas alcalinas, por el contrario, son perfectas para dispositivos de bajo voltaje, como los controles remotos de televisión y de reproductores de CD.

Dé nueva vida a los viejos aparatos electrónicos.
Los aparatos electrónicos y las computadoras pueden contener plomo, mercurio y otras sustancias químicas tóxicas, lo que hace que sea peligroso tirarlos a la basura cuando se malogran. Sea inteligente y seguro, reciclándolos.

✦ Conéctese. Visite el sitio web de E-Cycling Central en www.eiae.org y haga clic en su Estado para ver una lista de los lugares de reciclaje de equipos electrónicos cerca de usted.

✦ Intercámbielos. Best Buy se llevará su televisor viejo cuando le haga entrega de uno nuevo. El fabricante de computadoras Dell recicla todos los productos Dell gratis. Hewlett-Packard cobra una pequeña cuota, pero a cambio le da cupones. Apple ofrece un descuento en los nuevos iPods cuando usted recicla uno descompuesto y ofrece un trato similar en las computadoras Mac.

✦ Entréguelo. Lleve sus equipos electrónicos usados, con excepción de los televisores, a Staples para su reciclaje. Cobran $10 si se trata de aparatos grandes, para ayudar a cubrir los gastos de envío. Tanto Best Buy como Circuit City celebran eventos ocasionales de reciclaje en sus estacionamientos donde aceptan televisores viejos.

✦ Dónelo a una buena causa. Organizaciones benéficas como la National Cristina Foundation o Share the Technology (*Comparta la Tecnología*) dan una segunda vida a los aparatos electrónicos viejos y a usted una valiosa deducción de impuestos. Visite *www.cristina.org* o *sharetechnology.org* y aprenda cómo donar.

Mejore el manejo de su dinero

Ahorre dinero con una mejor calificación de crédito.
La calificación de crédito se expresa con un número entre 300 y 850.
Este puntaje es como una instantánea que resume su informe de crédito
en cualquier momento dado. Una calificación crediticia alta le puede
ayudar a ahorrar dinero de varias maneras:

+ Las aseguradoras le podrían cobrar primas más bajas en el seguro
  de su auto o en su seguro hipotecario.

+ Las entidades crediticias le podrían cobrar tasas de interés más
  bajas, menos comisiones o comisiones reducidas y le podrían
  ofrecer, al mismo tiempo, límites de crédito más altos.

+ El seguro hipotecario privado (PMI, en inglés) le podría costar
  menos.

+ Los arrendadores estarían más dispuestos a aceptar su solicitud de
  alquiler y le podrían cobrar menos por depósitos y comisiones.

Para mejorar su calificación de crédito y aprovechar estos beneficios:

+ Revise su informe de crédito para detectar cualquier discrepancia
  importante que podría afectar su calificación. Corregir estos errores
  puede ahorrarle mucho dinero.

+ Pague las cuentas a tiempo.

+ Pague los saldos, sobre todo los saldos de sus tarjetas de crédito.

+ Solicite crédito sólo cuando realmente lo necesite. Demasiadas
  líneas de crédito abiertas pueden ser una señal de alarma.

Mejore su puntaje rápidamente. Incumplir con el pago de
la cuota del auto, por ejemplo, puede hacer que su calificación de crédito

baje en casi 100 puntos, según un estudio realizado por Experian, una de las principales agencias de informes de crédito. Pero mejorar su puntaje no es tan difícil como parece. En la determinación de la calificación de crédito se adjudica un peso extra a lo que usted ha hecho más recientemente. Sólo asegúrese de no atrasarse en los pagos y empiece a pagar los saldos. Su calificación de crédito podría mejorar en menos de un año.

Cómo obtener su informe de crédito

Es esencial que usted conozca su informe de crédito. Póngase en contacto con cada una de las tres principales agencias de informes de crédito y solicite una copia:

◆ Equifax: *www.equifax.com* — 800–685–1111
◆ Experian: *www.experian.com* — 888–397–3742
◆ TransUnion: *www.transunion.com* — 877–322–8228

Evite las estafas del asesoramiento de crédito. Si cada vez se le hace más difícil pagar las cuentas, busque la ayuda de un asesor de crédito. Pero cuidado con los estafadores. Desconfíe de los que le prometen borrar un historial de crédito malo; acabarán cobrándole altas sumas de dinero, pero no podrán hacer desaparecer los datos negativos en su informe como por arte de magia. Un servicio de asesoramiento crediticio legítimo le muestra cómo administrar su dinero y trabaja con los acreedores para reestructurar su deuda y reducir los pagos, pero no puede eliminar la deuda simplemente. Para encontrar un asesor de crédito legítimo, visite la Fundación Nacional para el Asesoramiento Crediticio (NFCC, en inglés) en *www.nfcc.org* y para recibir ayuda en español llame al 1-800-682-9832.

Equilibre sus inversiones para vivir una larga vida. Hoy se vive más años que antes, pero muchas personas no toman esto en cuenta a la hora de definir su estrategia financiera. "Muchos asesores financieros les aconsejan a sus clientes de 50 años de edad que adopten una estrategia de inversión a corto plazo, en lugar de tener una perspectiva a largo plazo", dice John Dillard, contador público certificado, de Duluth, Georgia.

Pero Dillard advierte de los riesgos de ser demasiado "escrupuloso" a la hora de invertir. Si usted tiene 50 años, usted podría vivir otros 30 ó 35 años según los índices de esperanza de vida. Y si usted está casado, también tiene que tener en cuenta la esperanza de vida de su cónyuge. De modo que podrían pasar décadas antes de que usted necesite utilizar el dinero que está invirtiendo.

"No creo que se pueda ahorrar excesivamente para la jubilación, pero tampoco creo que se pueda vivir excesivamente en el presente. Creo que debemos buscar el equilibrio y ser realistas sobre nuestro flujo de efectivo, nuestras necesidades y nuestros deseos".

Uno de estos deseos podría ser tener una segunda profesión después de jubilarse. "También es un buen momento para empezar un nuevo negocio", dice Dillard.

Él recomienda trabajar con un agente de negocios y aprovechar las ventajas de los recursos gratuitos que ofrece el Centro de Desarrollo de la Pequeña Empresa, con locales en todo Estados Unidos. Encuentre uno cerca de usted en *www.sbdcnet.org*. También puede obtener más consejos financieros de Dillard en *www.hiscpa.com* (en inglés).

Protéjase con acciones de bajo riesgo. Usted está considerando la posibilidad de comprar nuevas acciones o fondos mutuos, pero los expertos anticipan tiempos difíciles. Una manera de protegerse de posibles pérdidas es observar el coeficiente beta, que mide cómo reacciona una acción a los cambios en el mercado global. Un beta más alto presenta un riesgo mayor. Para ir a lo más seguro en un mercado en baja, elija acciones con un beta bajo, es decir, un beta de uno o menos. Las acciones de las empresas de servicios públicos son por lo general una buena opción. Averigüe el coeficiente beta de una acción en los informes de investigación de los corredores de bolsa o en los sitios web dedicados a las inversiones. Busque el beta de un fondo mutuo en los sitios web o en los folletos informativos de las sociedades o compañías de inversiones.

Cuatro preguntas para hacerle a su planificador financiero.

El planificador financiero le hará muchas preguntas sobre sus hábitos de gasto, sus ahorros y sus inversiones. No deje de hacerle usted también un par de preguntas. En su libro *Everybody Wants Your Money* (Todo el mundo quiere su dinero), el autor David W. Latko sugiere las siguientes preguntas:

✦ ¿Cuánto tiempo ha sido usted un corredor de bolsa registrado de la serie 7? Elija a alguien con un mínimo de cinco años.

✦ ¿Qué otros tipos de licencias financieras tiene usted? Pida que le explique el significado de las siglas que acompañan su nombre.

✦ ¿Está usted cubierto por la Corporación para la Protección de Inversionistas de Valores (SIPC, en inglés)? Si la firma de corretaje se va a la quiebra, este seguro le pagará hasta $500,000 por cuenta.

✦ ¿Cuántos clientes han cerrado o trasladado sus cuentas en los últimos tres años? Usted querrá elegir a alguien que haya perdido no más de cinco clientes en un período de tres años.

Obtenga asesoramiento financiero gratis.

Los planificadores financieros le ayudan a administrar su dinero, pero suelen quedarse con una buena parte de éste. Afortunadamente hay lugares donde usted puede recibir consejos financieros sin costo alguno. Esté atento a las sesiones gratuitas de planificación financiera que se realizan en las bibliotecas, los salones comunitarios, los centros cívicos y los salones de los hoteles de su zona. Estas sesiones son una gran oportunidad para hacerles preguntas a los expertos, sin ningún tipo de presión. Usted también puede obtener asesoría financiera sólida de manera gratuita de las siguientes organizaciones:

✦ The Financial Planning Association en *www.fpanet.org*.

✦ The Certified Financial Planner Board of Standards en *www.cfp.net*.

✦ The National Association of Personal Financial Advisors en *www.napfa.org*.

✦ The National Endowment for Financial Education en *www.nefe.org*.

Divida y vencerá. Puede que sea muy cómodo acceder a todos los servicios desde un solo banco, pero usted puede sacar el máximo provecho de su dinero si separa su cuenta corriente, su cuenta de ahorros y las tarjetas de crédito entre distintas instituciones bancarias.

Por ejemplo, para pagar sus facturas emplee una cuenta corriente o cuenta de cheques sin costo, que requiera un saldo mínimo bajo. Vincule esa cuenta a una cuenta de ahorros o a una cuenta de mercado monetario en línea y de alto rendimiento, para que su dinero gane intereses entre los pagos. Luego busque una tarjeta de crédito que le ofrezca reembolsos en efectivo o algún plan de recompensas, y utilícela para sus gastos. Y en todo momento manténgase alejado de las tarjetas que cobran tarifas anuales.

Reciba más reembolsos en efectivo de su tarjeta de crédito. Cuando se trata de recompensas, el número más grande no siempre es el mejor. La tarjeta de crédito que promete reembolsos del 5 por ciento puede que en realidad le pague menos que una tarjeta que ofrece el 1 por ciento. Y eso se debe a que las restricciones que limitan la cantidad de dinero en efectivo que usted recibe con frecuencia se ocultan en la letra menuda. Antes de dejarse deslumbrar por el porcentaje de reembolso más llamativo, lea el acuerdo de la tarjeta de crédito.

Respuestas a sus preguntas sobre banca

El cajero de su banco puede ser muy amable, pero puede no saber las respuestas a todas sus preguntas. Si usted es cliente de un banco nacional, vaya a *www.helpwithmybank.gov* y haga clic en "En Español", para acceder a un sitio web creado por la Oficina del Contralor de la Moneda, una división del Departamento del Tesoro de Estados Unidos. Este sitio tiene las respuestas a las preguntas más frecuentes sobre las tarjetas de crédito, las tasas de interés, el cobro de cheques, los pagos tardíos, las falsificaciones y los fraudes, las hipotecas y más. Usted puede incluso descargar formularios para presentar una queja sobre su banco.

Aproveche las ventajas bancarias para personas mayores.

Algunos bancos están cortejando a personas de 55 años (y hasta de 50 años) o más, ofreciéndoles beneficios y servicios bancarios especiales, como, por ejemplo: cuentas sin cargos mensuales por servicio o sin saldos mínimos, cheques gratuitos o con descuento, y cajas de depósito y cheques de viajero gratuitos. Consulte los sitios web de los bancos de su zona o pregunte a un representante de su banco acerca de las ofertas para las personas mayores.

Líbrese de las retenciones en las tarjetas de débito.

La próxima vez que alquile un auto, se aloje en un hotel o llene el tanque, podría acabar costándole más de lo que creía. Si usted utiliza una tarjeta de débito para estos casos, las empresas pueden 'retener' una cantidad mayor de dinero en su cuenta corriente. Hacen eso para asegurarse de que haya suficiente dinero en su cuenta para hacer el pago.

Al final le cobrarán la cantidad correcta y liberarán el dinero bloqueado, pero estas retenciones pueden durar hasta tres días. Eso significa que usted tiene menos dinero disponible de lo que cree y corre el riesgo de girar cheques sin fondos o de ser penalizado con cargos por sobregiro. Sea precavido y utilice una tarjeta de crédito para este tipo de transacciones. Aun si piensa pagar el hotel con una tarjeta de débito, presente una tarjeta de crédito al momento de registrarse.

Una manera rápida y fácil de perder dinero

Aléjese de las nuevas tarjetas de crédito y de débito sin banda magnética, con las que se paga sin hacer contacto y que en inglés se conocen como *"no-swipe cards"*. Es muy cómodo simplemente presentar la tarjeta a un pequeño lector, y no tener que introducirla y deslizarla, pero estudios demuestran que es probable que usted acabe gastando 20 por ciento más en la caja que si utiliza dinero en efectivo.

Cinco maneras sencillas de reducir los gastos diarios.

Estos pequeños cambios marcarán una gran diferencia en su presupuesto:

✦ Use su computadora. En vez de hacer llamadas telefónicas de larga distancia, envíe correos a sus amigos y familiares. Compare precios de todo lo que quiere comprar. Se sorprenderá al descubrir cuántas veces los precios en línea son mejores que los de las tiendas, especialmente si usted no tiene que pagar el impuesto sobre las ventas y puede conseguir que el envío sea gratuito.

✦ Adelgace su presupuesto. Empaque su almuerzo en lugar de salir a comer. Descubra nuevas recetas en línea.

✦ Tenga una sola cuenta. Si usted tiene servicios de Internet, teléfono y cable, busque un solo proveedor para las tres cuentas. Usted podría ahorrar $20 mensuales o más.

✦ Sea un comprador inteligente. Recortando cupones usted puede ahorrar entre 15 y 50 por ciento en alimentos. Esté atento a los anuncios en línea de su supermercado. Haga sus compras navideñas durante el año para conseguir todo en oferta.

✦ Entreténgase por su cuenta. Encuentre maneras de gastar menos en entretenimiento. Alquile películas en vez de ir al teatro o saque libros de la biblioteca en vez de comprarlos.

Evite las compras por impulso en el supermercado.

Revistas, goma de mascar, dulces, refrescos: probablemente no estaban en su lista de compras, pero en el último minuto se colaron en su factura del supermercado. Contrólese optando por las cajas de autoservicio. Un estudio reciente encontró que sólo el 12 por ciento de las personas que escanearon y empaquetaron sus propios productos hicieron una compra no planificada de un artículo ubicado al lado de la caja, en comparación con el 17 por ciento de las personas que optaron por las cajas rápidas y el 20 por ciento de las que pasaron por las cajas normales.

Una manera inteligente de evitar los cargos por pagos tardíos.

Atrasarse en el pago de una tarjeta de crédito le puede costar un cargo de $30 o más. También puede afectar negativamente su calificación de crédito. La solución es muy sencilla. Establezca un pago recurrente a través del servicio de pago electrónico de facturas de su banco. Elija una cantidad que represente el mayor pago mínimo que normalmente tendría que hacer a su compañía de tarjeta de crédito y que no exceda su gasto mensual en esa tarjeta. Por ejemplo, si usted usa una tarjeta de crédito para la mayoría de sus gastos y habitualmente carga más de $75 mensuales, establezca un pago recurrente de $15 cada mes. Y si habitualmente carga $200 a su tarjeta, entonces fije el pago mínimo en $35. Cuando reciba la factura, usted puede cambiar el pago a la cantidad exacta para ese mes. Pero si se le olvida, el pago automático cubrirá el mínimo requerido para ese mes y usted evitará el cargo por pago tardío.

Usted también puede establecer retiros automáticos de su cuenta corriente para otros gastos recurrentes, como las facturas de servicio público o las primas de seguros. De ese modo, se ahorra el franqueo y no tiene que preocuparse de los cargos por pago atrasado. Sólo asegúrese de registrar esos pagos en su chequera.

Cuidado con los cargos molestos de los cheques de cortesía.
¿Está tentado de utilizar los cheques que le envía su compañía de tarjeta de crédito por correo? Antes de hacerlo, lea la letra menuda. A estos cheques respaldados por una tarjeta de crédito se les llama *"convenience checks"* y no sólo exigen cuotas mínimas elevadas, sino que también cobran la tasa de interés que corresponde a un adelanto en efectivo, pudiendo llegar al 20 por ciento o más. Peor aún, el interés empieza a acumularse a partir de la fecha de la transacción, así que usted no obtiene un período de gracia. Lo mejor que puede hacer es destruir estos cheques, para que nadie más pueda usarlos.

Póngase en marcha con el mejor préstamo de auto.
La Oficina de Responsabilidad Gubernamental (GAO, en inglés) encontró recientemente que los préstamos de auto de las cooperativas de crédito tienen una tasa promedio entre uno y dos puntos porcentuales más baja que la de los bancos de similar tamaño. Además, es más probable que usted califique para recibir esas tasas bajas.

Medidas para evitar la ejecución hipotecaria.
¿Tiene usted dificultades para cumplir con sus pagos hipotecarios? Ignorar el

problema no hará que desaparezca. Póngase en contacto con su prestamista hipotecario tan pronto como le sea posible. La mayoría de las compañías hipotecarias están dispuestas a trabajar con los clientes que ellos consideran están actuando de buena fe y que se ponen en contacto desde un comienzo. Cuanto más espere usted, menos opciones tendrá. Deje claro que está decidido a conservar su casa y que dará todos los pasos necesarios para lograrlo, tales como reducir sus gastos o conseguir un segundo empleo. Usted también puede vender sus bienes, como el segundo auto, para recaudar dinero en efectivo. Su prestamista puede aceptar reducir o suspender los pagos durante un período determinado de tiempo, o incluso reestructurar la hipoteca para hacerla más manejable.

Usted también debe buscar el consejo gratuito de un asesor de vivienda reconocido y aprobado por el Departamento de Vivienda y Desarrollo (HUD, en inglés). Haga lo que haga, no caiga víctima de los estafadores que le prometen pagar la hipoteca a cambio de que usted les ceda la escritura de la casa. Usted podría perder la casa y seguir debiendo el dinero.

Siete maneras de evitar fraudes con sus cheques.

Los estafadores pueden usar sus propios cheques en su contra. Pueden vaciar su cuenta y hasta robarle la identidad. Cuídese de este tipo de fraudes siguiendo estas recomendaciones del Centro Nacional de Cheques Fraudulentos:

✦ Guarde sus cheques, talones de depósito, estados de cuenta y cheques cancelados en un lugar seguro y bajo llave.

✦ Destruya los cheques cancelados, los talones de depósito, los recibos de cajero automático y los estados de cuenta viejos a menos que los necesite para preparar su declaración de impuestos.

✦ Asegúrese de que los cheques estén completos cuando reciba una nueva chequera. Notifique a su banco de inmediato si falta alguno o si no recibe su pedido.

✦ Verifique si le falta algún cheque si ha habido un robo en su casa. Los ladrones pueden llevarse solo uno o dos cheques del medio o del final de la chequera.

+ No incluya su número de Seguro Social o de teléfono en los cheques.

+ Nunca gire un cheque pagadero a *"cash"* (en efectivo) porque si el cheque se pierde o es robado, cualquiera podría cobrarlo.

+ No endose un cheque hasta que esté por cobrarlo o depositarlo.

Sepa cómo funcionan las estafas de sobrepago. Más no siempre es mejor, como lo saben bien las víctimas de las estafas de sobrepago. He aquí cómo funciona este engaño. Los estafadores lo ubican a través de las subastas en línea o los anuncios clasificados en los periódicos, si usted está vendiendo algo. Usted recibe un cheque por una cantidad mayor al precio del artículo, con instrucciones de transferir el dinero extra a otro lugar, tal vez a terceros. Las razones que dan varían, pero ninguna es legítima. Tampoco lo es el cheque, aun cuando inicialmente el banco apruebe su pago.

Para cuando su banco se da cuenta de que el cheque es falso, usted ya no tiene en su poder ni el artículo ni el dinero que transfirió. Usted también es responsable por la cantidad total del cheque fraudulento y podría hasta enfrentar cargos criminales. Notifique de cualquier cheque sospechoso de inmediato. Mejor aún, nunca haga negocios con alguien que le pida que transfiera dinero extra a otro lugar.

Consejos para hacer compras inteligentes

Nunca pague el precio completo por algo. Sepa cómo encontrar el precio más bajo para miles de productos:

✦ Si sabe de computadoras y precios y, además, sabe exactamente lo que quiere, vaya al sitio web del fabricante. Es posible que encuentre promociones especiales con precios más bajos que en las tiendas.

✦ Adquiera joyas caras con un descuento de hasta el 50 por ciento en una casa de empeños. Lleve a un tasador con usted si le preocupa el valor de un artículo determinado.

✦ Compre ropa para niños en tiendas de venta a consignación o de reventa. Tal vez hasta descubra prendas de vestir para usted.

✦ Vaya a las ferias callejeras y a los grandes centros de segunda mano para comprar coleccionables y antigüedades, entre otras cosas.

Y no se olvide de la Web. Usted puede conseguir artículos de todo tipo en *www.overstock.com*. O pruebe *www.shopping.com* y *www.shopzilla.com*. Estos sitios de comparación de precios no sólo le ofrecen muchas opciones, sino que también exhiben el sello de confianza TRUSTe para identificar a los buenos comerciantes.

Combine estrategias y ahorre en grande. Vaya más allá de los cupones y conseguirá gangas increíbles en las principales cadenas de farmacias, como Rite Aid, CVS y Walgreens. Según la experta en compras Stephanie Nelson, primero hay que hacer una lista de los artículos que se usan con frecuencia. Adquiéralos en grandes cantidades cada vez que pueda pagar por ellos menos del precio normal. Luego combine las siguientes estrategias para obtener el precio más bajo posible:

✦ No sólo recorte los cupones del periódico, también búsquelos en las circulares o en el sitio web de la tienda. Cuando encuentre más de un cupón por el mismo artículo, uno en el periódico y otro en la circular de la tienda, usted puede utilizar los dos cupones al mismo tiempo para ahorrar aún más.

✦ Si las circulares de la tienda no incluyen cupones, únase al programa de la tarjeta de fidelidad de la tienda para conseguir descuentos como los que se obtienen con los cupones.

✦ Pregunte por el programa de crédito de la tienda. A través de estos programas usted recibe dinero en efectivo por sus compras, ya sea en la caja registradora o en su próxima visita a la tienda.

✦ Esté atento a los descuentos mediante reembolsos que se obtienen por correo o directamente en la tienda.

✦ Pregunte por los descuentos especiales para las personas mayores.

Recuerde, la clave para conseguir ahorros considerables es combinar estas distintas estrategias al momento de llegar a la caja registradora.

El secreto para conseguir los mejores precios.

Usted puede regatear precios en los grandes almacenes, en los centros comerciales y en las tiendas de aparatos electrónicos. El truco es saber cuándo regatear, cómo hacerlo y con quién hacerlo.

✦ Las personas que venden artículos con precios elevados por lo general deben cumplir con una cuota mensual de ventas. Es mejor negociar precios con ellos a fin de mes, cuando están más interesados en cerrar el trato.

✦ Regatee cuando la tienda está vacía. Los vendedores están más dispuestos a negociar precios cuando no se sienten abrumados por los clientes.

✦ Elija a la persona adecuada para regatear. Sólo acérquese a vendedores con experiencia y conocimientos. Es posible que la tienda no permita a los empleados más nuevos negociar precios.

✦ Investigue los precios antes de negociar, así podrá saber cuál es el mayor descuento que usted puede razonablemente esperar. Usted puede incluso llevar anuncios publicados por la propia tienda o por la competencia para respaldar su solicitud.

✦ Sea paciente, considerado y lo más amable posible, aun si usted tiene que esperar por la aprobación y sortear mil y un obstáculos antes de conseguir el descuento. Todo esfuerzo valdrá la pena.

Una vez que usted adquiera práctica negociando precios en las tiendas, podrá intentarlo en joyerías, bancos y hoteles. Usted puede incluso tratar de obtener mejores tarifas de las compañías de cable y de teléfono, de las empresas de tarjetas de crédito y de su proveedor de Internet. Usted sólo tiene que llamar, decirles que está pensando en cambiarse de compañía y preguntar si pueden darle una mejor tarifa. Puede que le sorprenda su propio éxito en estas negociaciones.

Antigüedades, muebles y electrodomésticos a precios reducidos. Sólo porque se niega a pagar el precio completo, no significa que usted deba resignarse a vivir con muebles deslucidos de segunda mano. Adquiera antigüedades, electrodomésticos, vajillas y muebles atractivos en las ventas de patrimonio y en las ventas por mudanza. Estos artículos suelen ser de calidad superior y estar en mejores condiciones que los objetos usados de las llamadas 'ventas de garaje', a pesar de que todos estos tipos de ventas se anuncian juntos.

No deje que su cheque de reembolso se esfume.
"Los descuentos mediante reembolsos se están volviendo una estafa", advierte Harvey Rosenfield, de la Fundación para los Derechos del Contribuyente y del Consumidor, una organización sin fines de lucro. Esto es lo que usted puede hacer para protegerse:

✦ No tire nada de lo que recibe con el producto, ni siquiera el empaque, hasta después de enviar el formulario de reembolso. Es posible que usted tenga que adjuntar parte del embalaje o de los contenidos para cumplir con los requisitos del reembolso.

✦ Lea cuidadosamente todas las instrucciones y la letra menuda, para asegurarse de que efectivamente califica para el reembolso. De ser posible, haga esto antes de comprar el producto.

127

✦ Haga copias de todo, incluidos los recibos de la tienda, el código de barras, los formularios, el envoltorio del producto, los números de serie y hasta el sobre de envío. Envíe por correo los originales solicitados junto con el formulario de reembolso.

✦ Conteste cada una de las preguntas del formulario, incluso aquéllas que no son aplicables a usted. Por ejemplo, si el formulario pide un número de celular y usted no tiene un teléfono celular, escriba *"no cell phone"* en el espacio.

✦ Nunca utilice un apartado postal como su dirección en el formulario de reembolso.

✦ Incluya todos los requisitos descritos en el formulario de reembolso y engrápelos juntos.

✦ Envíe todo de inmediato por correo certificado y solicite un recibo. Puede que tan sólo tenga un plazo de siete días para hacerlo.

✦ Marque su calendario para saber cuándo llamar y empezar a hacer preguntas si el cheque de reembolso no llega a tiempo.

Evite los cargos por reposición. Atención: la próxima vez que devuelva algo a una tienda, es posible que no reciba todo su dinero de vuelta, a menos que el artículo sea defectuoso. Eso se debe a que algunos comerciantes ahora cobran un "cargo por reposición" de hasta el 50 por ciento del precio original. Siga estos pasos para evitarlo:

✦ Los cargos por reposición son más probables en la devolución de electrodomésticos, computadoras o aparatos electrónicos. Antes de comprar uno de estos productos, pida ver la política de la tienda respecto a los cargos por reposición de inventario.

✦ Compruebe si hay un cargo por reposición cuando compre en línea. Es más probable que los vendedores en línea cobren dichos cargos.

✦ Tome nota de cuáles son las tiendas, ya sean físicas o en línea, que no cobran estos cargos por reposición. Compre en esas tiendas.

✦ Siempre tenga a mano el recibo cuando haga una devolución.

El cronograma del comprador inteligente

Todos saben de las liquidaciones anuales de autos y de decoraciones navideñas, pero también están las rebajas de pretemporada, las rebajas de fin de temporada, las liquidaciones semestrales y las promociones especiales programadas cada año para las mismas fechas. Utilice este calendario para nunca más perderse estas fabulosas ofertas.

Mes	Artículos rebajados
Enero	electrodomésticos, prendas de vestir, ropa de cama, muebles, juguetes, maletas, ropa de dormir
Febrero	computadoras, aparatos de aire acondicionado, equipos para hacer ejercicio, colchones, lámparas, muebles, joyas
Marzo	abrigos de invierno, aparatos de aire acondicionado, lavadoras y secadoras de ropa, herramientas de jardinería, equipos para deportes de invierno
Abril	pinturas, muebles de exteriores, herramientas y artículos de jardinería
Mayo	televisores, joyas, bolsos, maletas, muebles de exteriores
Junio	artículos deportivos de verano, ropa deportiva, ropa para hombres y niños, ropa de dormir
Julio	trajes de baño, aparatos electrónicos, electrodomésticos de gran tamaño, ropa de verano, aparatos de aire acondicionado
Agosto	ropa de verano, abrigos, muebles, calzado
Septiembre	ropa infantil, aparatos de aire acondicionado, pinturas, artículos para acampar, ventiladores, artículos para el patio y la piscina, neumáticos
Octubre	ropa infantil, abrigos, ropa de otoño e invierno, electrodomésticos de gran tamaño, útiles escolares, bicicletas, equipos para pescar, abrigos de mujer
Noviembre	ropa para niños varones, mantas, calentadores de agua, estufas, ropa de cama, autos usados, joyas
Diciembre	hornos microondas, joyas, artículos navideños

✦ Si usted compra en una tienda que cobra cargos por reposición, tenga cuidado al abrir el artículo. Evite dañar el embalaje y no tire nada. Paquetes estropeados o artículos faltantes pueden ocasionar un cargo por reposición.

El mejor momento para devolver una mercancía.

Evite las tardes de los fines de semana. Es mejor hacerlo durante las primeras horas del día, así usted se libra de hacer largas colas y de las esperas interminables. Es más, los empleados con experiencia por lo general prefieren el turno de día, así es menos probable que usted sea víctima del error de un principiante.

Sepa cuándo comprar más es ahorrar menos. Éstas

son algunas ideas para no perder dinero en los clubes de almacén:

✦ Atrévase a comparar. Algunos productos de los clubes de almacén son verdaderas gangas, pero otros no lo son. Para diferenciar unos de otros, compare los precios por unidad con los de otras tiendas. Limite sus compras únicamente a la lista de productos que son más baratos en su club de almacén que en cualquier otro lugar.

✦ Saque cuentas. Las ofertas deben significarle un ahorro mayor al costo de su membresía. Utilice las comparaciones de los precios por unidad para determinar cuánto está usted ahorrando y así poder calcular cuánto ahorrará en un año. Si es menos que su cuota de socio, no la renueve. Pero si los ahorros superan la cuota de socio, entonces usted es un comprador inteligente que debe mantener su membresía. Eso sí, no se olvide de comparar precios cada año para asegurarse de que aún sigue ahorrando dinero.

Ahorre más que nunca en los clubes de almacén.

Le encantaría poder aprovechar las ofertas en productos perecederos de su club de almacén, pero reconoce que no podrá consumirlos todos antes de que se echen a perder. Adopte la estrategia de dividir y vencer. Hable con sus amigos para dividir el costo (y los contenidos) de los paquetes extra grandes de alimentos perecederos.

Tal vez hasta puedan organizarse para comprar en grupo. Y si además lo hacen comparando precios, todos podrán disfrutar de ahorros en sus compras, ahorros que estarán muy por encima del costo de su membresía.

Consejos para hacer dinero en una venta de garaje.

La experta Chris Heiska, creadora de *www.yardsalequeen.com*, le dice cómo vender con éxito los objetos usados de su casa:

✦ Ponga un anuncio en el periódico, pero no deje pasar las oportunidades para colocar anuncios gratuitos. Distribuya volantes en las tiendas de su vecindario y en su iglesia. "Y si sabe usar la computadora, vaya a www.craigslist.org y anuncie en línea su venta de garaje de manera gratuita", recomienda Heiska.

✦ Coloque letreros, pero asegúrese de que sean suficientemente grandes y fáciles de leer. Antes de hacerlos o comprarlos, compruebe cuáles son las restricciones para colocar letreros en su vecindario.

✦ Pida la ayuda de un amigo o de un familiar. "Una venta de garaje implica mucho trabajo y contar con la ayuda de alguien conocido hace que sea más divertido", dice Heiska. Si usted no logra conseguir ayuda, considere la posibilidad de participar en una feria de objetos usados de su comunidad. Por ejemplo, algunas iglesias alquilan mesas en sus ferias. "De esa manera, usted está con un grupo de personas. Además, es un ambiente más seguro que hacer que la gente venga a su casa", explica Heiska.

✦ "Una venta de garaje es como tener una tienda por un día. Usted debe ofrecer un buen servicio al cliente y ser amable. Esté preparado y tenga monedas y billetes para dar cambio. Tenga un lugar seguro para el dinero. Yo recomiendo usar una cangurera o un mandil con bolsillos. Usted tiene que pensar en términos de seguridad y tener el dinero consigo", aconseja Heiska.

✦ Tenga a mano periódicos para envolver los objetos frágiles y bolsas para que la gente pueda llevarse sus compras a casa. Heiska incluso sugiere tener cajas disponibles para que la gente pueda llenarlas con sus posibles compras.

La feria de objetos usados más larga del mundo

Imagínese más de 450 millas de objetos usados a la venta. Cada año, durante cuatro días a partir del primer jueves de agosto, usted podrá ver cientos de 'ventas de garaje' a lo largo de la autopista interestatal 127. Empiezan al norte en la frontera entre Ohio y Michigan y llegan hasta Gadsden, en Alabama. Para conocer más detalles visite *www.127sale.com.*

Lo que se debe y no se debe hacer en las ferias callejeras. Siga estos consejos cuando vaya de compras a un mercado de pulgas:

✦ No compre objetos usados en un mercadillo callejero si éstos pueden volverse obsoletos rápidamente. Por ejemplo, un reproductor de DVDs de alta definición de un año de antigüedad puede ser muy barato, pero tal vez sea difícil encontrar los DVDs que necesita. Tenga cuidado al comprar aparatos electrónicos usados, computadoras usadas y otros artículos que puedan tener una breve vida útil.

✦ Llegue cuando recién abre el mercadillo para descubrir los mejores objetos. Y cuándo vea algo que realmente quiere, lléveselo de inmediato ya que puede que no lo encuentre una hora más tarde.

✦ Si busca algo específico, consulte su precio de venta minorista antes de ir al mercadillo callejero.

✦ Vuelva al final del día para conseguir las mejores gangas. A esa hora los vendedores estarán más dispuestos a hacer rebajas mayores en los objetos que no desean tener que cargar de nuevo a casa.

✦ En los mercadillos callejeros no se aceptan devoluciones, así que revise bien todo lo que va a comprar.

✦ Esté preparado para pagar en efectivo. En los mercadillos callejeros por lo general no se aceptan cheques o tarjetas de crédito.

✦ Lleve una mochila rodante o un bolso para sus compras. En estos mercadillos casi nunca se hacen entregas a domicilio, así que evite comprar objetos grandes a menos que tenga cómo llevarlos a casa.

Consiga la mejor ropa de segunda mano. ¿Quiere un vestido elegante, pero no consigue nada a su gusto en las tiendas? Compre a principios de la primavera o del otoño, que es cuando muchas personas limpian sus clósets y cuando encontrará la mayor variedad de estilos, colores y tallas en las tiendas de segunda mano.

Desconfíe de estas tres "gangas". Todo lo que usted tiene que saber sobre las gangas que a veces resultan no ser tales:

✦ Compras en línea. Usted encontrará fabulosos descuentos en línea, pero el impuesto sobre las ventas y los altos costos de envío pueden eliminar el ahorro que usted obtendría. Compruebe las tarifas de envío antes de comprar. O busque el "localizador de tiendas" para ver si el vendedor cuenta con una tienda en su Estado. Si hay una, es posible que tenga que pagar el impuesto a las ventas. A veces no encontrará esta información porque el sitio sencillamente no cobra dicho impuesto. Pero si es sorprendido con un cargo por impuestos a las ventas casi al finalizar el proceso de compra, abandone el sitio antes de hacer clic en el botón que confirma su pedido. Otro vendedor puede tener el mismo producto a un precio total más bajo.

✦ Compras por televisión. Los costos de envío también pueden eliminar el ahorro prometido en las "ofertas" que se anuncian en las teletiendas, especialmente si el producto es grande o pesado. Y si no tiene cuidado, la facilidad con la que se puede comprar por televisión puede tentarlo a gastar más de lo que tenía previsto.

✦ Compras en las tiendas de fábrica o *outlets*. En estas tiendas usted supuestamente encuentra inventario excedente a precios rebajados. Pero muchos comerciantes simplemente envían su inventario de menor calidad a estas tiendas. En vez de buenos artículos a precios descontados, usted tan sólo está adquiriendo productos baratos. Busque mejores ofertas en otros lugares.

Reciba dinero en efectivo cuando los precios caen.

¡Ay no, lo que usted compró en Amazon hace dos semanas ahora lo puede comprar a un precio mucho más bajo! Por suerte, si usted llama a Amazon, ellos acreditarán su cuenta con la diferencia. De hecho, ellos lo harán cada vez que el precio de un artículo cae poco después de que usted hace una compra. Pero usted no tiene por qué estar comprobando los precios a cada rato. Simplemente vaya a *www.refundplease.com* e ingrese los datos de su compra.

Cuando ocurra una caída de precios, ellos le notificarán de inmediato. Si usted compra en línea en tiendas como Target, Costco o Circuit City, visite *www.priceprotectr.com*. Este sitio ofrece un servicio similar, pero cubre a otros 14 comerciantes en línea, además de Amazon.

El secreto del envío gratis

En las tiendas no encuentra lo que busca, pero tampoco quiere pagar los gastos de envío asociados con las compras en línea. No hay problema. Muchos almacenes ofrecen el servicio de entrega directa en una tienda cuando usted compra en sus sitios web. Eso significa que su pedido en línea será enviado a una tienda cerca de usted sin costo alguno. Sears y Walmart son dos cadenas que ofrecen este cómodo servicio. Vaya a la página web de su tienda favorita y vea si también ofrece este servicio en línea.

Descubra los descuentos ocultos en línea.

Consiga precios aún mejores de sus tiendas favoritas en línea. Antes de comprar en una de ellas, vaya a *www.couponcabin.com*. Ahí usted podrá encontrar un cupón para el envío gratuito o para un descuento. Simplemente haga clic en el nombre de la tienda. Usted obtendrá el código del cupón que debe ingresar al hacer una compra, o un enlace para aprovechar directamente el cupón. Si usted no encuentra la tienda que le interesa, no pierda la esperanza. Siga buscando en *www.ecoupons.com*, *www.retailmenot.com* o *www.keycodecoupons.com*.

Pague menos impuestos

Ahorre cientos de dólares en impuestos. Un estudio realizado en el año 2002 encontró que más de un millón de personas podrían haber pagado $500 menos en impuestos si hubieran detallado sus deducciones en lugar de optar por la deducción estándar. De hecho, usted también podría no estar beneficiándose de deducciones fiscales poco conocidas como éstas:

✦ Si sus gastos médicos superan el 7.5 por ciento de su ingreso bruto ajustado, usted puede deducir la porción que exceda el 7.5 por ciento. Le puede sorprender lo que constituye un gasto médico. "Muchos ignoran que pueden incluir las millas recorridas para ir al médico o a recoger medicamentos", dice Mary Lynn Bolado, gerente de área de Jackson Hewitt Tax Service, en Georgia. Ella recomienda llevar un diario donde figure la fecha, el destino y el trayecto recorrido, a fin de estar preparado en caso de que el IRS le haga preguntas. Usted también puede deducir los gastos dentales, las citas con el oculista, los lentes de contacto, los anteojos, los medicamentos con receta, los copagos, el seguro médico y más. Para más detalles, consulte la Publicación 502 del IRS, disponible en inglés en *www.irs.gov.*

✦ "Algunas personas no saben que pueden reclamar el impuesto ad valorem sobre su auto", dice Bolado. Cuídese de sólo deducir la parte ad valorem y no la totalidad de los impuestos asociados con el auto.

✦ Otras posibles deducciones incluyen las deducciones por impuestos estatales y locales, intereses hipotecarios, impuestos prediales y donaciones caritativas. Utilice un software para la declaración de impuestos, hable con un preparador de impuestos o vaya a *www.irs.gov* para determinar cuáles son aplicables a su situación.

Obtenga las deducciones por contribuciones benéficas que usted se merece. Las personas que desconocen las nuevas normas del IRS que rigen las deducciones benéficas podrían perder esas deducciones por un tecnicismo. No permita que eso le suceda a usted. Tenga en cuenta estos consejos valiosos:

✦ Done a instituciones benéficas deducibles. Usted no podrá deducir sus donaciones caritativas a menos que las instituciones que las reciban hayan sido calificadas por el IRS para recibir donaciones deducibles. The United Way, la Cruz Roja Americana y el Ejército de Salvación son tres de las organizaciones calificadas. Para una lista de las organizaciones exentas de impuestos, llame al número gratuito del IRS al 877-829-5500 o busque la Publicación 78, disponible en inglés en *www.irs.gov.*

✦ El IRS requiere ahora que las donaciones de ropa usada y artículos del hogar estén en "buen estado de uso o mejor". Esta norma se aplica también a muebles, electrodomésticos, toallas, sábanas y aparatos electrónicos. Mantenga una lista de sus donaciones y tome fotos de cada una de ellas para estar preparado en caso de que deba probar su condición.

✦ Tenga cuidado con el valor que declara para cada artículo o prenda de vestir. Para ejemplos de lo que puede declarar, consulte la guía del Ejército de Salvación en *www.satruck.com/ValueGuide.aspx* (en inglés). Algunos software para la preparación de impuestos le pueden ayudar a calcular el valor de los artículos usados.

✦ Usted no podrá deducir las donaciones de dinero a menos que pueda mostrar un cheque cancelado, el estado de su tarjeta de crédito o un recibo que incluya el monto contribuido, el nombre de la organización benéfica y la fecha de la donación.

✦ Si usted donó un auto o cualquier artículo de más de $500, hable con su preparador de declaraciones de impuestos. El IRS tiene normas especiales para las donaciones de estos artículos.

Evite chocar con una auditoría

Donar su coche a una organización benéfica podría dar pie a una auditoría, a menos que usted cumpla con las nuevas normas de deducciones fiscales. Visite *www.irs.gov* para obtener un ejemplar de la Publicación 4303 del IRS, que es una guía para los donantes de autos, disponible en inglés.

Convierta su pasatiempo en un negocio. Según el contador y abogado Sandy Botkin, el IRS contempla deducciones fiscales no sólo para las empresas que generan utilidades. "Aun si usted no presenta utilidades en tres años dentro de un período de cinco años, la actividad que usted realiza puede ser calificada como negocio si usted cumple con una serie de hechos y circunstancias", dice Botkin.

✦ Desarrolle planes de negocios anuales que muestren ingresos y egresos proyectados para cinco años, así como estados financieros anuales.

✦ Tenga cuidado con lo que dice. Si su negocio es una empresa de venta directa dedicada al mercadeo multinivel y usted dice: "Yo estoy en esto sólo para comprar productos a precios mayoristas", el IRS puede sostener que eso es prueba de que su negocio no es legítimo.

✦ "Conduzca sus actividades de manera profesional, como las de cualquier otro negocio", dice Botkin. Por ejemplo, tenga una cuenta de banco separada para su negocio.

✦ Averigüe lo que están haciendo las empresas rentables de su rubro y haga lo mismo.

✦ Tenga en cuenta su experiencia empresarial anterior. Si usted se presenta como una agencia de viajes, pero no tiene experiencia previa en viajes, puede despertar las sospechas del IRS.

✦ Investigue con anticipación el tipo de negocio que piensa tener y documente dicha investigación. Según Botkin, esto ayuda a establecer una intención de hacer negocios.

✦ Invierta tiempo en el negocio con regularidad y frecuencia.

✦ Repase el historial de ingresos y pérdidas y las medidas que usted adoptó para aumentar las ganancias. Cuanto más prolongadas sean las pérdidas, más posibilidad existe de que el IRS concluya que usted nunca tuvo la intención de obtener ganancias con dicha actividad. Lleve los estados financieros a su contador y vea qué pasos puede dar para mejorar la situación de la empresa. "No hay necesidad de esto si se trata de un pasatiempo", explica Botkin. "Pero de un empresario que no produce ganancias se espera que trate de hacer algo al respecto".

✦ Tenga en cuenta que el ingreso que usted obtiene de otras fuentes ayuda a determinar si se trata de un negocio o de un pasatiempo. El IRS podrá sospechar, por ejemplo, si usted es una persona adinerada que no tiene experiencia en el sector agrícola y ha comprado una granja que sólo genera pérdidas.

✦ Sea sumamente cuidadoso si su negocio está relacionado con actividades como coleccionar antigüedades o sellos, viajar, criar caballos o perros para competir, carreras de autos o ventas directas. Es más probable que el IRS cuestione ese tipo de actividades.

Reduzca la carga impositiva sobre la herencia

Usted desea dejarles a sus hijos una buena herencia, pero le preocupa que el impuesto sobre la herencia se lleve gran parte de lo que recibirán. Es más, las leyes que rigen este impuesto podrían cambiar, así que usted no tiene manera de saber qué cantidad de su dinero está exenta de impuestos o cuánto van a perder sus hijos. Aunque los profesionales en finanzas e impuestos ofrecen productos para proteger su patrimonio, muchos de éstos son complejos y confusos.

Elija el camino más sencillo. Reparta entre sus herederos parte de su dinero. Usted puede dar hasta $12,000 anuales a cada hijo o nieto sin tener que pagar el impuesto sobre regalos. Ofrézcales el dinero en efectivo o úselo para pagar facturas médicas o matrículas. Todo es legal y está aprobado por el IRS. Estas medidas aseguran que gran parte de su dinero vaya directamente a sus herederos en lugar de acabar en manos del gobierno.

Sobreviva a una auditoría. No entre en pánico cuando reciba una notificación de auditoría del IRS. Prepárese con estos consejos:

✦ Vaya a *www.irs.gov/espanol/* o llame al 800-829-3676 para un ejemplar de la Publicación 556 del IRS (en inglés), donde se explica el proceso de una auditoría.

✦ Si usted tiene un contador o un preparador de declaraciones de impuestos, hágale saber que ha sido seleccionado para una auditoría. Pregúntele qué puede hacer para limitar el alcance de la auditoría.

✦ Preste mucha atención a todos los plazos relacionados con la auditoría, y asegúrese de cumplir con ellos.

✦ Si usted tiene problemas en obtener o encontrar todos los documentos que necesita, solicite una postergación de la auditoría.

✦ Haga todo por escrito. Tome notas durante todas las reuniones y conversaciones telefónicas con el personal del IRS. Envíe una carta de seguimiento al IRS reiterando con claridad todo lo dicho.

✦ Si tiene que reunirse con un agente del IRS, llegue temprano. Responda a todas las preguntas que le haga, pero limite sus respuestas a "Sí", "No" y "No sé" toda vez que sea posible. Evite llevar símbolos de estatus, como joyas o relojes caros.

✦ Conserve todos los documentos que le envíe el IRS.

Deje de pagar en exceso impuestos a la propiedad.

Es posible que usted esté pagando más impuestos sobre la propiedad de lo que debe. Según la Unión Nacional de Contribuyentes, hasta al 60 por ciento de las propiedades gravables se les ha asignado equivocadamente un valor demasiado alto. Debido a que el impuesto sobre la propiedad se basa en dicho valor, usted podría estar pagando impuestos en exceso.

Infórmese, visitando la oficina o el sitio web del tasador de su área y solicitando toda la información sobre la tasación de su vivienda. Revise todos los datos y números. Por ejemplo, verifique la exactitud del área cuadrada de su vivienda, el número de dormitorios y de baños, la fecha de construcción y cualquier otra descripción.

Si encuentra errores, reúna las pruebas, tales como fotos o planos de la vivienda, para probar que se cometieron equivocaciones. Póngase en contacto con el tasador y pregúntele cómo puede usted corregir esta información, así como sus futuras declaraciones de impuestos. Se sorprenderá gratamente cuando descubra cuánto dinero puede ahorrar.

Evite errores que puedan llevar a una auditoría

Las leyes tributarias cambian cada año, de modo que algunas normas fiscales pueden haber cambiado desde la publicación de este libro. Para estar seguro de que estos consejos siguen vigentes, hable con un profesional de impuestos, visite *www.irs.gov/espanol* o llame al número gratuito de asistencia bilingüe del IRS al 800-829-1040. Para obtener una lista de las publicaciones del IRS en español ingrese "Publicaciones" en la barra de búsqueda de *www.irs.gov*.

No vuelva a pagar impuestos sobre la propiedad.

Los adultos mayores de casi la mitad del país tienen derecho a este beneficio y tal vez usted también lo tenga. En aproximadamente 24 Estados, más el Distrito de Columbia, se ofrecen programas para que los adultos mayores puedan aplazar el pago del impuesto sobre la propiedad. Los propietarios que participan en esos programas no pagan impuestos sobre la propiedad hasta que ocurra una de estas situaciones:

+ Venta de la casa.

+ Fallecimiento del propietario.

+ Mudanza permanente por razones que no sean de salud.

+ La vivienda tiene un nuevo propietario.

Tenga en cuenta que usted debe cumplir con los requisitos de edad, ingreso, propiedad de la vivienda, entre otros, para calificar para este beneficio. También debe saber que puede haber un cargo por intereses sobre este impuesto diferido. Pero no se preocupe, usted no tendrá que pagar este interés cada mes. La suma del interés y los impuestos adeudados simplemente saldrá de lo que saque con la venta de la casa.

Si usted desea diferir el pago del impuesto sobre la propiedad, llame al tasador de su condado o al Departamento de Recaudación Fiscal de su Estado. Ellos le podrán decir si hay un programa de ese tipo disponible en su Estado, cómo funciona y cómo aplicar.

Todo sobre los seguros

Seguros "estándar" que usted no necesita. Una cobertura de seguro confiable es una bendición cuando se la necesita. Sin embargo, hay algunas pólizas que probablemente usted nunca usará. Según los expertos, estos ocho planes de seguro son innecesarios:

✦ Seguro de vida si usted es soltero. El seguro de vida proporciona dinero a los beneficiarios, cuando fallece el sostén principal de una familia. Pero si usted no tiene dependientes, su muerte no va a crear una situación financiera difícil. Lo mismo ocurre si su cónyuge cuenta con ingresos propios suficientes o con un plan de retiro adecuado. Como regla general, si nadie depende de su ingreso, no adquiera un seguro de vida.

✦ Seguro de viaje aéreo. Si usted fallece repentinamente, no importa si fue en un accidente aéreo o de un ataque cardíaco, su familia necesitará ayuda financiera, así que obtenga un seguro de vida normal con cobertura total. La mayoría de las tarjetas de crédito ofrecen cobertura gratuita si las usa para comprar el pasaje.

✦ Seguro de vida hipotecario. Estas pólizas protegen al prestamista en caso de muerte del titular, ya que sirven para cancelar el préstamo. La mejor y más económica opción es tener un simple seguro a término, que puede ser usado para cualquier fin.

✦ Seguro hipotecario privado (PMI, en inglés). El PMI es un caso especial, ya que por lo general usted debe adquirirlo cuando compra una vivienda con un pago inicial menor al 20 por ciento. El costo del PMI simplemente pasa a formar parte del pago del préstamo. Sin embargo, una vez que deba menos del 80 por ciento del valor de su casa, usted puede y debe solicitar la cancelación de este seguro.

✦ Seguro de vida de protección del crédito. Estas pólizas están vinculadas a los préstamos bancarios y a los préstamos de las tarjetas de crédito. Sirven para cancelar un préstamo en caso de muerte o para cubrir los pagos en caso de enfermedad, accidente o desempleo. Es un seguro muy caro y a veces usted ni sabe que lo tiene. Es mejor comprar un seguro de vida a término y olvidarse de las pólizas de discapacidad y de desempleo.

✦ Seguro de vida para niños. La muerte de un niño es una catástrofe emocional, no económica. Dado que nadie depende de ellos financieramente, el seguro de vida es de poco consuelo.

✦ Seguro de cáncer. Es mejor invertir su dinero en una cobertura de salud integral, a menos que usted esté bastante seguro de contraer una enfermedad determinada. Si adquiere este seguro, lea la letra menuda con cuidado. Muchas de estas pólizas de una sola enfermedad son baratas porque no cubren mucho.

✦ Seguro de alquiler de auto. En realidad no se trata de un seguro. Las compañías de alquiler de coches lo llaman "renuncia de responsabilidad por daños de colisión" *(collision damage waiver)*. Es bastante caro y es probable que su propio seguro de auto o su compañía de tarjeta de crédito ya lo cubran. Verifique si es así, sobre todo si va a alquilar un coche en el extranjero.

El mejor cuidado a largo plazo. Si usted está pensando en ir a un hogar de ancianos o a una institución de vida asistida, también tiene que pensar en cómo lo va a financiar. Tan sólo un año en una residencia geriátrica puede costar más de $50,000. Tenga en cuenta que Medicare no cubre el cuidado a largo plazo, ni la asistencia en actividades cotidianas tales como vestirse, bañarse o usar el baño. Un seguro de cuidado a largo plazo puede ayudarle a pagar por estos servicios. Al evaluar las distintas pólizas, la America's Health Insurance Plans, una asociación con casi 1,300 asegurados, recomienda tener en cuenta lo siguiente:

✦ ¿Qué servicios cubre la póliza? Las opciones incluyen: cuidados en una residencia geriátrica, atención médica domiciliaria, instituciones de vida asistida, centros de cuidado diurno para el adulto mayor, cuidados alternativos y servicios auxiliares de apoyo familiar.

✦ ¿Cuánto paga la póliza diariamente por cada uno de esos servicios?

✦ ¿Tiene la póliza un beneficio máximo de por vida? De ser así, ¿cuál es el beneficio máximo para cada tipo de cuidado a largo plazo?

✦ ¿Tiene la póliza un límite en la duración de la cobertura para cada período de estadía?

✦ ¿Cuál es el período de espera para la cobertura de enfermedades preexistentes?

✦ ¿Cuántos días debe esperar para obtener los beneficios?

✦ ¿Requiere la póliza que se hagan evaluaciones de la capacidad para realizar actividades de la vida diaria y de las discapacidades cognitivas? ¿Es necesario un certificado médico? ¿Es necesaria una estancia en el hospital antes de que la cobertura entre en vigencia?

✦ ¿La renovación de la póliza está garantizada?

✦ ¿Ofrece la póliza ajustes por inflación?

Por supuesto, usted también debe preguntar cuánto cuesta la póliza. Los precios varían y dependen de la edad, el nivel de beneficios y el tiempo que está usted dispuesto a esperar antes de que entren en vigencia. La mayoría de las pólizas ofrecen un período de "prueba gratis" de 30 días; si la póliza no le satisface, usted puede cancelarla y recuperar su dinero.

Consulte la "lista" de los hogares de ancianos

Los Centros para los Servicios de Medicare y Medicaid tienen una lista a nivel nacional que usted debe chequear antes de elegir un asilo para ancianos. En esta lista aparecen los asilos que proveen servicios de baja calidad y que se conocen como centros de atención especial, por recibir el doble del número habitual de inspecciones. Estos asilos han sido multados hasta que mejoren sus servicios o cese su vínculo con Medicare y Medicaid. La lista está en *www.cms.hhs.gov/CertificationandComplianc/Downloads/SFFList.pdf*.

Fabulosos ahorros en el seguro de auto. A la hora de comprar un auto, además del precio, la eficiencia del combustible y la fiabilidad, se debe tener en cuenta cuánto costará asegurarlo. Usted pagará mucho más por un seguro por colisión y cobertura amplia para ciertos tipos de autos, como aquéllos que requieren reparaciones costosas y que son robados con más frecuencia. Entre los coches más vendidos, la camioneta Dodge Ram, el Chevy Silverado y el Toyota Prius son los más caros de asegurar, según Insure.com. Varios sitios web de las aseguradoras cuentan con herramientas que le permiten comparar los costos de seguro para distintos tipos de vehículos. Además de elegir un coche que se pueda asegurar a bajo precio, éstas son otras maneras de ahorrar en el seguro de auto:

✦ Compare precios. Obtenga por lo menos tres cotizaciones, ya sea en línea o llamando a la aseguradora y busque una cobertura de calidad a bajo precio.

✦ Mantenga un buen historial de crédito. Las aseguradoras suelen tomar en cuenta su calificación de crédito al fijar el precio del seguro de auto.

✦ Adquiera su seguro de vivienda y de auto de la misma aseguradora. Usted podría ahorrar entre 10 y 15 por ciento en las primas.

✦ Aumente el deducible por colisión y cobertura amplia a por lo menos $500 o deshágase de él para los coches más viejos. Se ahorrará cientos de dólares en la prima.

✦ Pregunte por los descuentos para conductores seguros o clientes antiguos y por los descuentos por contar con dispositivos antirrobo y otras funciones de seguridad, como bolsas de aire o frenos anti-bloqueo, por haber seguido un curso de conducción a la defensiva o por conducir un número de millas menor que el promedio anual.

Pregunte a su agente sobre los descuentos. Usted puede ser elegible para los descuentos del seguro de auto. Eso sí, no cuente con que la compañía de seguros le informe sobre ellos. La Oficina de Florida para la Regulación de Seguros le llamó la atención a una aseguradora por no notificar a aquellos clientes que habían mejorado su historial de conducción, que su prima de seguro podía ser más baja. Los expertos recomiendan que usted consulte periódicamente con el agente de su aseguradora para saber si tiene derecho a nuevos descuentos o a descuentos para los que antes no era elegible.

Esquive el cáncer de piel

Conducir implica una serie de riesgos, entre ellos los accidentes, las averías y los pinchazos. A esa lista ahora se puede añadir el cáncer de piel. Nuevas investigaciones indican que los conductores frecuentes son más propensos a desarrollar cáncer de piel en el lado izquierdo de la cabeza, el cuello, el brazo o la mano, zonas normalmente expuestas al sol por la ventana del conductor.

Eso se debe a que las ventanas laterales y posteriores de los autos por lo general bloquean los rayos UVB que causan cáncer de piel, más no los rayos UVA que son igualmente peligrosos. El vidrio del parabrisas filtra ambos rayos. El tinte de las ventanas polarizadas o el uso de un bloqueador UV pueden reducir la cantidad de UVA que atraviesa la ventana. Usted también puede protegerse aplicándose un protector solar con FPS 15 o más en las partes del cuerpo expuestas al sol y usando ropa protectora.

Elija el mejor seguro de vivienda. Un hogar sin un buen seguro de vivienda es como un castillo sin muralla, sin foso y sin puente levadizo. Estos son algunos consejos para ahorrar dinero en este seguro esencial:

✦ Compare precios. Dedique tiempo y encontrará una buena oferta. Pregunte a sus amigos, consulte las guías del consumidor, llame a agentes de seguros o compare precios y servicios en línea. La Asociación Nacional de Comisionados de Seguros ofrece información útil en español en *www.insureuonline.org/espanol.* Reduzca sus opciones a tres y obtenga cotizaciones.

✦ Tome en cuenta las quejas, no sólo los precios. Verifique el historial de quejas de cada compañía. Una prima baja no le sirve de mucho, si usted va a tener que pelearse por cada reclamo.

✦ Sea leal. Si ha mantenido su cobertura con la misma compañía durante muchos años, usted podría recibir un descuento especial por ser titular de una póliza por largo tiempo. Usted podría ahorrar hasta 10 por ciento en la prima.

+ Pregunte por los otros descuentos. Usted podría pagar una prima más baja si su casa tiene dispositivos de seguridad, como cerraduras con pestillo, detectores de humo, sistema de alarma contra robos, contraventanas para tormentas o techos con materiales retardantes de fuego. Y si es mayor de 55 años y está jubilado, usted también podría tener derecho a un descuento.

Aumente el deducible para mejorar su cobertura.

Los reclamos menores pueden provocar los mayores dolores de cabeza y hasta ser dado de baja por su compañía aseguradora. La experta Kimberly Lankford explica cómo sacar el máximo provecho del seguro para propietario de vivienda. Su consejo: "Si usted teme ser dado de baja por presentar demasiados reclamos menores, no pague por la cobertura que no va a utilizar". Con sólo incrementar el deducible de $250 a $1,000, usted puede reducir la prima hasta en 25 por ciento. Con el dinero que se ahorra en la prima usted puede adquirir $50,000 adicionales en cobertura total. Es una manera muy sencilla de ahorrar dinero y, al mismo tiempo, mejorar la cobertura.

Proteja sus bienes con un seguro para inquilinos

Un departamento típico de dos dormitorios contiene más de $20,000 en efectos personales. Sin embargo, un estudio reciente encontró que dos tercios de los estadounidenses que alquilan una vivienda no cuentan con un seguro de inquilino. Una lástima ya que este seguro cubre no solamente la pérdida de sus pertenencias, sino también la responsabilidad civil en caso de lesiones o daños. Usted puede obtener una póliza que ofrezca $20,000 en cobertura de propiedad y $500,000 en cobertura de responsabilidad civil, por tan sólo unos $20.

Gaste menos en un seguro de vivienda. Reste el valor del terreno bajo su vivienda a la hora de decidir cuánto seguro de vivienda adquirir. De lo contrario, pagará más de lo necesario. Después de un desastre, tendrá que reconstruir su casa, pero el terreno seguirá ahí.

Líbrese de los malos seguros contra inundaciones

Cuando vaya a adquirir un seguro contra inundaciones, llame al departamento de seguros de su Estado para saber qué compañías en su área han hecho recortes en su cobertura o han elevado considerablemente sus tarifas en los últimos años y no tome seguros con ellas. Con las demás compañías es mucho más probable que usted logre obtener tarifas razonables y una cobertura fiable.

Consejos para ubicar una póliza perdida. Si un familiar fallece y usted cree que es el beneficiario de su póliza de seguro de vida, pero no la encuentra, siga estas recomendaciones del Consejo de Aseguradoras de Vida de Estados Unidos:

✦ Revise los papeles y las libretas de direcciones de su pariente y busque las pólizas de seguro o los nombres de las compañías o de los agentes de seguros.

✦ Busque en los papeles del banco y entre los cheques pagados, aquéllos que hayan sido hechos a compañías de seguros.

✦ Revise la correspondencia de un año. Las facturas por las primas y las notificaciones del estado de la póliza se envían generalmente una vez al año.

✦ Examine las declaraciones de impuestos de los dos últimos años. Vea si incluyen ingresos por intereses de pólizas o gastos hechos a alguna compañía de seguros de vida.

✦ Comuníquese con quienes puedan tener conocimiento de las finanzas de su pariente, como el abogado, el banquero o el contador.

✦ Póngase en contacto con los antiguos empleadores, quienes tal vez puedan saber de una póliza de seguro de vida grupal.

✦ Pruebe en la oficina de propiedad no reclamada de su Estado. Las aseguradoras que no logran ubicar al legítimo beneficiario entregan el dinero al Estado después de unos años.

✦ Llame a todas las agencias de seguros con licencia para operar en su Estado y compruebe si su pariente tenía una póliza con ellos.

✦ Póngase en contacto con la Oficina de Información Médica, que ofrece un servicio para localizar pólizas por un cargo de $75.

Información privilegiada sobre el seguro de vida variable.

Usted podría perderlo todo con un seguro de vida variable. Con este tipo de seguro, la parte de la prima que no paga por el seguro es invertida en cuentas parecidas a los fondos mutuos. Cuanto más alta sea la prima, más alta será la cantidad de dinero invertido. Eso puede potenciar su cuenta cuando la bolsa va bien, pero, si su cuenta pierde demasiado dinero, usted podría tener que aumentar las primas tan sólo para evitar que la póliza caduque.

Las mejores maneras de presentar reclamos.

United Policyholders es una organización sin fines de lucro dedicada a educar al público sobre temas de seguros y sobre los derechos del consumidor.

Para enterarse de las mejores maneras de presentar un reclamo por daños a la propiedad, ya sea por incendio, inundación, temblores, moho y más, vaya a *www.unitedpolicyholders.org* y haga clic en *"Claim Tips"* (en inglés). También encontrará consejos sobre los seguros de auto, de salud, de cuidados a largo plazo y de discapacidad, entre otros.

Tres consejos para los reclamos de seguro.

Las aseguradoras no querrán pagarle. Buscarán cualquier razón para denegar su reclamo o pagarle menos. Estos pasos le ayudarán a recibir el dinero que usted merece:

✦ No acepte sin más el cálculo de daños hecho por la aseguradora. Si su casa ha sufrido daños, obtenga estimados de tres contratistas locales calificados y pida que le detallen exactamente qué reparaciones son necesarias y cuánto costaría cada una. Si el estimado de la aseguradora es mucho más bajo, usted tendrá pruebas sólidas para argumentar un pago mayor.

✦ Mantenga la calma. No conseguirá nada si pierde los papeles o grita al representante de seguros. De hecho, puede ser negativo para su caso. Obtenga el nombre y número de extensión de quien le está ayudando con su reclamo y trate de trabajar con esa persona.

✦ Sea persistente. Si su reclamo es denegado o si le rechazan una solicitud por un pago mayor, apele. Muy pocos asegurados impugnan estas decisiones, pero los que sí lo hacen tienen éxito casi la mitad de las veces.

Póngase en contacto con los niveles superiores para acelerar su pedido. ¿Siente que el perito de seguros está paralizando o demorando su reclamo? Escriba una carta al gerente de reclamos que supervisa al perito de seguros y solicite que acelere el trámite. Si eso no funciona, póngase en contacto con el gerente de reclamos a nivel regional y, de ser necesario, con el ejecutivo a cargo del departamento de reclamos. Usted verá resultados.

Una buena idea para los dueños de mascotas. Usted ama a su mascota, pero no tiene por qué gastar un dineral en asegurarla. *Consumer Reports* no recomienda adquirir un seguro de animales domésticos, especialmente cuando se trata de perros o gatos jóvenes y saludables. Basta con tener en cuenta las visitas al veterinario a la hora de elaborar su presupuesto. Pero si usted tiene un perro y es probable que éste necesite tratamientos veterinarios, sobre todo si ya es viejo, adquiera una póliza de accidente y enfermedad que cueste menos de $450. Si usted no encuentra una póliza a ese precio, aparte algo de dinero para cubrir los gastos de veterinario y manténgalo en una cuenta con intereses.

Proteja el futuro de su familia

Evite los errores comunes en la planificación patrimonial. Para asegurar el futuro de su familia, aléjese de las arenas movedizas y constrúyalo sobre las rocas sólidas de una buena planificación. He aquí cómo:

✦ Mire hacia adelante. "Primero piense en su objetivo", dice Edwin M. Saginar, abogado patrimonial de Alpharetta, Georgia. "Luego piense a qué edad desearía jubilarse, qué le gustaría hacer cuando se jubile y sea realista con los ingresos que será capaz de obtener. Puede que parezca que está empezando desde atrás, pero saber cuál es su objetivo final le permite ver lo que tiene que hacer para alcanzarlo".

✦ No deje una gran suma de dinero a una persona joven. "En vez de guardar el dinero para el futuro, comprarán un coche nuevo o lo malgastarán", dice Saginar. En su lugar, ponga el dinero en un fideicomiso testamentario y deje que el beneficiario reciba las utilidades cada mes o cada trimestre. Saginar aconseja dejar que el beneficiario joven obtenga la mitad del capital al cumplir los 25 años y la otra mitad a los 30 años de edad.

✦ Es mejor no nombrar a un niño como el copropietario de grandes activos. Puede parecer una buena idea, ya que los activos pasarían directamente al niño cuando usted fallece, sin tener que pasar por el proceso de sucesión testamentaria. Sin embargo, los demás niños o beneficiarios quedarán excluidos de los activos. Es preferible nombrar al niño copropietario solamente de una pequeña cuenta.

Tres razones para actualizar un testamento. La vida está llena de sorpresas y su testamento siempre debe estar al día. Vale la pena actualizar su testamento cuando ocurre una de estas situaciones:

✦ Cuando hay un cambio importante en su familia, como un matrimonio, un divorcio o el nacimiento de un nieto.

✦ Si un banco es el albacea de sus bienes sucesorios y el banco ha sido comprado. Averigüe qué entidad es su nuevo albacea y asegúrese de que es confiable. También confirme si los cargos o comisiones para el trámite testamentario han variado.

✦ Si cambia la ley federal de exención tributaria para bienes sucesorios, como ha venido sucediendo cada pocos años. Una exención más alta significa que usted puede dejar más dinero a sus herederos sin tener que pagar impuestos.

Mantenga el control de su patrimonio con un albacea

Un testamento asegura que sus bienes vayan a las personas que usted quiere que vayan después de su muerte. Sin un testamento y un albacea o ejecutor designado, la corte asignará un administrador para distribuir sus bienes. El pago de una fianza administrativa para garantizar que el administrador cumpla con sus obligaciones saldrá de su patrimonio. Eso asciende a unos $100 anuales por cada $100,000 de patrimonio, lo que significa menos dinero para sus herederos.

Ahorre dinero en un testamento hecho por usted.

Usted puede gastar alrededor de $40 en un programa básico para crear su propio testamento, o bien puede pagar hasta $250 o más a un abogado. ¿Cómo saber lo que necesita? Si usted tiene menos de 50 años, goza de buena salud y espera no deber impuestos sobre el patrimonio al morir, usted sólo necesita un testamento sencillo. Pero valdría la pena contratar a un abogado si:

✦ Usted o su cónyuge anticipan que deberán impuestos sobre el patrimonio al momento de morir.

✦ Su familia es compleja: usted tiene un hijo con discapacidad, hijos adoptivos o hijos de un matrimonio anterior.

✦ Usted tiene un negocio, intereses en una asociación o bienes raíces en más de un Estado.

✦ Usted desea dejar dinero a varios beneficiarios y a varias organizaciones benéficas.

✦ Usted anticipa que alguien podría impugnar el testamento, con el argumento de fraude o incompetencia mental.

Evite los errores comunes de un albacea. Si un ser querido fallece y usted es el albacea de sus bienes, no se deje gobernar por las emociones. Eso le podría costar dinero. Evite estos errores comunes:

✦ No se crea el fideicomisario o la persona que debe velar por los bienes en el largo plazo. "La función de un albacea es básicamente cobrar lo que se le debe al patrimonio y luego repartir la herencia, unas vez liquidadas todas las facturas", dice Edwin M. Saginar, abogado patrimonial de Alpharetta, Georgia.

✦ No mezcle su propio dinero con el dinero del patrimonio. Abra una cuenta bancaria separada para el patrimonio y utilícela para pagar los gastos correspondientes.

✦ No olvide pagarse a sí mismo. Los albaceas tienen derecho a cerca del 2.5 por ciento del dinero recolectado y distribuido, dependiendo del Estado.

✦ No se apresure a contratar a un abogado. Es posible ejecutar el testamento sin la ayuda de uno. Averigüe si la corte testamentaria cuenta con materiales de orientación para albaceas.

Divida las pertenencias y mantenga la paz. Es triste perder un padre o un abuelo; no haga que el dolor sea mayor peleándose por la herencia. Si el difunto no dejó instrucciones claras sobre cómo repartir el patrimonio, siga estos consejos para vivir en armonía:

✦ Planifique antes de dividir y asegúrese de que todos estén de acuerdo. Por ejemplo, cada uno puede elegir un objeto de valor similar en rondas sucesivas. Decidan el orden en que harán las elecciones de la primera ronda y cámbienlo en cada una de ellas.

✦ Seleccione sus favoritos. Haga que cada persona escriba las pertenencias que más atesora. Es posible que no todos quieran las mismas cosas, por lo que no habrá discusiones.

✦ Sea justo. No tome nada a escondidas, aun si cree que le pertenece legítimamente.

Dé a conocer su testamento vital

Un documento de directivas médicas o voluntades anticipadas le hace saber a sus familiares qué medidas deben adoptar en caso de respiración asistida y otros tipos de cuidados o tratamientos extremos. Coloque copias de este documento en varios lugares, como la billetera o la caja de seguridad. Mejor aún, dele una copia a su médico de cabecera para que la incluya en su expediente médico.

Evite un juicio sucesorio, aun sin un testamento.

Evíteles a sus herederos las molestias, la pérdida de tiempo y el gasto de hacer que un juez declare válido el testamento. El juicio sucesorio, en el que se decide cómo se repartirá la herencia, puede durar nueve meses o más. Una opción más rápida es poner sus activos en un fideicomiso en vida.

"Un fideicomiso en vida no sólo evita el juicio sucesorio a la muerte de una persona, también evita la validación del testamento si esa persona fuese declarada incompetente en vida", dice el abogado Alexander Bove. "Así mantiene la confidencialidad y una transición ordenada de sus bienes".

Pero hay algunos inconvenientes. La confidencialidad también significa que el administrador fiduciario, es decir, la persona encargada de repartir los bienes, puede actuar fuera de la mirada vigilante de una corte. Los demás sobrevivientes podrían preguntarse si el proceso es justo y si está en regla. Además, el costo de implementación está entre $750 y $2,000.

Planificación del patrimonio en una familia reconstituida

Un fideicomiso de propiedad de interés terminable calificado o QTIP (en inglés) protege tanto al cónyuge actual como a los hijos de matrimonios anteriores. La persona decide qué cantidad de sus bienes debe ir a un fideicomiso QTIP después de su muerte. Estos activos le darán al cónyuge sobreviviente un ingreso de por vida y, al fallecer, el capital pasará a los hijos.

Evite que la mitad de sus bienes caiga en manos del gobierno. Usted necesitará un fideicomiso AB simple, también conocido como fideicomiso de desvío *(bypass trust)* o fideicomiso con refugio tributario *(credit shelter trust),* que permite a un matrimonio evitar parte de los impuestos sucesorios. Funciona así: ambos cónyuges colocan sus propiedades en un fideicomiso AB. Cuando uno de ellos, digamos el esposo, fallece, su mitad de la propiedad pasa a los beneficiarios nombrados en el fideicomiso, a menudo los hijos ya mayores. La condición es que la esposa pueda usufructuar esa propiedad de por vida, incluidos los ingresos que genere. Cuando ella muere, esa parte de la propiedad va directamente a los hijos exenta de impuestos. Eso significa que el patrimonio imponible de la esposa es la mitad de lo que hubiera sido de haber heredado directamente de su esposo.

No deje que un funeral lo lleve a la ruina. Si usted es un consumidor cauteloso cuando compra otros servicios, tenga igual cuidado en este caso:

✦ Planifique con anticipación y déjelo por escrito. De ese modo sus seres queridos no tendrán que pagar por servicios fúnebres costosos que a usted no le interesa tener.

✦ Compare precios. El Reglamento de Funerales es una ley federal que obliga a las funerarias a entregarle una lista por escrito con todas las opciones, incluidos los precios. De ese modo, usted no se verá presionado a comprar los productos más caros.

✦ Obtenga ayuda de una sociedad conmemorativa o de un grupo como la Alianza de Consumidores Funerarios. Ellos pueden darle información sobre las opciones más económicas en su área.

Los cuatro mayores mitos funerarios. Estos son algunos consejos para evitar que las funerarias le saquen hasta el último centavo:

Mito: Embalsamar al difunto es un requisito legal.

Realidad: El embalsamamiento no es un requisito legal ni es necesario si el cuerpo va a ser enterrado o incinerado poco después de la muerte. Usted puede omitir este paso y ahorrar cientos de dólares. Sin embargo, algunas funerarias lo requieren antes de los velatorios o de las visitas.

Mito: Algunos ataúdes costosos pueden proteger el cuerpo.

Realidad: "Nada de lo que usted compre, un ataúd o una cripta, puede preservar los restos mortales por un período indefinido de tiempo", dice Josh Slocum, de la Alianza de Consumidores Funerarios, una organización sin fines de lucro.

Mito: Un funeral promedio cuesta alrededor de $6,000.

Realidad: Ése es el costo de un funeral "tradicional" o "de servicio completo", que incluye el ataúd y la cripta. Slocum dice que ese precio incluye gastos innecesarios. "Cada vez menos personas optan por este tipo de funeral", dice.

Mito: El pago adelantado de un funeral es un alivio para sus seres queridos.

Realidad: Sus familiares aún llorarán su muerte. Y muchos de los planes prepago son estafas, con poca regulación estatal sobre el destino de su dinero y la manera cómo usted puede hacer cambios al plan.

Disfrute la vida de jubilado

Qué hacer para que su dinero le dure toda la vida.
De centavo en centavo, usted ha estado ahorrando durante años para disfrutar de su jubilación. Ahora debe evitar gastar más de la cuenta. Los hermanos Jonathan y David Murray, expertos en finanzas, ofrecen las siguientes ideas para reducir los gastos sin dejar de vivir cómodamente:

✦ Cancele su seguro de vida si no está trabajando.

✦ Múdese a una casa más barata, de ser posible en una ciudad menos cara, y conduzca un coche más económico.

✦ Considere la posibilidad de anualidades o de una hipoteca revertida para un ingreso garantizado. Para mayor información sobre las hipotecas revertidas, vea la página 319.

Salga adelante. Usted no tiene que ser una persona adinerada para llegar a disfrutar de una vejez cómoda. Ése es el mensaje de *The Five Lessons a Millionaire Taught Me about Life and Wealth* (Las cinco lecciones que un millonario me enseñó sobre la vida y la riqueza), libro de Richard Paul Evans donde se enumeran una serie de pequeños cambios que pueden tener un gran efecto en el proceso de acumulación de riqueza, tales como asumir la responsabilidad por su dinero y vivir dentro de su presupuesto. Éstos son los consejos de Evans para hacer crecer sus ahorros más rápidamente:

✦ Ahorre por lo menos el 10 por ciento de su salario y entre el 90 y el 100 por ciento de cualquier ingreso adicional.

✦ Si usted obtiene un aumento de sueldo, deposite el dinero en una cuenta de ahorros.

✦ Adopte un plan de retiros automáticos, para no tener que pensar en ahorrar.

✦ Después de terminar de saldar una deuda, deposite el dinero adicional directamente en una cuenta de ahorros.

Calcule su patrimonio neto

Esta simple hoja de trabajo le permite conocer su situación financiera con vistas a su jubilación.

Activos

Dinero en efectivo y cuentas de ahorros	+
Acciones y bonos	+
Planes de jubilación (IRA, 401(k), otros)	+
Vivienda, valor de mercado	+
Vehículos, valor de mercado	+
Otros bienes raíces	+
Seguro de vida (valor en efectivo)	+
Propiedad personal	+
Intereses empresariales (sociedades)	+
Otros	+
TOTAL DE ACTIVOS	=

Pasivos

Hipoteca (sólo el capital)	+
Préstamo de auto	+
Tarjetas de crédito	+
Préstamo para mejoras en el hogar	+
Impuestos adeudados	+
Otros préstamos	+
TOTAL DE PASIVOS	=
Total de activos – Total de pasivos = Patrimonio neto	

Cuatro pasos a dar al cumplir los 59 años y medio.

Llegar a los 59 años y medio de edad es un acontecimiento importante en el camino hacia la jubilación. Usted ya tiene la edad suficiente para gastar el dinero que estuvo ahorrando para su retiro, pero es todavía lo suficientemente joven para no tocar ese dinero. Asegúrese de estar financieramente listo para el resto de su vida dando estos pasos:

✦ Llame a sus antiguos empleadores y pregúnteles si va a recibir beneficios de jubilación. Ellos necesitarán su nueva información de contacto y los nombres de sus beneficiarios.

✦ Pida a su actual empleador que le ayude a calcular la pensión, el valor de las acciones de la compañía o el seguro que usted obtendrá cuando se jubile.

✦ Compruebe cuál es su situación con la Administración del Seguro Social. Los beneficios se basan en los 35 años más altos de salario. Si usted trabajó menos de 35 años, tal vez deba seguir en la brega.

✦ Con la ayuda de un asesor financiero determine cuánto dinero necesitará para una jubilación cómoda. Eso significa calcular cuánto recibirá usted de pensiones y otras fuentes, así cómo lo que tendrá que pagar en impuestos. Usted puede empezar con una herramienta como la calculadora de jubilación de *www.bankrate.com*.

Factores clave para la jubilación.

La mayoría de los expertos dicen que se necesita entre 70 y 100 por ciento del salario actual después de jubilarse. La cifra exacta depende de varios factores, entre ellos:

✦ La inflación, que puede oscilar entre 3 y 14 por ciento.

✦ Los costos de atención médica. La mayoría de los jubilados no están asegurados por sus antiguos empleadores y el cuidado a largo plazo puede ser costoso, en caso de llegar a necesitarlo.

✦ Los impuestos. Usted probablemente estará en una categoría impositiva más baja, dependiendo del tipo de inversiones que posea.

✦ Los gastos. Si puede reducir los costos de la vida diaria, usted estará en buen camino.

✦ La longevidad. Por supuesto, planificar para 10 años de vida de jubilado es totalmente distinto a planificar para 30 años. Algunos expertos dicen que usted debe hacer planes financieros como si fuera a vivir hasta los 95 años de edad.

Controle su dinero y calme sus temores

Las preocupaciones monetarias que no lo dejan dormir por las noches pueden afectar no sólo su apariencia y belleza al despertar. El estrés crónico también puede elevar la presión arterial, aumentar el riesgo de sufrir enfermedades del corazón y debilitar el sistema inmunitario. A más control, menos preocupaciones. Usted puede controlar cuánta deuda asumir, cuánto ahorrar y decidir si debe ajustarse a su presupuesto o no. Su cuerpo y su bolsillo se lo agradecerán.

Tres errores garrafales al planear su retiro. Mantenga el curso hacia una buena jubilación evitando estos errores comunes:

✦ Pensar que el Seguro Social, Medicare y Medicaid cubrirán sus necesidades financieras y médicas. "Muchas personas asumen que podrán trabajar para siempre", dice Cheri Meyer, directora del programa del Consejo Estadounidense de Educación para el Ahorro (ASEC, en inglés). "Lo cierto es que muchos se jubilan antes de lo previsto debido a circunstancias negativas, como reducciones de personal o problemas médicos". Quedarse sin trabajo antes de ser plenamente elegible para el Seguro Social o Medicare podría hacer peligrar su jubilación. Algunos expertos advierten a las personas menores de 50 años no depositar sus esperanzas en el ingreso del Seguro Social.

✦ Ahorrar sin un plan. Usted no puede saber si está en camino hacia lograr el tipo de retiro que tiene en mente si no calcula antes cuánto dinero va a necesitar. Para obtener un estimado, Meyer aconseja utilizar una herramienta, como la calculadora de ASPEC, disponible en línea en *www.choosetosave.org*.

159

✦ Dejar que las deudas se apoderen de usted. Mantener saldos altos en las tarjetas de crédito con altos intereses significa pagar intereses cada mes. Pero eso no es todo. Meyer advierte: "Las deudas también afectan la calificación de crédito y puede hacer que sea difícil obtener un buen trabajo o comprar una vivienda".

Buenas inversiones sin pagar impuestos. Puede que sea el momento de invertir en una cuenta de retiro individual (IRA, en inglés) tipo Roth. Usted puede aportar casi la misma cantidad que para una IRA tradicional; pero a diferencia de la IRA tradicional, las ganancias de la IRA Roth son libres de impuestos, debido a que ese dinero ya fue gravado como ingreso. Si usted aún está en una categoría impositiva bastante alta después de jubilarse, eso podría ser de gran ayuda. Además, usted puede retirar el dinero cuando lo desee en lugar de empezar a hacerlo a los 70 años y medio, como ocurre con otras cuentas de jubilación. Otro beneficio de la cuenta IRA Roth es que usted podrá seguir aportando a cualquier edad mientras trabaje, incluso si es a tiempo parcial. ¿Aún busca una empresa que ofrezca un plan 401(k)? Mire otra opción, la Roth 401(k) que ofrece muchas de las ventajas de una cuenta Roth IRA.

Rescate sus beneficios del fisco

Usted no tiene que pagar el impuesto federal sobre las prestaciones por jubilación del Seguro Social, si su ingreso total es menor que la cantidad base ($25,000 si es soltero y $32,000 si es casado y presenta declaraciones conjuntas, para el año 2011). Pero si su ingreso es mayor, usted le deberá al Tío Sam. Simplifique su vida y pida que le retengan los impuestos sobre sus cheques de prestaciones del Seguro Social el próximo año. Usted tendrá que presentar el formulario W–4V, que es una solicitud de retención voluntaria (*Voluntary Withholding Request,* en inglés).

Proteja su jubilación de los errores del 401(k). Ray Dunlap, planificador financiero certificado y presidente de Dunlap

Wealth Strategies, de Peachtree City, Georgia, advierte que estos errores comunes podrían hacer peligrar su jubilación:

+ No aportar lo suficiente para obtener los fondos de igualación de su compañía para el 401(k). "Se trata de dinero gratis", dice Dunlap.

+ Dejar dinero en el plan 401(k) después de jubilarse. Si usted no transfiere el dinero a una cuenta de retiro individual (IRA, en inglés), usted no podrá aprovechar las distintas opciones de inversión disponibles a través de una IRA. Además, sus herederos no tendrán la ventaja tributaria de una "IRA extendida", que permite repartir el pago de impuestos a lo largo de varias décadas.

+ Esperar recibir un buen asesoramiento financiero por parte de los administradores del plan 401(k) de su compañía. Ellos le pueden explicar sus opciones, pero tiene prohibición legal de ofrecer consejos sobre cómo repartir su dinero de inversión.

+ Elegir una inversión únicamente con base en las comisiones. "Antes se debe examinar el rendimiento neto de la inversión", dice Dunlop, es decir, cuánto crece el fondo incluidas las comisiones.

Dunlap aconseja buscar asesoramiento financiero cuando llegue el momento de retirar el dinero de un plan 401(k) de una compañía. "Ésta es una de las grandes decisiones de la vida", dice.

Qué hacer antes de retirar dinero de un plan 401(k).

Cuando llegue el momento de retirar el dinero de su plan 401(k), hágalo con cuidado. "Un pago único del 401(k) está bien si lo transfiere a una cuenta IRA", dice Dunlap. "Usted no sufrirá consecuencias impositivas y el dinero continuará acumulándose con diferimiento de impuestos. Pero le saldrá caro, si decide cerrar la cuenta y retirar el efectivo mediante un cheque pagadero a usted mismo".

Si opta por convertirla en efectivo, para empezar tendrá que pagar por lo menos el 20 por ciento en impuestos. En su lugar, abra una cuenta IRA (lo puede hacer incluso sin dinero), obtenga el número de la cuenta y tenga la información a mano para cuando necesite hacer la transferencia de fondos o *rollover* entre estos planes de jubilación.

Una buena razón para seguir trabajando

No se angustie si no dispone de suficiente dinero para una jubilación anticipada. Mantener su empleo puede ser lo mejor para su salud. En un estudio sobre los jubilados de la Shell Oil Company se encontró que aquéllos que dejaron de trabajar a los 55 años de edad tenían más probabilidades de morir dentro de los 10 años después de haber dejado de trabajar que los que continuaron laborando hasta cumplir los 60 ó 65 años. Y no estará solo. Según una encuesta reciente el 24 por ciento de los adultos mayores continúan trabajando después de su retiro oficial.

Abastézcase para ganarle a la inflación. Los jubilados a menudo creen que deben deshacerse de sus acciones y otras inversiones de alto riesgo para adquirir opciones más seguras, como los bonos. Pero irse por lo seguro puede que no sea la mejor opción. Pregunte a su asesor financiero sobre la posibilidad de colocar un cuarto de su cartera en acciones, para evitar que la inflación acabe con sus ahorros. Ya que las acciones y los bonos se mueven a menudo en direcciones opuestas (cuando sube el valor de uno, baja el valor del otro), poseer ambos le ofrece una red de seguridad contra los tiempos más difíciles.

Haga que sus ahorros crezcan algo más. Dos grandes del mundo de las inversiones han descubierto cómo hacer que sus ahorros aumenten mientras usted sigue retirando fondos periódicamente. Fidelity tiene los llamados Fondos de Sustitución de Ingresos (*Income Replacement Funds,* en inglés): usted recibe pagos mensuales que, con el tiempo, van liquidando su inversión en forma gradual. Eso significa un gran cambio con respecto a los fondos mutuos tradicionales, que crecen hasta una determinada fecha de madurez. De manera similar, Vanguard tiene los Fondos de Pago Administrado (*Managed Payout Funds,* en inglés), que permiten que usted reciba pagos mensuales sin tocar el capital.

Las anualidades ofrecen tranquilidad a un precio. Una manera segura de financiar su jubilación son las anualidades. Se trata

162

de una inversión en la que usted hace un pago inicial considerable a una compañía de seguros a cambio de un ingreso mensual. En particular, la anualidad con pagos periódicos de por vida le garantiza a usted un cheque mensual, sin importar los cambios en el mercado de valores. Y algunas empresas han empezado a ofrecerlas dentro de sus planes 401(k).

Pero las anualidades tienen sus inconvenientes; pueden ser complicadas y caras. Los cargos que usted probablemente pagará pueden llegar a ser dos y hasta tres veces de lo que pagaría por un fondo mutuo. Y cuando empiece a recibir el dinero de la anualidad, usted tendrá que pagar impuestos según la tasa impositiva sobre los ingresos, en lugar de pagarlos según la tasa más baja sobre las ganancias de capital que, a menudo, se aplica a los fondos mutuos. Peor aún, si usted muere antes de lo previsto, sus herederos no recibirán ni un centavo de los ingresos vitalicios de la anualidad.

Obtenga la pensión que usted se merece. Oriéntese a través del laberinto de los planes de pensiones con estas guías:

✦ Usted puede ser elegible para una anualidad u otros fondos a través de la Corporación de Garantía de los Ingresos de Jubilación (PBGC, en inglés), la agencia federal que garantiza los beneficios en caso de una terminación por dificultades financieras de la empresa, entre otras razones. Busque su nombre o a su antiguo empleador en la base de datos de las pensiones perdidas, de la PBGC, en *www.pbgc.gov/about/espanol.html* o llame al 800-400-7242.

✦ Una organización fundada con la ayuda del defensor del consumidor Ralph Nader quiere que usted obtenga la pensión que se merece. El Centro de Derechos para los Pensionistas ofrece asesoramiento en inglés en *www.pensionrights.org,* o llamando al 202-296-3776.

✦ Los veteranos estadounidenses o sus sobrevivientes pueden obtener ayuda en el sitio web del Departamento para Asuntos de Veteranos (VA) en *www.vba.va.gov/vba/espanol/factsheets/.*

No llegue a la jubilación sin un plan. Hay muchas herramientas y calculadoras en línea que le pueden ayudar a sacar el máximo provecho de sus ahorros para sus años de retiro. Pruebe estas tres:

✦ Responda a las preguntas en *www.livingto100.com* (en inglés) para predecir su esperanza de vida. Saber para cuántos años tiene que planificar puede ayudarle a distribuir mejor sus ahorros.

✦ Obtenga un estimado de sus beneficios de Seguro Social en *www.ssa.gov/OACT/quickcalc/.*

✦ Averigüe la probable duración de sus ahorros. Solo tiene que introducir siete datos en la calculadora de ingresos para la jubilación de T. Rowe Price, en *www3.troweprice.com/ric/RIC/* (en inglés).

¿Trabaja por cuenta propia? No deje de ahorrar para su jubilación. Los trabajadores independientes pueden fijar su propio horario y tomar sus propias decisiones, pero no pueden ahorrar en un plan 401(k) de una empresa.

Los médicos y los abogados que quieren ahorrar dinero para el futuro, por ejemplo, suelen adoptar el plan Keogh. Usted puede aportar hasta el 25 por ciento de sus ingresos por trabajo con un máximo anual actual de $45,000. Eso es mucho más de lo que usted puede ahorrar en una cuenta individual de retiro (IRA).

Razones para posponer el uso del Seguro Social. Ya a los 62 años se puede disfrutar de los beneficios del Seguro Social. Pero cuidado: empezar demasiado pronto no siempre es lo más aconsejable. A la larga es mejor si usted espera hasta cumplir la edad plena de jubilación o, incluso, hasta cumplir 70 años. He aquí cuatro razones para esperar:

✦ Usted desea obtener el mayor cheque mensual posible porque no ha ahorrado lo suficiente.

✦ Usted sigue trabajando y no quiere pagar impuestos sobre las prestaciones del Seguro Social o pagar una penalidad sobre ingresos.

✦ Su cónyuge es mucho más joven que usted y podría necesitar beneficios mayores por mucho más tiempo, y posponer el retiro de fondos del Seguro Social hasta la edad de 70 años incrementará sus beneficios mensuales.

✦ Usted pertenece a una familia de longevos. Si aspira gozar de salud hasta los 90 años, sería prudente esperar hasta que pueda recibir los mayores beneficios.

Defiéndase contra los errores del Seguro Social.

Todos cometemos errores, hasta el Tío Sam. Si usted recibe un pago del Seguro Social que es más alto de lo acordado, tendrá que devolverlo. Sin embargo, se hacen excepciones. Si usted no es responsable del error y la devolución del dinero lo pondría en una situación de dificultad financiera, es posible que usted pueda quedarse con él. Comuníquese con la Administración del Seguro Social en *www.ssa.gov* o llame al 800-772-1213.

Qué hacer si se queda sin trabajo

Verse forzado a aceptar una jubilación anticipada por reducción de personal u otros factores, puede ser algo bueno. El autor Harvey Mackay ha escrito sobre muchas personalidades que fueron obligadas al retiro y que a partir de ese momento lograron aún mayores éxitos. Cita como ejemplos al poeta Walt Whitman, a la artista Shirley Temple Black y al entrenador de fútbol americano Lou Holtz.

He aquí algunos consejos que el propio Lou Holtz siguió cuando fue despedido como entrenador principal de la Universidad de Arkansas, y que le ayudaron a alcanzar mayor fama y éxito de los que ya gozaba:

◆ Sea honesto sobre las razones por las cuales su situación ha cambiado. No se abandone a la autocompasión.

◆ No se exprese con amargura. Es posible que necesite la ayuda de sus compañeros de trabajo más tarde.

◆ Mire el lado positivo. Perder el trabajo puede ser una oportunidad para renovarse y salir de la rutina laboral o dejar atrás una situación sin salida.

Proteja su futuro y verifique su Declaración del Seguro Social. La Administración del Seguro Social le envía cada año, unos meses antes de su cumpleaños, una Declaración del Seguro Social. Revísela y asegúrese de que su información personal sea la correcta y que todos sus ingresos hayan sido consignados. De ese modo, usted no tendrá sorpresas desagradables al momento de solicitar los beneficios de jubilación.

Para solicitar esta declaración, llene el formulario SSA-7004-SM *(Request for Social Security Statement),* disponible en línea en *www.pueblo.gsa.gov.* Usted recibirá una nueva declaración en cuatro o seis semanas.

Cuídese de las estafas del Seguro Social. Una de estas estafas consiste en que alguien le promete reembolsarle todos los pagos de impuestos del Seguro Social que usted hizo mientras trabajaba, por una módica comisión de alrededor de $100, más un porcentaje del reembolso. No se deje engañar. Estos pagos no son reembolsables.

Disfrute de la vida cuando deje de trabajar. Usted puede haber resuelto el problema del dinero para su retiro, pero eso no lo es todo. Los hermanos y autores Jonathan y David Murray aconsejan lo siguiente para gozar plenamente en esta nueva etapa de su vida:

+ Haga amigos fuera del trabajo. Al jubilarse usted necesitará compañeros con quienes compartir sus otros intereses.

+ Tómese el tiempo para sus aficiones. Algunas personas logran transformar un pasatiempo de toda la vida en un trabajo o negocio después de retirarse.

+ Explore su lado espiritual que usted tal vez descuidó durante sus años de trabajo.

+ Sea voluntario en una causa que le apasione. Si sus nietos viven muy lejos para jugar con ellos regularmente, considere la posibilidad de ser entrenador o ser árbitro de baloncesto o de fútbol infantil.

✦ Alquile una oficina si planea abrir un negocio al retirarse. Un espacio dedicado a este fin le ayudará a desarrollar una nueva identidad.

Cuatro maneras de vencer el agotamiento laboral.

No permita que el estrés ocasional en el trabajo se apodere de usted y lo empuje al retiro antes de tiempo. Evite el agotamiento laboral volviendo a conectarse con el sentido de su trabajo y la alegría que le inspira. Pruebe las siguientes tácticas mentales transformadoras que propone el autor Pat McHenry Sullivan:

✦ Plantéese preguntas que pueda responder, tales como: "¿Qué puedo aprender de esto?" o "¿Cómo puedo servir aquí?". Escuche sus propias respuestas y descubra lo que es importante para usted en lo que está haciendo.

✦ Anímese. Tome un problema laboral que le molesta y encuéntrele un ángulo gracioso. Procure enfrentar con humor los obstáculos en el trabajo. Puede que así desarrolle una actitud más creativa y divertida hacia lo que hace.

✦ Imagine que lleva su coche para una limpieza y un chequeo de rutina. Imagine su cerebro lleno de cosas averiadas y amontonadas. Y luego imagine un equipo de trabajadores volviendo a conectar los cables sueltos, poniendo orden y haciendo una limpieza general en todo su cerebro. Después de esta renovación mental, prepárese para seguir adelante.

✦ Cierre los ojos. Imagine a una persona sabia que tiene todas las respuestas que usted necesita. Visualice que sale a caminar y que se encuentra con esa persona. Hágale todas las preguntas para las cuales usted no tiene aún respuesta. A continuación, escuche las respuestas.

Currículum nuevo para una profesión nueva. Si usted
piensa reingresar al mundo laboral y cambiar de profesión después de haber estado algún tiempo sin trabajo o jubilado, es probable que necesite una nueva hoja de vida o currículum.

Estos son los consejos a seguir según la autora y orientadora profesional Wendy S. Enelow:

✦ Incluya los aspectos más destacados de su historia laboral y deje los detalles para la entrevista personal.

✦ Muestre cómo encaja. Si está cambiando de sector laboral, demuestre cómo su experiencia es útil y pertinente para el nuevo puesto.

✦ Utilice las palabras clave adecuadas para el sector elegido. Si su currículum no incluye las palabras y frases específicas que el empleador cree son fundamentales para el puesto, no pasará la primera selección.

✦ Busque la perfección. Errores tipográficos, ortográficos y de gramática son una muestra de descuido.

Haga amigos para superar la depresión

La depresión es común entre los adultos mayores y la soledad puede empeorar el problema. Es más, un estudio reciente descubrió que las personas mayores que están solas tienen más riesgo de desarrollar la enfermedad de Alzheimer.

En vez de sentarse a ver la televisión, trate de conseguir un empleo por horas para conocer a otras personas. O encuentre una manera de compartir sus pasatiempos o juegos favoritos, como jugar a las cartas, con personas de ideas afines.

Tres razones para seguir trabajando. Un trabajo a medio tiempo en un sector que a usted le gusta, podrá hacer más fácil la transición hacia la jubilación, además:

✦ Usted podrá seguir aportando a su cuenta IRA en tanto que tenga una remuneración.

✦ Muchas personas pueden cobrar una pensión de sus empleadores anteriores mientras trabajan.

✦ Mantenerse activo e involucrado ayuda a evitar el aburrimiento y la depresión.

Aproveche los programas de becas para adultos mayores

La fundación AARP tiene dinero disponible para aquellas personas mayores de 40 años que desean volver a estudiar pero que no cuentan con los fondos necesarios. Se da preferencia a las mujeres y a los abuelos que estén apoyando a sus nietos.

Para más información vaya a *www.aarp.org/espanol/*.

Sea voluntario. Manténgase útil sin las obligaciones de un trabajo remunerado y sin perder sus beneficios del Seguro Social. A estas tres organizaciones les encantará contar con su ayuda:

✦ ElderWisdomCircle.org. Funciona así: jóvenes hacen preguntas a través de un sitio web gratuito y alguien, de un equipo de 600 adultos mayores, ofrece las respuestas y el asesoramiento. Y todo sin salir de casa.

✦ Peace Corps (Cuerpo de Paz). Nunca es tarde, pero sí tiene que pasar un examen físico como todos los demás voluntarios. Lillian Carter, madre de un ex Presidente de Estados Unidos, se unió al Cuerpo de Paz a los 60 y tantos años de edad.

✦ Experience Corps. Si tiene más de 55 años, usted puede ofrecerse como voluntario para dar clases de apoyo a estudiantes de las escuelas primarias en 19 ciudades. En muchos casos se necesitan voluntarios que hablen español. Para conocer los detalles vaya a *www.experiencecorps.org*.

Elija una segunda profesión a su medida. Aun si usted tiene que seguir trabajando por razones de seguridad financiera, hágase las siguientes preguntas para elegir el trabajo ideal:

+ ¿El trabajo se ajusta a su personalidad y sus capacidades?

+ ¿Qué es lo que realmente disfruta hacer? ¿Podrían pagarle por hacer eso?

+ ¿Le interesa más el estatus, el dinero o la libertad personal en el trabajo?

+ ¿Puede usted encontrar un puesto donde tenga que trabajar junto a un grupo pequeño de compañeros para así tener un mejor sentido de comunidad?

Mantenga la mente activa con el teleaprendizaje. Ahora que por fin tiene tiempo para estudiar algo, no se siente con ganas de salir de casa. No hay problema. Usted ahora puede embarcarse en la aventura de la educación a distancia usando su computadora.

+ Prepárese para una segunda profesión o incluso obtenga un título universitario. El aprendizaje en línea a través de centros superiores de estudios, como la Universidad de Phoenix *(www.phoenix.edu)* o la Universidad Walden *(www.waldenu.edu)*, lo hacen posible.

+ Si no tiene una profesión en mente, pero siempre ha deseado tomar cursos de física, poesía o historia, usted ahora puede participar en ciertos cursos universitarios de manera gratuita a través del Open Course Ware, de MIT *(ocw.mit.edu)* o de Yale Open Courses *(open.yale.edu)*. (En inglés).

+ Amplíe su pasatiempo o conviértalo en un negocio. Siga aprendiendo sobre jardinería, carpintería o bordado y costura a través de cursos en línea. Si le interesa tejer, por ejemplo, vaya a *www.knittinghelp.com* para ver videos de instrucción gratuita.

Y si usted prefiere el contacto personal, visite el centro comunitario o el centro para el adulto mayor de su área y pida un calendario de clases.

Viaje y aprenda con Elderhostel

Con programas a partir de $500 o menos por una estadía de tres noches, Elderhostel le ofrece una serie de viajes que incluyen conferencias, actividades, comidas y transporte, además de aventuras al aire libre, clases magistrales, cursos de manualidades y hasta cruceros de estudio.

Dee H., veterana de cuatro viajes organizados por Elderhostel, dice que el mayor beneficio es conocer gente y aprender mientras viaja. "Gracias a Elderhostel puedo disfrutar de conferencias y giras a cargo de expertos", dice.

Si no dispone de mucho dinero, puede solicitar una beca Elderhostel por hasta $800. Obtenga más información en *www.elderhostel.org* (en inglés).

Encuentre el lugar de retiro ideal. Según la revista *U.S. News & World Report,* usted debe tener en cuenta lo siguiente al elegir un lugar de retiro:

+ Población por encima de 15,000 habitantes

+ Buenos servicios de atención médica

+ Costo de vida bajo

+ Tasa de criminalidad baja

+ Oportunidades de educación continuada

+ Variedad de actividades culturales y recreativas

Formas de frustrar los fraudes

Proteja su identidad de los ladrones. Lo preocupante del robo de identidad es que puede ocurrirle a cualquiera. Si usted tiene una tarjeta de crédito, una cuenta bancaria, una hipoteca, un préstamo de auto, una tarjeta de débito, una licencia de conducir, un número de Seguro Social, un servicio de teléfono, un seguro médico o un empleo, puede ser una posible víctima. Pagar cuentas y usar la Internet también lo ponen en riesgo.

Estos ladrones de identidad pueden vaciar su cuenta bancaria, obtener préstamos en su nombre o adoptarlo como un alias para cometer otros delitos. En consecuencia, a usted podrían negarle crédito, podría recibir facturas por compras que no hizo, podría ser acosado por agencias de cobro y hasta podría ser arrestado.

En su libro más reciente, *Stealing Your Life,* Frank W. Abagnale, autor del best seller *Atrápame si puedes,* explica en qué consiste este crimen común y ofrece los siguientes consejos para evitar ser víctima de este delito:

+ Revise su informe de crédito periódicamente.

+ No proporcione su número de Seguro Social.

+ Proteja su computadora. Si utiliza una conexión inalámbrica, asegúrese de que esté cifrada.

+ Lleve un registro de los ciclos de facturación. Una factura faltante podría significar que un ladrón de identidad ha cambiado su dirección.

+ Examine sus estados de cuenta detenidamente para asegurarse de que todas las compras sean legítimas.

+ Proteja su correo contra robos. Tenga un apartado en la oficina de correos y ponga las cartas que envía directamente en un buzón.

+ Invierta en una trituradora de papel.

✦ Adopte prácticas seguras para comprar en línea.

✦ Evite los cajeros automáticos de aspecto dudoso, como los cajeros portátiles en las bodegas y en los vestíbulos de hoteles.

✦ Desconfíe de llamadas o correos de negocios solicitándole información personal.

✦ Utilice contraseñas sólidas para sus cuentas.

✦ No pierda de vista su tarjeta de crédito a la hora de pagar sus compras o sus comidas. Asegúrese de que los vendedores y los meseros no tengan la oportunidad de copiar su tarjeta

✦ Opte por los cheques seguros de su banco, y úselos con moderación.

✦ Guarde su tarjeta de Seguro Social, su pasaporte y todos sus documentos financieros y fiscales en un lugar seguro de su casa.

✦ Cancele las tarjetas de crédito que no usa.

✦ Solicite su exclusión de las listas de marketing que se venden y se revenden.

✦ Lea las políticas de privacidad de su banco y de otras empresas, y opte por todas las restricciones que están a su disposición.

✦ Establezca alertas de fraude en sus informes de crédito.

Aunque nada es infalible, Abagnale señala que estas medidas pueden ayudar a disuadir a los ladrones de identidad.

Váyase en coche con la identidad intacta

Tenga cuidado cuando vaya al concesionario de autos: en vez de llevarse un coche nuevo, usted podría perder su identidad. Antes de dar una vuelta con el auto para probarlo, el vendedor le pedirá hacer una fotocopia de su licencia de conducir. Asegúrese de que le devuelvan esa fotocopia antes de irse. De lo contrario, un vendedor deshonesto podría pasar esa información a un ladrón de identidad.

Proteja su número de Seguro Social. Para los ladrones de identidad, los números de Seguro Social son como los números de un boleto ganador de lotería. Asegúrese de que nadie se haga millonario con su número. Conozca la ley. Muchos pueden pedirle su número de Seguro Social, pero sólo estos tres necesitan saberlo:

✦ Su empleador

✦ Su banco o cualquier institución relacionada con impuestos o ingresos

✦ Las agencias de información crediticia, cuando usted solicita una copia de su informe de crédito. Además, si usted va a abrir una cuenta de crédito con una compañía, ésta necesitará su número de Seguro Social para verificar su historial de crédito.

Si en su Estado se incluye el número del Seguro Social en las licencias de conducir, pregunte si puede utilizar un número distinto. Los negocios privados le pueden pedir su número de Seguro Social, pero usted no está obligado legalmente a darles el número, aunque ellos pueden negarse a proporcionarle el servicio o concluir la transacción sin esa información.

Primeros auxilios para el robo de identidad médica. Los delincuentes que practican el robo de identidad médica utilizan los números de Seguro Social o la identificación del seguro médico para obtener atención médica o hacer reclamos fraudulentos a la aseguradora y de esta manera recibir un reembolso. A menudo pagan a los empleados de los hospitales o de los consultorios médicos por esta información.

Además del costo financiero, este delito puede arruinar su historia clínica y su expediente de atención médica. Si la información de otra persona es incluida en su historial, podría parecer como si usted hubiera sido tratado por enfermedades que nunca tuvo. Hasta podría recibir el tipo de sangre equivocado durante una transfusión. Protéjase con estas medidas:

✦ Resguarde su tarjeta de seguro médico. No la preste ni la muestre a nadie salvo a los profesionales de la salud en los que usted confía.

✦ Desconfíe de las clínicas que se anuncian en forma agresiva, que prometen renunciar al copago o que proveen transporte.

+ Pida ver su expediente médico.

+ Destruya cualquier documento de atención médica y del seguro que no va a guardar.

+ Lea detenidamente las cartas de la aseguradora donde se detallan los beneficios, y pida explicaciones sobre cualquier reclamo por servicios o medicamentos que no entienda.

+ Solicite un listado anual de los beneficios pagados por su seguro, para que usted pueda detectar los reclamos fraudulentos aun si el ladrón llega a cambiar la dirección de facturación.

+ Acceda a sus estados de cuenta del seguro por Internet en lugar de recibir correspondencia en papel. Hágale seguimiento a su cuenta.

Haga que sus familiares descansen en paz

Cuando muere un familiar, gente sinvergüenza puede robarle la identidad con fines delictivos. No lo permita. Póngase en contacto con las agencias de información crediticia y agregue una "alerta de fallecimiento" a su informe. También puede informar al Seguro Social de manera directa. La Asociación de Marketing Directo (DMA, en inglés) tiene una lista llamada *Deceased Do Not Contact*, para poner fin a las llamadas de telemercadeo y a los correos directos a su pariente fallecido.

Congele su informe de crédito para frustrar a los defraudadores. Cuando usted congela su informe de crédito, hace que sea imposible para los ladrones de identidad abrir nuevas líneas de crédito en su nombre. De hecho, esta medida impide a todos los nuevos acreedores el acceso a su informe crediticio. Para congelar su informe de crédito, usted debe enviar una solicitud por escrito a cada una de las tres principales agencias de información crediticia. Puede costarle hasta $10 cada solicitud, pero el trámite es gratuito si usted demuestra que ha sido víctima de un robo de identidad. Cuando solicite un crédito tendrá que "descongelar" su informe unos días antes y pagar una comisión. Y luego tendrá que hacer otro pago si quiere volver a congelarlo.

Otra opción es una alerta de fraude. Cualquiera puede solicitar este servicio gratuito y usted sólo necesita ponerse en contacto con una de las agencias de información crediticia, que avisará a las otras dos. En teoría, los prestamistas y los comerciantes deben pedir su autorización o tomar medidas adicionales para verificar la identidad del solicitante antes de abrir una nueva cuenta. Pero no todos se rigen por la alerta, que expira después de 90 días.

Cómo detectar cargos fraudulentos

No crea que con sólo verificar los gastos más altos usted puede descartar los cargos fraudulentos. Estos ladrones no sólo compran equipos de sonido de lujo. También utilizan la información financiera robada para pagar por artículos de uso diario, como alimentos o comida rápida. Examine sus estados de cuenta detenidamente.

Protéjase de la estafa del lavado de cheques. La banderita roja en su buzón no sólo alerta a su cartero, también es una señal para los ladrones. Si usted paga sus cuentas con cheques, puede ser víctima de una estafa conocida como "lavado de cheques". Frank W. Abagnale, autor de *Atrápame si puedes,* explica cómo funciona:

Los delincuentes recorren su vecindario temprano por la mañana, observan la bandera roja y se roban el sobre que contiene el cheque para la compañía telefónica. Se llevan el cheque a casa, colocan una cinta Scotch sobre su nombre y emplean un producto químico casero para "lavar" toda la información del cheque, con la excepción de su firma. Luego pueden cambiar el nombre del beneficiario, así como el importe, y cobrarlo. Protéjase llevando los sobres con cheques al buzón de la oficina de correos. También debe usar un bolígrafo de tinta indeleble.

Tenga cuidado con su propia familia. Puede que no sea un estafador profesional el que se quede con todos sus ahorros. Muchos adultos mayores son desvalijados por sus propios hijos, nietos, sobrinos y hermanos. Si le confía sus finanzas a un pariente, esté alerta si éste no le permite verificar sus propias cuentas. También tenga cuidado si un familiar se muestra impaciente por llevarlo a un abogado a firmar un poder o habla de la necesidad de modificar su testamento, alguna escritura o los beneficiarios en sus pólizas de seguro. Si llega a firmar un poder, asegure la honestidad del beneficiario estableciendo que un abogado, un contador u otro miembro de la familia debe recibir actualizaciones periódicas de sus cuentas.

Por qué debe investigar antes de donar. Es mejor dar que recibir, siempre que sea a una institución benéfica legítima y no a un estafador. Siga estos consejos para asegurarse de que su dinero acabe en una buena causa:

+ Interrogue a esos niños encantadores que van de puerta en puerta. Usted tal vez sienta el impulso de comprarles las revistas o los productos que venden para apoyar algún programa juvenil, pero estos pequeños vendedores podrían estar trabajando para una empresa con fines de lucro. Verifique primero el nombre, la dirección y la misión de la organización.

+ Apoye a los bomberos y a los policías, pero no caiga en la trampa de las llamadas telefónicas o de los correos directos solicitándole una donación. Por lo general, éstos provienen de empresas que ganan 70 centavos o más por cada dólar que recaudan. Es posible que su donación no llegue ni a los bomberos ni a los policías y que tampoco sea deducible de los impuestos.

+ Nunca dé dinero por teléfono. En cambio, solicite información impresa sobre la organización y envíe un cheque directamente.

+ Fíjese en los porcentajes. Averigüe qué porcentaje de los fondos se destina a los servicios de caridad y cuánto se destina a la recaudación de fondos y otros costos. Es posible que le sorprenda cuán poco dinero llega a las personas necesitadas.

+ Infórmese sobre organizaciones benéficas específicas en sitios web como *www.charitywatch.org* (en inglés), *www.guidestar.org* (en inglés), *www.give.org* (en inglés) y *www.charitynavigator.org* (en inglés). También puede consultar con el IRS en *www.irs.gov.*

Estafa contra miembros de jurado

Usted recibe una llamada, supuestamente de la Corte de su área, para comunicarle que hay una orden para su detención por no haberse presentado a servir como jurado. Usted le explica que no recibió una notificación y que debe tratarse de un error. El estafador le dice que verificará los archivos para darle solución a este problema y le pide su número de Seguro Social y su fecha de nacimiento. Claro, eso es todo lo que necesita para robarle la identidad. No caiga en esta trampa. La Corte se comunica por correo y nunca le pediría su número de Seguro Social.

Tenga cuidado en los cajeros. Sea precavido cuando use un cajero automático (ATM, en inglés). Los ladrones podrían andar merodeando muy cerca. He aquí cómo protegerse:

✦ Examine el cajero automático y compruebe que no tenga ningún elemento extraño o cámaras adicionales. Los ladrones usan unos dispositivos electrónicos llamados *"skimmers"* para captar datos de manera encubierta y cámaras para espiar su clave secreta o PIN.

✦ No utilice un cajero automático si hay gente sospechosa cerca, y nunca acepte la ayuda de un desconocido para recuperar una tarjeta atascada.

✦ Memorice su clave secreta. No la escriba en ninguna parte y menos en la tarjeta bancaria.

✦ Cubra el teclado con el cuerpo cuando ingresa su clave secreta.

✦ No permanezca cerca del cajero más del tiempo necesario. Tenga su tarjeta lista al acercarse a la máquina, tome su recibo y guarde el dinero de inmediato. Si hace un depósito, firme el cheque antes de acercarse al cajero.

✦ Evite usar un cajero de noche. Si tiene que hacerlo, estaciónese cerca de un cajero que esté bien iluminado y lleve a un amigo con usted.

✦ Prefiera los cajeros que pertenecen a los bancos. Las otras máquinas podrían estar manipuladas para obtener información de los clientes.

Defiéndase del fraude de Medicare. Cuídese de los estafadores que se hacen pasar por proveedores del Plan de Medicamentos Recetados *(Prescription Drug Plan),* de Medicare. Podrían llamar y pedirle el número de su cuenta bancaria para el retiro automático de la cuota de inscripción de $299. No se lo dé a nadie. Tampoco le abra la puerta a ningún vendedor a domicilio de medicamentos. Para conocer los planes que sí son legítimos, llame al 1-800-MEDICARE y presione el número 2 para español, o vaya a *http://es.medicare.gov.*

Reconozca el fraude en los seguros. Un seguro le dará tranquilidad siempre y cuando sea legítimo. Las compañías fraudulentas cobran las primas, pero no pagan los reclamos. Tenga cuidado con las compañías que aceptan a todo el mundo o cuyas pólizas cuestan mucho menos que las de las demás. Evite a los agentes que le presionan para que decida con rapidez, que no ven con buenos ojos que usted quiera consultar antes con un abogado, que exigen pagos en efectivo o que le piden datos personales que nada tienen que ver con el seguro, tales como la clave secreta de su cuenta bancaria. Cerciórese de que la compañía aseguradora y el agente estén debidamente autorizados en su Estado antes de firmar un acuerdo con ellos.

Destruya su rastro de papel

El robo de identidad no tiene que ser de alta tecnología. De hecho, es más probable que ocurra cuando usted llena formularios en papel y los envía por correo o los entrega personalmente, que cuando los llena en línea. Protéjase rompiendo, cortando en pedacitos o quemando todo documento que contenga información personal. O compre una trituradora de papel para deshacerse de manera segura de las facturas, los estados de cuenta, los recibos de cajeros automáticos, los comprobantes de pago, los expedientes médicos o dentales y los formularios de impuestos que ya no necesita.

Tácticas para el uso seguro de la computadora

Compre en línea con seguridad. Éstas son algunas medidas para hacer compras seguras en línea desde la comodidad de su hogar:

✦ Busque en la barra del navegador el símbolo del candado cerrado y "https" al inicio de la dirección web, antes de proporcionar su número de tarjeta de crédito en línea. Éstas son señales de que usted está en un sitio seguro que cifra o codifica la información privada de sus usuarios.

✦ Compre sólo en tiendas de confianza. Tenga cuidado con las empresas que no presentan dirección física o número de teléfono para facilitar la resolución de reclamos.

✦ Busque los sellos de seguridad en Internet, como los del Programa de Confiabilidad de la Better Business Bureau, VeriSign o TRUSTe. Pero aun si un sitio exhibe estos sellos, podría no ser confiable. Verifique los sitios emisores de estos sellos para comprobar si la compañía es legítima.

✦ Pague con tarjeta de crédito. Ofrece mejor protección que una tarjeta de débito.

✦ Tenga especial cuidado con los sitios de subastas o anuncios de venta, como eBay o Craigslist. Para eBay, es mejor no hacer tratos con un vendedor que tenga pocos comentarios o ninguno. Para Craigslist, sólo realice transacciones a nivel local y en persona.

Seguridad real con una tarjeta de crédito virtual.
Usted puede comprar en línea sin usar su número de tarjeta de crédito. Algunas instituciones, incluidas Citibank, Bank of America y Discover, ofrecen "números de tarjetas de crédito virtuales". Estos números de 16 dígitos están asociados a su cuenta real, sin revelar el número de la misma. Para mayor protección, usted puede establecer restricciones

como, por ejemplo, fechas de vencimiento o límites de gastos. Se aconseja usar un número de tarjeta de crédito virtual diferente para cada transacción. De ese modo, aun si alguien le roba el número, no le servirá de nada. Vea si su compañía de tarjeta de crédito ofrece este servicio.

Cree contraseñas seguras. Proteja sus datos personales con una buena contraseña. Los expertos recomiendan cambiar la contraseña cada 30 ó 90 días. Evite los nombres propios o los números obvios, como su fecha de nacimiento o su aniversario. También evite palabras comunes o en otros idiomas, aun si las deletrea al revés.

Cree contraseñas que tengan un mínimo de ocho caracteres, combinando letras mayúsculas, letras minúsculas y números. Usted puede usar contraseñas sencillas para las suscripciones a revistas en línea, por ejemplo, pero use contraseñas complejas para operaciones bancarias en línea y otras transacciones importantes.

Acceso gratuito a Internet

La mayoría de las personas pagan altas tarifas de acceso cada mes, pero usted no tiene que ser una de ellas, siempre y cuando no le molesten algunas restricciones. Los proveedores de servicios de Internet como Juno y NetZero ofrecen acceso gratuito para usuarios ocasionales de Internet. Eso significa no más de 10 horas al mes. Además del límite de horas, otras desventajas son los *banners* publicitarios y el cargo excesivo de $1.95 por minuto de apoyo técnico. Usted puede encontrar planes más económicos a $9.95 mensuales o menos.

Las mejores opciones para el pago de facturas en línea.
Tome algunas precauciones a la hora de pagar sus cuentas en línea. Procure pagar sus facturas a través de su banco, en lugar de hacerlo a través de un servicio de terceros o del sitio web del emisor de la factura. Cuanto menos empresas tengan sus datos personales, mejor.

Asegúrese de tener una contraseña sólida para defenderse de los piratas informáticos y de revisar sus estados de cuenta mensuales para detectar cualquier fraude. Nunca deje su computadora desatendida mientras realice transacciones bancarias. Finalice la sesión y cierre el navegador si se va a alejar de la computadora.

Consejos sencillos para reducir los correos basura.

Los correos electrónicos no deseados, conocidos como *spam,* pueden inundar su bandeja de entrada si no tiene cuidado. Éstos son algunos pasos a seguir para combatirlos:

✦ Tenga dos direcciones electrónicas. Utilice una para comunicarse con su familia y sus amigos más cercanos, y la otra para todo lo demás.

✦ Considere la posibilidad de usar un servicio de direcciones electrónicas desechables. Si una de las direcciones desechables empieza a recibir *spam*, simplemente ciérrela y deje de usarla.

✦ Filtre los correos basura. Establezca un filtro de *spam* para desviar los correos masivos no solicitados a una carpeta aparte o descargue un software antispam, pero tenga cuidado: algunos sitios que ofrecen descargas gratuitas son en realidad *spammers* disfrazados

✦ Nunca responda a un *spam* ni cancele la suscripción de boletines no solicitados. Esto confirmaría que usted es una persona real, lo que podría generar más correos basura.

Normas de etiqueta
para el correo electrónico

Siempre asuma que todo lo que envía va a ser reenviado, pero nunca reenvíe nada sin permiso. Está bien usar varios signos de exclamación, emoticones y abreviaturas, como LOL para decir *"laughing out loud"* (reírse a carcajadas). Sin embargo, no regañe a nadie ni pida disculpas por correo electrónico. Hágalo en persona o use el teléfono.

Cómo frustrar el fraude de "phishing". Usted recibe un correo de su banco comunicándole que debe actualizar su cuenta. El correo contiene un enlace que lo llevará a una página web donde se le pedirá que proporcione información personal. El único problema es que el correo no ha sido enviado por su banco y que sus datos personales acabarán en manos de piratas informáticos. Este tipo de fraude se conoce como suplantación de identidad o *"phishing"*. Protéjase siguiendo las siguientes recomendaciones:

✦ Desconfíe de cualquier correo electrónico que le pida actualizar o validar su cuenta, especialmente si se presenta como una acción urgente. Las empresas legítimas por lo general le enviarán una carta.

✦ Nunca haga clic en el enlace provisto. Si usted cree que se trata de una solicitud legítima, comuníquese directamente con la empresa, ya sea por teléfono o a través del sitio web que usted ya conoce.

✦ Detecte los sitios falsos prestando atención a la dirección web o URL. Lo que importa está justo antes del ".com" o ".net". Lo que le sigue a una barra diagonal, sólo representa una página en ese sitio.

✦ Esté alerta. Las personas dedicadas al *phishing* le pedirán información que la compañía ya debería tener, como su nombre de usuario, su contraseña o su número de tarjeta de crédito.

Controle la histeria de las falsas alarmas. Además de los correos basura *(spam)* y de la suplantación de identidad *(phishing)*, existe el problema de los correos con información falsa *(hoax)*. En algunos casos le pedirán dinero a cambio de una suma mayor más adelante, como la famosa estafa nigeriana. Otros tienen como fin causar pánico o hacer que usted reenvíe el correo a todos sus conocidos, como las advertencias de virus informáticos. Antes que nada, compruebe si se trata de un engaño en un sitio web como *www.snopes.com* (en inglés). Ahí encontrará una lista de las informaciones falsas más populares y todos los engaños de este tipo organizados por categorías.

Alta tecnología para su seguridad en línea. Asegúrese de que su computadora cuenta con la protección necesaria:

✦ El *software* antivirus protege a la computadora contra virus que pueden dañar los archivos, bloquear el sistema y hasta robarle información. Este *software,* que debe ser actualizado frecuentemente, analiza los correos que usted recibe y elimina los que contienen virus.

✦ El cortafuegos (*firewall,* en inglés) bloquea el acceso de los delincuentes cibernéticos. Asegúrese de que esté correctamente configurado y actualícelo periódicamente. El sistema operativo puede contar con un cortafuegos, pero usted tiene que activarlo.

✦ El *software antispyware* contrarresta los programas espía que monitorean sus actividades en línea y recopilan información personal cuando usted navega por Internet. Este *software*, que debe ser actualizado con frecuencia, examina su computadora y le permite eliminar cualquier programa espía que encuentre.

✦ El sistema operativo y el navegador deben ser configurados correctamente y actualizados periódicamente. Opte por la configuración que le ofrezca la mayor seguridad en línea y actualice el sistema operativo con "parches" a medida que estén disponibles para solucionar problemas específicos

Navegue sin tensiones ni dolores

Mantenga los hombros relajados para evitar la tensión en el cuello y en los hombros. Asegúrese de que el ratón y el teclado estén a la misma altura que sus codos. Mientras está leyendo algo en la pantalla, mantenga los brazos sobre reposabrazos acolchados. Recuerde tomar descansos. No se siente a la computadora durante mucho tiempo a la vez. Levántese y muévase un poco de vez en cuando.

Proteja su privacidad en línea. Es alarmante que con sólo unos cuantos golpes de teclado, cualquiera que tenga una conexión de Internet pueda encontrar su dirección, número telefónico y fecha de nacimiento. Hágales la vida difícil.

Opte por ser excluido de los servicios de búsqueda de personas, siempre que sea posible. Tendrá que hacerlo repetidas veces, cada vez que actualicen sus listas. Limite la información personal que revela en grupos de discusión, salones de chat o *blogs*. No se inscriba a las tarjetas de los programas de lealtad de los supermercados, tampoco envíe tarjetas de garantía ni ingrese a sorteos en línea. Su información personal podría acabar en manos equivocadas.

Haga amigos sin salir de casa

Según un estudio reciente, la Internet ayuda a hacer amigos al ampliar su red geográfica. Usted puede chatear con gente de todo el mundo sobre problemas de salud, pasatiempos y otros intereses. Usted también puede unirse a las redes sociales como MySpace o Facebook. Pero tenga cuidado. Desconfíe de las personas que le hacen demasiadas preguntas personales demasiado pronto, no responda a las preguntas directas y no reaccione en forma exagerada a comentarios inocentes.

Investigue sus propios antecedentes. La verificación de antecedentes también sirve para averiguar si la información que hay sobre usted es correcta o no. Es posible, por ejemplo, que le nieguen crédito o que no lo contraten por una información falsa o por algo que usted no hizo. Si usted investiga sus propios antecedentes podrá descubrir y corregir estos serios errores.

Empiece solicitando su informe de crédito a las tres principales agencias de información crediticia: Experian, Equifax y TransUnion. Las compañías como ChoicePoint Inc. y LexisNexis ofrecen servicios de investigación de antecedentes y ReputationDefender.com busca en la Internet los comentarios poco halagadores que se han hecho sobre usted. También puede encontrar otras compañías a través de la Asociación Nacional de Investigadores de Antecedentes Profesionales (NAPBS, en inglés) en *www.napbs.com*. Usted tendrá que pagar por estos servicios, pero tal vez esté ahorrando mucho más en el largo plazo.

Controle las "cookies". Las *cookies* son fragmentos de datos que se almacenan en la computadora cada vez que usted visita un sitio web y que hacen un seguimiento de sus hábitos de navegación. Algunas *cookies* son útiles ya que guardan la información del usuario, de modo que usted no necesita volver a ingresarla cada vez que visita un sitio. Pero en muchos casos, es mejor bloquearlas. Configure su navegador para que le pregunte qué hacer cada vez que se presente una *cookie*. De esa manera, usted decide qué *cookies* acepta y qué *cookies* rechaza.

Maneras fáciles de borrar el disco duro. Cuando usted vende o regala su computadora vieja, también está dándole al nuevo propietario acceso a su información personal. Para mayor seguridad, es recomendable "purgar" el disco duro. Si se trata de un amigo, usted puede reinstalar el sistema operativo y formatear el disco duro. Su información permanecerá en la computadora, pero será más difícil de encontrar.

Usted también puede utilizar un *software* para "sobreescribir" toda o parte de la información contenida en el disco duro. Encuentre estos productos en línea, ingresando las palabras "borrar" y "disco duro" en el navegador, y elija los que cumplen con las especificaciones del Departamento de Defensa. Una medida extrema es simplemente retirar el disco duro y perforarlo hasta destruirlo físicamente.

Salud de pies a cabeza

Truco ingenioso reduce las facturas de hospital. Si su médico solicita que le hagan ciertos exámenes como parte de su estadía en el hospital, haga lo siguiente para ahorrar dinero. Pregunte a su médico qué exámenes pueden hacerse de manera ambulatoria. No olvide incluir las pruebas de laboratorio, por ejemplo los análisis de sangre. Llame a su seguro médico y pregunte si cubren esa lista de exámenes y pruebas para pacientes ambulatorios. Pregunte también en cuanto difiere el pago en efectivo que le correspondería hacer para esos mismos exámenes si usted fuera un paciente internado en un hospital. A menudo el costo es mucho menor para los pacientes ambulatorios. Si su seguro confirma que los exámenes en forma ambulatoria le costarán menos, llame a su médico y pídale que especifique que los exámenes sean ambulatorios.

Detecte los errores de facturación que ascienden a millones de dólares anualmente. Nueve de cada diez facturas médicas pueden contener errores, según el grupo Medical Billing Advocates of America. Estos errores podrían significar más de $10 mil millones en cobros excesivos. Para detectar estos errores en sus facturas médicas pida una copia detallada de la factura, una copia de su expediente médico y, si estuvo hospitalizado, una copia del registro de la farmacia. Usted tiene derecho a estos documentos. Asegúrese de conservar la explicación de beneficios (EOB, en inglés) de su seguro. Compare el expediente médico, el control de la farmacia y el EOB con su factura detallada, y preste atención a errores como éstos:

+ Revise las fechas de su visita al médico o de su estadía en el hospital.

+ Compare la lista de servicios que le están cobrando. Si la factura contiene un examen, tratamiento, medicamento o cualquier otro servicio que no aparece en ningún otro documento, usted puede haber encontrado un error.

+ Esté atento a errores de teclado. En la factura le pueden cobrar por dos dosis de un medicamento, pero en el registro de farmacia o en su expediente médico sólo se menciona una dosis.

✦ Su EOB debe especificar cuánto se le puede cobrar por cada servicio. Compare los cargos facturados con estas cantidades. Si hay una gran diferencia, pida una explicación.

Si usted encuentra un error en una factura médica, comuníquese de inmediato con el consultorio de su médico y con la aseguradora. Si la factura es por una hospitalización, póngase en contacto con el departamento de facturación del hospital, solicite una investigación y exija que suspendan el cobro de la factura hasta resolverse la disputa.

Llame al 211 cuando no sepa a quién recurrir

Todo el mundo sabe que puede llamar al 911 para una emergencia médica, pero el 911 no puede ayudarle si usted necesita información sobre Medicare u otros servicios vitales, como la entrega de comida a domicilio de Meals on Wheels. Para más del 65 por ciento de estadounidenses en 41 estados, el número 211 es la conexión con un centro único de servicios comunitarios, como los que siguen:

✦ Líneas de información médica

✦ Atención médica a domicilio

✦ Apoyo para adultos mayores y personas discapacitadas

✦ Servicios de intervención en caso de crisis

✦ Grupos de apoyo

✦ Cuidado diurno para adultos mayores

✦ Orientación

✦ Rehabilitación

✦ Programas de seguros médicos

✦ Servicios de transporte

Cuando llama al 211, usted puede pedir hablar en español y será atendido por una persona capacitada que lo pondrá en contacto con la organización o la agencia que puede ofrecerle ayuda. Para obtener más información y averiguar si el 211 está disponible en su área, vaya a *www.211.org* (en inglés).

Infórmese sobre los exámenes médicos de rutina

Para protegerse de las enfermedades del corazón, el cáncer, la osteoporosis y otros problemas serios de salud, los médicos recomiendan exámenes y pruebas de detección preventiva. Use esta práctica guía para recordar qué y cuándo debe hacerse estás pruebas:

Prueba o examen	Cuándo y con qué frecuencia
control médico completo	antes de los 45 años: cada cinco años entre 45 y 65 años: cada dos años a partir de los 65 años: cada año
examen ocular	cada dos años si usa lentes, lentes de contacto o si tiene algún problema de la vista; de lo contrario, cada dos años a partir de los 40 años de edad
presión arterial	si tiene sobrepeso o antecedentes familiares de presión arterial alta, hable con su médico; de lo contrario, al menos una vez cada dos años
colesterol	cada cinco años por lo menos
electrocardiograma	una vez antes de los 40 años; hable con su médico sobre la frecuencia con la que debe hacerse este examen después de recibir los resultados de la primera prueba
examen de piel	entre 20 y 39 años: cada tres años a partir de los 40 años: cada año
colon	a partir de los 50 años: examen rectal digital y sigmoidoscopia cada cinco años
examen de sangre oculta en las heces	a partir de los 50 años: cada año
examen de senos	entre 20 y 39 años: cada tres años a partir de los 40 años: cada año
mamografía	a partir de los 40 años: cada año
Prueba de Papanicolaou y examen pélvico	cada año
densidad ósea	hable con su médico

Nueva política de Medicare reduce peligros en hospitales

Según los Centros para el Control y Prevención de Enfermedades, las infecciones contraídas en los hospitales representan un costo de $27 mil millones anuales. Pero se cree que dentro de poco el riesgo de contraer una infección hospitalaria podría reducirse considerablemente. Medicare ha anunciado que no reembolsará a los hospitales los costos relacionados con infecciones asociadas con el hospital.

Y debido a que Medicare también ha prohibido que los hospitales pasen estos costos a los pacientes, toda la carga financiera de estas infecciones recae ahora exclusivamente sobre los propios hospitales. Los directivos de Medicare esperan que esta medida haga que los centros médicos sean más diligentes a la hora de prevenir estas infecciones. Por si esto fuera poco, Medicare ahora tampoco cubre los costos relacionados con escaras o úlceras por presión desarrolladas después del ingreso al hospital, instrumentos quirúrgicos dejados en el paciente después de una cirugía y otras negligencias médicas. Los hospitales serán lugares más seguros con estas medidas.

Desenmarañe las cuentas médicas. Varias compañías ofrecen *software* o sitios web para ayudarle a dar seguimiento y organizar sus gastos médicos. Los usuarios dicen que gracias a estos productos han podido resolver conflictos con el seguro, organizar las pilas de facturas y expedientes médicos que se acumulaban en casa y detectar errores de facturación y del seguro. Algunos de estos productos hasta le permiten registrar los servicios médicos que usted ha tenido.

Si lo que busca es un programa gratuito para dar seguimiento a sus gastos médicos, visite *www.smartmedicalconsumer.com*. Este servicio se compromete a mantener la confidencialidad de la información, a menos que usted autorice el acceso a alguien. El sitio no sólo almacena y organiza toda su información de facturación, también le ayuda a detectar errores de facturación.

Estos productos y servicios también le darán tranquilidad. A diferencia de muchos sobrevivientes del huracán Katrina, usted no perderá toda su información médica y de facturación en un desastre. Eso significa menos demoras y errores en los tratamientos médicos que podría necesitar durante la recuperación después de una catástrofe.

Si le incomoda mantener toda su información de facturación médica en la web, entonces compre un *software* para usar en su computadora en casa, como Medical Expense Manager, de Intuit. Sólo asegúrese de dejar una copia en casa de un pariente que viva fuera de la ciudad, de esta manera la información estará protegida en caso de un desastre.

Qué hacer cuando Medicare no paga. Si Medicare se niega a pagar una cuenta, usted no tiene por qué quedarse colgado con la factura. Usted puede apelar a muchas de las decisiones de Medicare, incluidas las de no pago o pago insuficiente. Empiece por analizar los expedientes. La compañía que le envió la información de facturación de Medicare, probablemente también le envió una explicación de los beneficios de Medicare (EMB, en inglés) o un aviso sumario de Medicare (MSN, en inglés). Búsquelos y entérese de las razones por las cuales Medicare se niega a pagar esa factura y la forma como usted puede apelar esa decisión. Si usted está en un plan de atención administrada de Medicare, pregúntele a un representante del plan cuáles son los pasos para apelar. Ellos tienen la obligación de darle una explicación por escrito.

Para presentar su caso, escriba una carta muy detallada explicando por qué Medicare debe revocar su decisión. De ser posible, proporcione pruebas o documentación adicional. Si está en espera de una examen médico en particular o de un tratamiento que pudiera hacer peligrar su vida o que signifique un riesgo grave para su salud, solicite una decisión acelerada sobre su apelación. Si usted está en un plan de atención administrada de Medicare, debería obtener resultados a los tres días de haber presentado su caso.

Haga esto antes de adquirir un seguro médico.
Usted nunca antes tuvo problemas para conseguir seguro de salud, pero ahora las aseguradoras lo evitan como a la peste. Usted incluso ha sido

rechazado. Si no sabe por qué, revise sus expedientes médicos para ver si hay un error.

Las aseguradoras pueden erróneamente pensar que usted es una persona de alto riesgo porque alguien olvidó anotar que su presión arterial ya bajó. O por un simple error tipográfico usted puede aparecer como si tuviera una enfermedad grave, cuando en realidad fue diagnosticado con una infección de oído leve. Antes de adquirir un seguro de salud o de cambiarse a una nueva compañía de seguros, revise sus expedientes médicos y corrija los errores. No sólo las aseguradoras mostrarán más interés en usted, usted también podrá conseguir tarifas más bajas.

A dónde ir cuándo no puede obtener un seguro. No importa cuántas compañías de seguros de salud lo hayan rechazado. Eso no significa que usted no sea asegurable. En su libro *"You, the Smart Patient",* Michael Roizen y Mehmet Oz explican las maneras de conseguir un seguro. Primero, llame al consejo estatal de seguros. Muchos Estados ofrecen algún tipo de seguro a los "no asegurables" de bajos ingresos. Ingrese a *www.covertheuninsuredweek.org* y *www.patientadvocate.org* para más información.

Si le niegan su reclamo. Si su seguro médico se niega a cubrir un tratamiento o una prueba médica reciente, usted puede apelar. Los estudios indican que tan sólo el 30 por ciento de las apelaciones al seguro son denegadas. Presente su apelación de manera correcta y el seguro podría acabar pagándole después de todo. Empiece por estos consejos:

✦ "Asegúrese de leer el folleto de su plan de seguros", recomienda Lin Osborn, directora de Health Plan Navigator, una firma que defiende los derechos del paciente. Entérese de lo que cubre, lo que no cubre y cómo apelar. Si usted no tiene en casa una copia de su póliza de seguro, vaya al sitio web de la aseguradora. Además, lea detenidamente el formulario o carta donde le niegan el reclamo.

✦ Llame al servicio de atención al cliente. Pregunte por qué su reclamo fue rechazado. "Sea muy específico", recomienda Osborn. ";Por qué no ha sido pagado? ¿En qué circunstancias pagarían ustedes?". Pregunte cuáles son los pasos para apelar, qué tipo de información y documentos debe presentar, cómo obtenerlos y qué plazos debe cumplir.

✦ Mantenga un registro de cada llamada telefónica o contacto por escrito con la compañía de seguros. Anote la fecha, con quién habló, a quién le escribió, más un resumen de lo que se dijo.

✦ Escriba una carta explicando en detalle las razones por las cuales su reclamo debe ser aceptado. "Imagine que está escribiendo la carta para un niño de 8 años", dice Osborn. "Usted debe dejar todo muy, pero muy claro, paso a paso". Adjunte pruebas y todo tipo de documentos que apoyen los puntos clave de su carta. Por ejemplo, si en su carta usted explica por qué su tratamiento fue médicamente necesario, usted podría incluir expedientes médicos que lo corroboren, una carta de su médico y un resumen de todos los contactos con la aseguradora. Envíe la carta por correo exigiendo un "recibo de confirmación", para así tener prueba de que fue recibida por el seguro.

La mayoría de las compañías de seguros responden en un plazo de 30 días. Si a pesar de todo, le vuelven a negar su reclamo, llame al departamento estatal de seguros para averiguar dónde apelar nuevamente.

Sepa cuándo el "mejor plan de seguros" no es lo mejor para usted. Algunos planes de salud parecen fabulosos hasta que usted se enferma. Es en ese momento que muchas personas descubren los vacíos en su cobertura y los desembolsos en efectivo que tienen que hacer y por los cuales acaban endeudándose. Por esa razón, la póliza con la prima más baja no es siempre la mejor. Protéjase y haga estas preguntas cuando busque un nuevo seguro médico:

✦ ¿Cuál es el costo de los copagos y deducibles comparados con los de su seguro actual?

✦ ¿Cuál es la cobertura para hospitalización, cirugía, exámenes médicos y otros costos probables en caso de lesiones o enfermedades graves?

✦ ¿Hay un límite de por vida para los beneficios? Si la respuesta es sí, no acepte nada debajo de los $2 millones.

✦ ¿Cuál es el costo del deducible? ¿Subirá después del primer año?

✦ Cómo funciona el copago con respecto a los límites del deducible y los desembolsos en efectivo?

Cuándo llamar al 911

Nadie quiere llamar al 911 sin una razón justificada, pero si experimenta los síntomas o problemas enumerados a continuación, no dude en pedir inmediatamente ayuda de emergencia.

ataque al corazón	Los síntomas incluyen dolor en el pecho; presión sobre el pecho, como si un objeto pesado lo estuviera aplastando; latidos muy rápidos, fuertes o irregulares; debilidad intensa y repentina; sudoración profusa; dificultad repentina para respirar. Las mujeres pueden no sentir dolor en el pecho.
derrame cerebral	Los síntomas incluyen problema repentino de debilidad intensa o de mareos, dificultad para hablar o para entender, debilidad en un brazo o en una pierna, convulsiones y posiblemente dolor de cabeza.
pérdida de sangre o dolores severos	Llame aún después de que haya cesado el sangrado, especialmente si siente debilidad o mareos.
asfixia	Llame aunque la víctima esté consciente.
quemaduras severas	Cualquier quemadura de más de 2 ó 3 pulgadas (5 a 8 cm) de diámetro; cualquier quemadura en las manos, los pies, la cara, las ingles, los glúteos o una articulación principal; cualquier quemadura que afecte todas las capas de piel; cualquier quemadura seca, oscura o blanquecina.
reacción alérgica severa o ataque de asma	Silbidos al respirar o dificultad para respirar o hablar; tinte azulado en los labios, la piel, las puntas de los dedos y las uñas de las manos.

Cuidado con estos trucos y trampas de las HMO.

El representante de su Organización de Mantenimiento de la Salud (HMO, en inglés), puede prometerle que usted siempre recibirá el tratamiento adecuado del médico apropiado, pero algunas HMO secretamente limitan sus opciones. Antes de inscribirse en un plan HMO, lea bien los contratos y todos los demás documentos y pida explicaciones al representante de HMO.

✦ Algunas HMO les pagan a los médicos una tarifa fija anual por cada paciente. Eso significa que el doctor gana menos dinero si usted lo visita con más frecuencia. Averigüe si a los médicos en su plan se les paga de esta manera. Si va a elegir entre dos o más planes, llame al consultorio de su médico, y pregúnteles que régimen de pago tienen con cada plan.

✦ Las HMO pueden establecer restricciones sobre las opciones de tratamiento que su doctor puede presentarle. Se les conoce como las "reglas mordaza". Lea con atención para comprobar si detecta estas cláusulas de "mordaza" en su plan.

✦ Pregunte a su médico cómo son aprobadas sus decisiones sobre tratamientos y las derivaciones a especialistas en los planes HMO que está considerando. Si cada aprobación implica gran esfuerzo y papeleos burocráticos, tal vez deba considerar otro plan HMO.

✦ Obtenga información detallada sobre los términos y precios de la HMO en lo que se refiere a médicos y tratamientos fuera del plan, así como al tratamiento de enfermedades de larga duración.

Para evitar problemas luego de haber elegido una HMO, guarde todos los documentos que le envíen y presente cualquier reclamo por escrito. Y si usted tiene una razón justificada para recibir un tratamiento o la atención de un especialista no cubierto por la HMO, pida a su médico que redacte una carta explicando las razones.

Una alternativa más barata y rápida a la sala de emergencias.
Usted podría esperar hasta ocho horas para ver a un médico si llega a una sala de emergencias con un problema que no es potencialmente mortal. Peor aún, la factura será exorbitante. Pero si va a

un centro de cuidados urgentes, usted podría pagar hasta 50 por ciento menos y esperar una fracción del tiempo.

Además, muchos centros están equipados para hacer rayos X y análisis de sangre. También pueden tratar fracturas, torceduras, gripes, picaduras y mordeduras de animales, quemaduras y lesiones menores, asma leve, infecciones de oído, erupciones de piel, tos y dolor de garganta. Si usted necesita cuidados médicos durante el fin de semana o por las noches, tenga en cuenta estos centros. Usted y su bolsillo se sentirán mejor rápidamente.

Haga que su cirugía sea más segura, más fácil y menos temible. Antes de someterse a una cirugía usted puede averiguar exactamente lo que sucederá, cuáles son los riesgos y cómo protegerse mejor. ¿Cómo? Primero, hágale muchas preguntas a su médico. Pero si la visita al médico concluye demasiado pronto o está demasiado agitado para saber qué preguntar, la Internet puede ayudar.

✦ Visite *www.preopguide.com* para conocer todo lo que sucede antes, durante y después de la cirugía, y por qué.

✦ Busque el sitio web de su hospital o centro de cirugía y entérese de lo que dicen acerca de la cirugía en general y, posiblemente, sobre su operación en particular.

✦ Vaya a *www.facs.org*, el sitio del Colegio de Cirujanos de Estados Unidos. Haga clic en "Patients" y luego en "Patient Resources". Aquí encontrará una lista de enlaces a páginas con información valiosa sobre todo tipo de cirugías y cómo prepararse para ellas.

✦ Visite el sitio de la Agencia para la Investigación y la Calidad del Cuidado de la Salud en *www.ahrq.gov*, haga clic en "Surgery" bajo "Consumers & patients" y en "Having Surgery? What You Need to Know", para una guía sobre cómo prepararse para una cirugía.

✦ Visite los sitios web de las organizaciones dedicadas a su enfermedad o problema médico. Por ejemplo, si usted necesita una cirugía de rodilla o de cadera, usted podrá encontrar respuestas en *www.arthritis.org*, que es el sitio web de la Fundación para la Artritis.

Descifre la jerga médica

¿Qué fue lo que le dijo su médico? Al principio le entendía todo, pero de pronto empezó a utilizar palabras extrañas propias de la jerga médica. Aunque no es posible aprenderse todos los términos médicos, es útil poder entender los de uso más común, comenzando por los siguientes:

Jerga médica en inglés	Jerga médica en español	Traducción
acute	agudo	Una enfermedad lo suficientemente severa como para necesitar tratamiento inmediato. Algunas enfermedades agudas son graves, otras no.
BP	PA	La abreviatura para presión arterial (blood pressure, en inglés).
chronic	crónico	Una enfermedad, como la diabetes, que no desaparece pero que puede ser tratada.
contraindicated	contraindicado	Cuando los médicos determinan que un medicamento o tratamiento es perjudicial para usted.
indicated	indicado	Cuando se recomienda un tratamiento o medicamento para tratar su afección.
edema	edema	La mayoría de nosotros diríamos "hinchazón" (swelling, en inglés). Este tipo de hinchazón es producido por la acumulación de líquido en alguna parte del cuerpo
–itis	–itis	Al final de una palabra significa que alguna parte de su cuerpo está inflamada. Por ejemplo, gastritis significa inflamación del estómago.

Descifre el código de facturación para una cirugía más barata. Antes de someterse a una cirugía, compare precios. Comience por preguntar a su médico qué código de terminología actual de procedimientos (CPT, en inglés) se utiliza para ese tipo de cirugía. Este código de cinco dígitos identifica el servicio médico que usted recibirá. Todos los hospitales utilizan el mismo código, así que llame a algunos para preguntar el precio del código de CPT del procedimiento que planea hacerse. Usted pronto sabrá dónde está la opción más económica.

Para acortar su lista de llamadas y eliminar la "chatarra", recuerde estos dos consejos:

+ Grandes descuentos y buen servicio no siempre van de la mano, así que pregunte a su médico o cirujano si debe evitar algún hospital en particular y por qué.

+ Si usted quiere ser operado por un cirujano en particular, pregúntele en qué hospitales tiene privilegios. Ésos son los hospitales a los que debe llamar.

Tres secretos que usted debe conocer sobre los hospitales. En su libro *How to Get the Most From Your Hospital Visit* (en inglés), Mahmoud Elghoroury, doctor en medicina con una maestría en administración de atención médica, revela tres cosas que a los hospitales no les gustaría que usted sepa:

+ Las facturas de un hospital pueden repentinamente ascender a miles de dólares a una velocidad sorprendente. Algunas facturas son tan altas, que una familia de clase media puede hasta perder su casa para poder pagarlas. Protéjase. Obtenga una póliza de seguro de hospital. Debido a que los beneficios están limitados a cubrir los costos hospitalarios, la prima mensual es bastante razonable.

+ No decida automáticamente ir a un hospital docente para todos sus tratamientos o cirugías. Si bien es cierto que los hospitales docentes tienen los médicos más capacitados, los últimos conocimientos médicos y el equipo más avanzado, puede que usted no los necesite para cirugías y tratamientos de rutina. Los hospitales docentes también cuestan más. Investigue qué hospitales están disponibles para usted. Al final, puede que los hospitales docentes sean mejores para las cirugías y enfermedades serias, complicadas o raras, mientras que muchos de los hospitales comunitarios pueden darle una atención casi equivalente para tratamientos y cirugías de rutina.

✦ Los hospitales están bajo presión financiera y le darán de alta tan pronto sea razonablemente posible. Rara vez se les exige que prolonguen su hospitalización hasta su total recuperación, y es posible que usted necesite cuidados médicos cuando lo envíen a casa. Por esa razón usted debe prestar especial atención al informe de alta. Este informe contiene el plan de su médico para completar de manera segura su recuperación en casa y, posiblemente, las indicaciones para el cuidado médico fuera del hospital. Léalo y asegúrese de que refleje lo que su médico le dijo. Si no entiende algo, pida que se lo expliquen. Su salud y su recuperación podrían estar en juego.

Dos trucos sencillos para mejorar la comunicación

Haga todas las preguntas que le inquietan y manifieste todas sus preocupaciones durante su próxima visita al médico, gracias a estos consejos:

◆ Antes de la cita, haga una lista de sus preguntas e inquietudes. Escríbalas en orden de importancia. Lleve la lista a la cita con su médico. Los médicos están frustrados con los pacientes que sólo llegan a decir lo que les preocupa al final de la cita, de modo que apreciarán su esfuerzo.

◆ Esté preparado para las interrupciones. Los médicos suelen interrumpir a los pacientes a los 23 segundos. Cuando esto suceda, dígales que tiene algo más que decir y continúe hablando. Si el médico vuelve a interrumpirle, pregúntele si puede volver a tocar el tema al final de la cita o si usted puede hablar con algún otro profesional de la salud antes de irse.

Obtenga el máximo provecho de sus visitas al médico.

Lo que usted diga en el consultorio puede determinar la rapidez con la que el médico encuentre un diagnóstico y un tratamiento adecuados. Prepárese para conseguir los mejores resultados posibles:

✦ Empiece a llevar un diario de síntomas unas semanas antes de la cita. Incluya información sobre todo lo que podría haber contribuido a sus síntomas, como acontecimientos estresantes o el consumo de ciertos alimentos. Lleve el diario a la cita con su médico.

✦ Anote todos los medicamentos recetados y de venta libre, así como los suplementos que esté tomando. Incluya la frecuencia y la dosis para cada uno. Lleve una copia para que el enfermero la adjunte a su expediente médico.

✦ Pida a un amigo o a un familiar que le acompañe para tomar notas o hacer preguntas. Antes de la cita, dígale a esa persona si desea que salga del consultorio durante el examen físico.

✦ Si usted tiene otros médicos, haga una lista con la información de contacto y désela a su médico o al enfermero. Si tiene resultados de pruebas, ecografías o radiografías recientes, solicitadas por otros médicos, llame antes y pregunte si debe llevar copias a la cita.

✦ Tenga a mano una lista de hospitalizaciones anteriores, por si llegara a ser necesario.

✦ Conozca sus antecedentes médicos familiares. Reúna información sobre cualquier problema médico serio que hayan padecidos sus padres, hermanos y abuelos.

Consejo para conseguir una cita con su médico.

Usted no se siente bien y tiene que ver a un médico pronto, sólo que su médico no puede atenderle hasta la próxima semana. ¿Qué hacer?

"Explique claramente por qué siente que debe ser visto ese mismo día o el día siguiente. En la mayoría de consultorios médicos se separa un bloque de tiempo para los casos de emergencia", dice Rita DiGiovanni, ex administradora médica con 20 años de experiencia.

Primero hable con la persona encargada de la recepción. Si no está satisfecho con su respuesta, pida que uno de los enfermeros se ponga en contacto con usted para que le indique qué debe hacer hasta que el médico lo pueda ver. "A menudo un enfermero o asistente médico podrá determinar la urgencia del problema y darle una cita o aconsejarle qué hacer hasta que usted pueda ser visto por el doctor", dice DiGiovanni. De cualquier modo, usted podrá estar más tranquilo al saber que un profesional médico ha evaluado su problema.

Una manera inteligente de programar más tiempo con su médico. Si las visitas al médico son siempre demasiado cortas, preste atención a cómo programa sus citas. Lo que usted diga puede marcar la diferencia:

Los médicos programan tiempos diferentes para cada tipo de citas. "Cuando un paciente llama, nosotros preguntamos: '¿A qué viene?' y el paciente nos dice si se trata de una enfermedad aguda o una molestia que empezó esa mañana, si se trata de un chequeo de rutina o de un examen médico completo", dice la administradora médica para The Doctor's Office, en Peachtree City, Georgia. "Así es como determinamos cuánto tiempo asignarle al paciente".

"Una cita para pacientes nuevos es específicamente para pacientes que no sólo son nuevos al consultorio, pero también para el médico en particular que verán ese día", dice Rita DiGiovanni, ex administradora médica con 20 años de experiencia. "Este tipo de cita requiere más tiempo", explica. Lo mismo sucede con el examen médico completo. En cambio, si usted viene para un chequeo de un problema anterior, sólo necesita de una cita rápida.

Cuando llame para programar una cita, asegúrese de decir por qué tiene que ver al médico, aun si sólo va para conocer los resultados de una prueba. Si usted siente que necesitará más tiempo para hacer preguntas o explicar su problema, dígalo. Según DiGiovanni, se les suele dar más tiempo a las personas que lo solicitan. Si le dicen que ese día no hay más tiempo disponible, pida que le programen la cita para otro día, cuando sí lo haya.

Aproveche las fuentes de información y consejos gratuitos. Usted puede tener acceso a los más destacados expertos mundiales en salud las 24 horas del día, absolutamente gratis. He aquí una lista de los 12 mejores que usted puede consultar desde la comodidad de su hogar:

+ *www.PDRhealth.com* — de los expertos detrás del *Physicians' Desk Reference*

+ *www.intellihealth.com* — de la Escuela de Medicina de Harvard

+ *www.mayoclinic.com* — de los expertos de la Clínica Mayo

+ *www.healthfinder.gov/espanol/* — información y recursos de salud en español del Departamento de Salud y Servicios Humanos de Estados Unidos

+ *www.medhelp.org* — de médicos e instituciones médicas

+ *www.webmd.com* — popular sitio con información de salud

+ *www.medlineplus.gov/spanish/* — sitio en español de los expertos de la Biblioteca Nacional de Medicina y de los Institutos Nacionales de la Salud

+ *www.medicinenet.com* — artículos escritos y comentados por médicos y otros profesionales de la salud

+ *www.safemedication.com* — información sobre medicamentos recetados y de venta libre de la Asociación de Farmacéuticos del Sistema de Salud de Estados Unidos

+ *www.mypillbox.com* — información sobre medicamentos y ayuda para la identificación de pastillas

+ *www.ismp.org* — sitio del Instituto para Prácticas de Medicación Seguras que ayuda a prevenir errores de medicación y que advierte de los peligros de ciertos medicamento

+ *www.drugdigest.org* — información sobre medicamentos, hierbas y vitaminas

Pruebas médicas gratuitas

Un programa gubernamental poco conocido podría ayudar a que le hagan análisis de sangre, resonancias magnéticas (MRI, en inglés), radiografías y otras pruebas de manera gratuita o casi gratuita. Si usted no puede pagar por la atención médica y no tiene seguro médico, llame gratis al 888-ask-hrsa o visite *http://ask.hrsa.gov/pc* y averigüe si es elegible para este programa. En ese sitio también puede ver si hay algún centro cerca de usted que pueda hacer exámenes de emergencia, pruebas de laboratorio, inmunizaciones y radiografías a bajo costo o gratis.

Las ventajas y desventajas del turismo médico. En Estados Unidos una cirugía de derivación coronaria o cirugía de *bypass* puede llegar a costar $70,000, pero un turista médico puede pagar únicamente $12,000. Es más, una cirugía de reemplazo de cadera de $43,000 puede costarle al turista médico tan sólo $12,000.

Los turistas médicos son personas que han descubierto que ciertos hospitales en Tailandia, India y otros países pueden hacer las mismas operaciones a un costo mucho menor que los hospitales en Estados Unidos, aun incluyendo todos los costos del viaje. Algunos de estos modernos centros de cirugía ofrecen servicios de enfermería las 24 horas, habitaciones de lujo y médicos capacitados en Occidente que hablan inglés. Además, cerca de 130 hospitales extranjeros están acreditados por la Comisión Conjunta Internacional (JCI, en inglés), la filial internacional del grupo que acredita los hospitales en Estados Unidos.

Aún así, los turistas médicos pueden correr los siguientes riesgos:

✦ Muchos hospitales en el extranjero no están acreditados por la JCI y pueden no ofrecer la calidad y la seguridad que usted espera.

✦ Algunos hospitales dependen de intérpretes y tienen muy pocos empleados que hablan inglés.

✦ Si surgen complicaciones o hay necesidad de una cirugía de seguimiento después de volver a casa, usted no podrá visitar al cirujano original, a menos que vuelva a viajar al hospital fuera del país.

✦ No todos los médicos en el extranjero están totalmente calificados.

✦ Comprobar las calificaciones de su médico puede ser difícil debido a que podría no estar certificado por una organización estadounidense.

✦ Usted puede tener pocos o ningún recurso legal, si cree que su médico es culpable de negligencia o mala práctica.

A pesar de estos riesgos, aproximadamente 500,000 estadounidenses hicieron turismo médico en 2006, algunos a veces lo hicieron a petición de su aseguradora. Si usted está considerando la posibilidad de hacer turismo médico, prepárese para dedicar mucho tiempo a investigar los riesgos y las mejores formas para protegerse.

Once maneras para protegerse de los peligros del turismo médico. Tome en cuenta estos consejos para protegerse de los riesgos relacionados con el turismo médico:

✦ Pida consejo a su médico en casa. Pregúntele si el procedimiento médico que usted necesita se considera de bajo riesgo, de rutina y sin complicaciones. También, pregúntele si el tiempo de recuperación es corto y si el cuidado de seguimiento en el lugar, que usted eligió para realizarse el procedimiento médico, es normalmente breve. Si la respuesta a cualquiera de estas preguntas es "no", el turismo médico puede que no sea una opción segura para usted en esta ocasión.

✦ Considere acudir a una agencia de viajes especializada en salud para que le ayude a encontrar médicos capacitados y hospitales de renombre. Tenga en cuenta que algunas agencias reciben comisiones de los hospitales que recomiendan.

✦ Averigüe si su seguro médico le ayudará a pagar por el tratamiento fuera de Estados Unidos.

✦ Confirme si el hospital que ha elegido está acreditado y averigüe cuántas cirugías como la que usted va a tener realizan cada año. Busque otro hospital si el que eligió no está acreditado.

✦ Obtenga información sobre las licencias y otras credenciales de su médico. Averigüe cuál es su experiencia y su índice de éxito en el tipo de cirugía a la que usted se va a someter. Utilice el correo electrónico, el correo postal o el teléfono para entrevistar al médico que está considerando. Esté atento a los problemas de comunicación.

✦ Pregunte qué tipo de ayuda necesitará durante la recuperación y la forma como el hospital le proporcionará esa ayuda.

✦ Pida al hospital una declaración por escrito de todos sus servicios. Este documento debe incluir cuáles son sus derechos si usted llegara a sufrir una lesión debido a un error o a una negligencia médica.

✦ Compruebe nuevamente los precios que le cobrarán.

✦ De ser posible, póngase en contacto con otras personas que hayan recibido tratamiento en los hospitales que está considerando o que se hayan sometido a cirugías en el extranjero.

✦ Averigüe qué expedientes médicos debe llevar y cuáles son los que debe traer de vuelta a casa.

✦ Pida a un familiar o a un amigo que viaje con usted como su defensor de salud. Podría necesitarlo, particularmente durante los momentos en que usted no se sienta lo suficientemente bien para estar atento a posibles problemas.

Trace su pasado para salvar su futuro

Si usted pudiera ver su futuro en una bola de cristal, imagine todo lo que podría hacer por su salud. Después de todo, si usted pudiera saber qué problemas de salud es probable que vaya a tener, daría todos los pasos necesarios para prevenirlos. Hasta podría evitar el cáncer o un ataque cardíaco fatal.

Trazar la historia familiar es como tener una bola de cristal, debido a que muchas enfermedades son hereditarias Eso significa que el riesgo que usted tiene de sufrir un problema de salud específico es mayor si sus padres, abuelos o hermanos ya lo sufren. Converse con sus parientes acerca de su salud, la de ellos y la suya, y tome notas. Para ayudarle a crear su propia historia familiar de salud, la oficina del Director General de Salud Pública ofrece una herramienta en inglés y en español, llamada El retrato de mi salud familiar o *My Family Health Portrait*. Simplemente visite *https://familyhistory.hhs.gov*. Es fácil, gratis y podría salvarle la vida.

Gaste menos en la farmacia

Ponga fin al descontrol en los costos de los medicamentos recetados. Imagínese reducir sus gastos en medicamentos simplemente dejando de tomar aquéllos que no necesita. Eso sucede más a menudo de lo que usted cree y he aquí por qué.

"Muchas veces no pensamos en que un nuevo síntoma es tal vez un efecto secundario de algún medicamento", dice Tom Clark, director de Asuntos Clínicos de la Sociedad de Asesores Farmacéuticos de Estados Unidos. De hecho, el nuevo síntoma suele ser atribuido a la vejez o a un problema de salud crónico. "Entonces, lo que sucede a menudo es que el nuevo síntoma es tratado con otro medicamento", dice Clark.

Eso no es todo. En algunas personas que toman múltiples medicamentos, dos o tres fármacos pueden interactuar entre sí provocando nuevos síntomas. Esos son aún más difíciles de diagnosticar correctamente. Afortunadamente, pasarse a un medicamento más seguro (y a menudo, más barato) podría ayudar. El truco está en reconocer el problema.

Para averiguar si usted está experimentando problemas causados por los medicamentos, hable con un farmacéutico para adultos mayores. Usted puede encontrar uno en *www.seniorcarepharmacist.com*. Llame a un farmacéutico cerca de usted, pídale que le haga un *"brown-bag check-up"*, que es cuando usted reúne todos los medicamentos en una bolsa de papel marrón y lleva la bolsa a un farmacéutico o a su médico para una evaluación. Averigüe si cobra por este servicio. Si no encuentra uno, llame a su farmacéutico regular y pídale el mismo servicio. Es posible que al final se sienta mejor, tome menos pastillas y ahorre más dinero.

No pierda los ahorros de la Parte D. Es cada vez más difícil aferrarse a los descuentos en los medicamentos recetados de la Parte D de Medicare. Cada año, los planes de la Parte D pueden aumentar las primas y los copagos. Algunos planes lo hacen, otros no y algunos sólo rebajan determinados medicamentos. Es más, el número de medicamentos cubiertos por un plan puede aumentar o disminuir. Por eso el plan de medicamentos recetados que era perfecto para usted el año pasado, puede que no lo sea este año. Incluso las personas en los planes "Extra Help" pueden verse afectadas. Para mantener sus descuentos, compare precios entre los planes de la Parte D cada año.

Cómo elegir la Parte D de manera fácil y rápida.

Encontrar el plan de la Parte D más económico no tiene por qué ser como subir al monte Everest. Simplemente vaya a *www.medicare.gov* y deje que las herramientas de comparación hagan todo el trabajo duro por usted. Sólo tiene que ingresar la lista de los medicamentos que toma y aparecerán los costos de los deducibles, las primas mensuales y los copagos. También verá de inmediato cuáles son los planes que le pueden ahorrar dinero. Asimismo, podrá hacer comparaciones entre las cadenas de farmacias, determinar cómo un vacío en la cobertura de un plan puede afectarle y ver que calificación recibe el servicio de atención al cliente de ese plan. Con la herramienta de comparación de Medicare en línea, elegir el plan perfecto podría tomarle sólo unos minutos.

Siete antibióticos comunes disponibles gratuitamente

Si su médico le receta uno de los siguientes antibióticos, lleve la receta a la tienda de comestibles Publix más cercana. La farmacia de Publix le dará estos medicamentos recetados para hasta 14 días en forma absolutamente gratuita. Si no vive cerca de una tienda Publix, pregunte en las tiendas de comestibles de su área si ofrecen el mismo beneficio.

- amoxicilina
- ampicilina
- cefalexina
- ciprofloxacina (excepto ciprofloxacina XR)
- eritromicina (excepto Ery–Tab)
- penicilina VK
- sulfametoxazol/trimetroprim (SMZ–TMP)

Vaya a los clubes y consiga mejores descuentos.

Aun si usted no es socio de Costco o Sam's Club, estos clubes de almacén pueden ayudarle a ahorrar hasta 75 por ciento en los medicamentos de venta con receta médica. Eso se debe a que usted no necesita ser socio de estos clubes para comprar en sus farmacias y obtener precios increíblemente rebajados.

Descubra descuentos ocultos para medicamentos

recetados. Sólo porque su seguro no cubre las recetas médica, no significa que usted tenga que pagar el precio completo. Usted puede fácilmente ahorrar hasta un 50 por ciento en medicamentos si los compra por correo o hasta un tercio si los compra en su farmacia local. Es más, usted no tendrá que pagar dinero, ni probar su edad o sus ingresos, ni proporcionar datos sobre su salud. Sólo averigüe si su condado ofrece la tarjeta de descuento para medicamentos recetados de NACo.

Auspiciada por la Asociación Nacional de Condados (NACo, en inglés), esta tarjeta cubre a toda la familia y ofrece un ahorro promedio de alrededor del 20 por ciento. Más de 800 condados y 57,000 farmacias participan en este programa. Vaya al sitio web de su condado, llame al departamento de salud o hable con su farmacéutico para obtener más información.

Si su condado no ofrece la tarjeta NACo, siga estos consejos para ahorrar en medicinas:

+ Pregunte a su farmacéutico si el medicamento que usted necesita tiene una vida útil larga. De ser así, usted puede comprar grandes cantidades y ahorrar con el descuento por volumen. No olvide pedirle a su médico que ajuste las cantidades en la receta.

+ Compare precios por teléfono. Llame a las farmacias, supermercados y grandes almacenes. También vaya a los sitios web de estas tiendas, ya que los precios en línea pueden diferir de los precios de tienda.

+ Pregunte a su farmacéutico sobre alternativas menos costosas para las medicinas recetadas por su médico. Algunas veces los farmacéuticos saben más sobre lo que hay disponible que los médicos. Llame a su médico con esta nueva información, para que le cambie la receta.

Riesgos poco conocidos de los suplementos de betacaroteno

Si usted toma dosis altas de suplementos de betacaroteno, hable con su médico. Un estudio indica que dosis altas podrían fomentar el cáncer de pulmón en antiguos fumadores. Otros estudios sostienen que dosis altas podrían incrementar el riesgo de problemas de salud, mientras que otros demostraron precisamente lo contrario. Su médico le puede informar sobre los últimos estudios y ayudar a determinar qué es lo más seguro.

Entretanto, los expertos dicen que no se debe reducir el consumo de alimentos que contienen betacaroteno, como la zanahoria, la batata dulce, la espinaca y el melón. No deje de tomar las vitaminas o los minerales recetados por su médico sin su aprobación.

Más medicamentos con receta por $4. Walmart ha incorporado más medicamentos a su programa de $4 y todo parece indicar que el programa seguirá creciendo. Hable con su farmacéutico en Walmart o vaya a *www.walmart.com* para averiguar si usted puede empezar a pagar menos por sus medicamentos recetados. También compare precios en otras tiendas de su área, como Kroger, para descuentos similares.

Vaya a lo seguro cuando se trate de grandes descuentos en línea. Las farmacias en línea ofrecen precios rebajados, pero tenga cuidado. Algunas de estas farmacias no están listas para este tipo de operaciones, mientras que otras son sencillamente operaciones turbias que pueden dañar su salud, y su billetera. Protéjase con estas medidas:

✦ Si usted nunca antes ha comprado medicamentos a través de Internet, no se preocupe. La Administración de Alimentos y Fármacos (FDA, en inglés) ha preparado una guía de seguridad para el consumidor con excelentes consejos. Vaya a *www.fda.gov/buyonline* e ingrese "medicinas" e "Internet" en la barra del buscador, para obtener la versión en español.

✦ Algunas de las farmacias en línea no cuentan con el *software* necesario para tramitar los copagos del seguro. Antes de comprar en línea, consulte con su compañía de seguros.

✦ Sólo compre en farmacias que exhiban el sello de aprobación VIPPS *(Verified Internet Pharmacy Practice Sites)*. Este sello certifica que el sitio web cumple con los estándares de calidad y privacidad establecidos por la Asociación Nacional de Juntas Farmacéuticas (NAPB, en inglés). Este sello también significa que la farmacia cuenta con una licencia. Pero tan sólo ver el sello no es suficiente, ya que algunos sitios muestran el sello aun cuando nunca fueron certificados por la NAPB. Para comprobar si el sello es válido, haga clic sobre él. Eso debe levarlo a otro sitio que verifica la legitimidad de la farmacia. Si no lo hace, entonces busque otra farmacia.

✦ Para encontrar una farmacia que cuente con el certificado VIPPS, visite *www.nabp.net*.

✦ Compre únicamente en las farmacias en línea que cuentan con farmacéuticos licenciados que le puedan responder a sus preguntas y evite cualquier sitio que no le pida una receta médica para venderle los medicamentos que la exigen.

Navegue en busca de cupones y reembolsos

Antes de recoger su nueva receta (o aún para los medicamentos que ha estado tomando), vaya al sitio web del fabricante. Es posible que encuentre cupones y formularios de descuentos mediante reembolsos que le pueden ahorrar dinero en sus compras de medicinas recetadas.

Programas de asistencia para medicinas recetadas.

Los programas de asistencia para medicinas recetas no sólo ayudan a las personas sin seguro médico. También pueden ofrecerle ayuda si su seguro no provee suficiente cobertura para medicinas, si su nivel de ingresos es bajo o medio, o si sufre de una enfermedad grave que requiere medicamentos muy costosos. Más de 200 programas están disponibles, pero usted no tiene que estudiarlos todos. Una llamada telefónica gratuita a la Alianza para la Asistencia con los Medicamentos Recetados (PPA, en inglés), al 888-477-2669, puede ayudarle a determinar si usted es elegible para uno de estos programas.

Detecte el error de muchos médicos. Su médico puede ser muy bueno, pero puede equivocarse y recetarle un medicamento que no esté en su lista de medicinas cubiertas por su plan de salud. Y si no está en la lista, tal vez tenga que pagar una fortuna por él. Solicite a su compañía de seguros una copia del "formulario", como se le conoce a dicha lista de medicamentos, y llévela a todas las citas con sus médicos. Pida a su médico que revise la lista antes de recetarle un medicamento. Los médicos preferirán recetarle las medicinas que están en el formulario, ya que saben que así usted podrá adquirirlas con tranquilidad sabiendo que están cubiertas por el seguro.

Consejos para no olvidarse nunca de tomar una pastilla. Si un organizador de pastillas no le funciona, pruebe estas ideas:

+ Pregunte a su médico si le puede recetar pastillas de liberación progresiva (*time-released*, en inglés). Así no tendrá que acordarse de tomarla con tanta frecuencia.

+ Asocie el momento de tomar la pastilla con otra actividad que realiza con regularidad. Por ejemplo, tome la pastilla por las mañanas justo después de recoger el diario.

+ Configure la alarma de su reloj de mano, de su despertador o de su teléfono celular. O compre un despertador para viajes barato.

+ Cámbiese a un organizador de pastillas que viene con alarma.

+ Averigüe si el fabricante del medicamento ofrece un programa de recordatorios. Pregunte a su farmacéutico por el nombre del fabricante y consulte el sitio web de esa compañía para obtener más información.

¿Sabe si tomó la pastilla?

Usted no recuerda si tomó sus medicinas, pero sí sabe que saltarse una pastilla o tomar una de más puede ser peligroso. Para evitar este problema, prepare un cuadro como el de más abajo.

Incluya el nombre del medicamento, el color de la pastilla, las indicaciones y espacios para cada día. En cada casillero libre escriba la hora a la que piensa tomar la pastilla. Cuando llegue la hora, tome la pastilla y tache ese casillero. Así es como se verá el cuadro a las dos de la tarde del día lunes:

Medicinas e indicaciones	Dom	Lun	Mar	Mie	Jue	Vie	Sáb
medicina N°1 (pastilla roja) 4 veces al día con alimentos	9 a.m. 1 p.m. 5 p.m. 9 p.m.	9 a.m. 1 p.m. 5 p.m. 9 p.m.	9 a.m. 1 p.m. 5 p.m. 9 p.m.	9 a.m. 1 p.m. 5 p.m. 9 p.m.	9 a.m. 1 p.m. 5 p.m. 9 p.m.	9 a.m. 1 p.m. 5 p.m. 9 p.m.	9 a.m. 1 p.m. 5 p.m. 9 p.m.
medicina N°2 (pastilla rosada 3 veces al día	8 a.m. 3 p.m. 8 p.m.	8 a.m. 3 p.m. 8 p.m.	8 a.m. 3 p.m. 8 p.m.	8 a.m. 3 p.m. 8 p.m.	8 a.m. 3 p.m. 8 p.m.	8 a.m. 3 p.m. 8 p.m.	8 a.m. 3 p.m. 8 p.m.
medicina N°3 (pastilla azul) antes de acostarse	9 p.m.	9 p.m.	9 p.m.	9 p.m.	9 p.m.	9 p.m.	9 p.m.

Arme un pastillero de gran capacidad por unos centavos. Tal vez usted crea que todos sus medicamentos no pueden caber en un pastillero económico. Pero no importa cuántas pastillas tome usted, es posible armar un organizador de pastillas que responda a sus necesidades. Todo lo que usted necesita son etiquetas autoadhesivas y bolsas de plástico con cierre hermético en dos tamaños.

Compre un paquete de bolsas herméticas con cierre deslizable que lleve la etiqueta *"snack size"* y otro que sea para sándwiches o *"pint-size"*. Si usted luego decide que las bolsas no son del tamaño que usted necesita, puede ir a las tiendas para artículos de oficina o de manualidades y comprar bolsas aún más pequeñas. A continuación, escriba su cronograma de pastillas en un papel. Por ejemplo, usted puede tomar nueve pastillas a las ocho de la mañana, seis al mediodía y cinco a las siete de la noche. Para cada hora que deba tomar pastillas prepare una bolsita con una etiqueta y llénela con las pastillas de esa hora

Coloque estas bolsitas para las horas de tomar medicina en una bolsa más grande para ese día de la semana. Llene las demás bolsas grandes para cada día de la semana, de la misma manera. Cada mañana, tome la bolsa para ese día y llévela consigo a donde vaya. No olvide cambiar de bolsa cada día y rellenar cada semana este cómodo sistema organizador de pastillas.

Concilie el sueño y economice

Si usted pensó que no podía permitirse Ambien, pues se equivoca. Ahora puede conseguir la versión genérica y ahorrar 70 por ciento o más. Por esta razón *Consumer Reports* la eligió como la opción *Best Buy* recomendada para tratar el insomnio. Sólo recuerde tener cuidado al tomar sedantes ya que pueden tener efectos secundarios y producir dependencia.

Ayuda experta para problemas con las medicinas recetadas. Tomar medicinas cuando se sufre de artritis, se tiene problemas de la vista o dificultad para tragar pastillas puede ser una experiencia muy penosa. Afortunadamente cualquier farmacéutico puede ofrecer soluciones sorprendentemente útiles a estos tres problemas. Si usted no puede abrir los frascos de pastillas, pida una tapa diferente. "Nosotros ofrecemos tapas a presión que son mucho más fáciles de abrir", dice Lauren Costick, gerente de la farmacia de Walgreens, en Newnan, Georgia. Pero usted debe ser quien solicita esas tapas fáciles de abrir ya que, de lo contrario, las farmacias están obligadas a darle las tapas a prueba de niños.

Tampoco se conforme con la letra pequeña de la etiqueta del frasco. Comuníquele a su farmacia que prefiere recibir las etiquetas y toda la información sobre el medicamento en letra grande. Y si tragar pastillas es difícil para usted, pregunte al farmacéutico si este medicamento está también disponible en parches o en forma líquida. Tenga el número de teléfono de su médico a mano. El farmacéutico deberá consultar con su médico antes de hacer este cambio en la receta.

Secretos sobre los genéricos que debe conocer. Los medicamentos genéricos son baratos y pueden ser más seguros que muchos medicamentos de marca, pero cambiarse a un genérico puede ser riesgoso. Esto es lo que tiene que saber para ahorrar dinero y proteger su salud:

Según Worstpills.org, con los medicamentos de marca más recientes se presentan más problemas de salud que con los antiguos genéricos. Esto se debería a que la seguridad de los medicamentos recientemente aprobados sólo ha sido estudiada en un número limitado de personas en ensayos clínicos. Pero una vez que ha sido aprobado por la Administración de Alimentos y Fármacos (FDA, en inglés), más personas empiezan a tomarlo. Y eso nos da la prueba más amplia posible de la seguridad de un medicamento, ya que se pondrán de manifiesto los efectos peligrosos que no se presentaron durante las pruebas clínicas. Por esa razón muchos medicamentos que han sido aprobados son retirados del mercado después de sólo unos años. Y por esa misma razón, los genéricos más baratos pueden ser a veces la opción más segura. Cuando un medicamento de marca finalmente empieza a ser vendido como genérico, ha sido usado por tantas personas que su seguridad ya ha sido plenamente confirmada.

Sin embargo, los genéricos aún pueden albergar un peligro oculto para la salud. Mientras que el ingrediente activo en la versión genérica de un medicamento debe ser exactamente el mismo que su equivalente de marca, los ingredientes inactivos pueden variar ampliamente. Eso significa que la versión genérica de un medicamento de marca que se considera seguro, podría contener gluten, azúcares, colorantes, saborizantes artificiales y otros productos que pueden causar reacciones alérgicas o, en diabéticos, peligrosas. Si usted sufre diabetes, intolerancia a ciertos alimentos, enfermedad celiaca o alergias, averigüe cuáles son los ingredientes inactivos del genérico antes de cambiarse y dejar de tomar el medicamento de marca.

Evite errores peligrosos de medicación. Cada año el número de personas víctimas de lesiones, hospitalizadas o que mueren como resultado de errores médicos es mayor que el número de habitantes de Hawai y Alaska combinados. Eso es más de 2 millones de personas y usted podría ser la siguiente víctima. Para protegerse usted debe saber todo lo que pueda sobre los medicamentos que toma. Haga las siguientes preguntas a su médico sobre cualquier medicamento que le recete:

✦ ¿Por qué necesito tomar este medicamento?

✦ ¿Cuáles son los riesgos de tomar este medicamento?

✦ ¿Qué efectos secundarios puede tener?

✦ ¿Qué debo hacer si me olvido de una dosis?

✦ ¿Cuánto debo tomar y con qué frecuencia?

✦ ¿Cuál es el nombre de este medicamento?

✦ ¿Debo evitar algún alimento, vitamina, actividad u otro medicamento mientras lo esté tomando?

Si no puede recordar estas preguntas, escríbalas y entréguele el papel a su médico. Anote sus respuestas. Lleve esas notas a la farmacia, para asegurarse de que está recibiendo el medicamento apropiado. Manténgalas junto con sus medicamentos en casa.

Para mayor seguridad, infórmese sobre sus medicinas. Si tiene acceso a Internet, visite las páginas web mencionadas en las páginas 202 y 203. Siempre lea la información incluida en los empaques de los medicamentos. También puede a ir a la biblioteca local y pedir un ejemplar del *Physicians' Desk Reference*. En esta guía en inglés podrá encontrar información útil que el médico no tuvo tiempo de mencionar. En ella también se advierte sobre las posibles interacciones entre medicamentos y alimentos. Esta guía incluye imágenes de los medicamentos comúnmente recetados y le indica cómo detectar una sobredosis.

Evite los peligros de los medicamentos de venta con receta. "La seguridad en la atención médica debe continuar más allá de las puertas del hospital y del consultorio médico", dice Carolyn Clancy, doctora en medicina y directora de la Agencia para la Investigación y la Calidad del Cuidado de la Salud (AHRQ, en inglés). "Los errores de medicación que ocurren en casa son un problema serio".

Usted puede prevenir los errores de medicación con estos consejos:

✦ Almacene los medicamentos por separado y lejos de otros tipos de contenedores, recomienda Hedy Cohen, enfermera registrada y vicepresidente del Instituto para Prácticas de Medicación Seguras. Cohen una vez recibió un informe de una persona que accidentalmente tomó el medicamento de su mascota, debido a que guardaba todas las medicinas juntas. También advierte que guardar un tubo de gel medicinal junto a la pasta de dientes podría ocasionar un problema.

✦ No caiga en la tentación de tomar una pastilla más si la dosis normal del medicamento no alivia sus síntomas. Usted podría ser víctima de lo que se conoce como el "efecto techo". Eso sucede cuando los receptores del cuerpo hacia ese medicamento han llegado a su tope. Si usted aumenta la dosis, otros receptores del organismo podrían empezar a aceptarla, lo que conduciría a efectos secundarios desagradables y hasta peligrosos.

✦ No deje de tomar una medicina debido a que es demasiado cara. Dejar de tomar ciertos medicamentos repentinamente puede ser peligroso. En su lugar, llame a su médico, explíquele que la medicina que le recetó es demasiado cara y pregúntele si hay una alternativa más barata.

En muchos casos, cometer un error de medicación en casa se puede evitar antes de llegar a casa. Pídale a su médico que le explique en detalle su medicación, incluidos el nombre, la dosis y cómo usarla. "Siempre es mejor hablar con su proveedor de atención médica para asegurarse de estar tomando sus medicamentos con receta de manera segura", dice Clancy.

El peligro de tomar el medicamento equivocado

Muchas veces el médico llama por teléfono a una farmacia para dictarle la receta. Es posible que un día llame a su farmacia para recetarle Zantac y el farmacéutico, que escuchó Xanax, le dé un medicamento equivocado. Lo mismo sucede si una receta es difícil de leer. "Los errores que resultan de medicamentos que son parecidos en nombre o en apariencia son un serio problema que aflige a todo nuestro sistema de salud", dice Darrell Abernethy, doctor en medicina y principal funcionario científico de U. S. Pharmacopeia.

De hecho, un informe reciente de U.S. Pharmacopeia encontró que 1,470 medicamentos tienen nombres que se parecen o que suenan como los nombres de otros medicamentos. Eso hace que sea muy fácil para un farmacéutico malentender lo que ha recetado el médico. Para protegerse, pida a su médico que le deletree los nombres de los medicamentos, tanto de marca como genéricos. Anótelos y revise la etiqueta de los medicamentos que recibe en la farmacia.

Medicamentos con receta	Medicamentos con nombres que se parecen o suenan igual
Celexa	Zyprexa
Evista	Avinza
Paxil	Taxol
Prilosec	Prozac
Actonel	Actos
Allegra	Viagra
Aricept	Aciphex

Truco calmante para acabar con la miseria de los antibióticos. Usted odia los antibióticos porque siempre le producen diarrea, pero una visita a la tienda de comestibles puede acabar con esa pesadilla. Un estudio reciente encontró que los adultos mayores de 50 años reducían la probabilidad de sufrir diarrea a causa de los antibióticos cuando disfrutaban una bebida probiótica dos veces al día. Si usted desea seguir este consejo, tenga en cuenta que cada bebida contenía "cultivos vivos" de bacterias beneficiosas, tales como *Lactobacillus casei*, *Lactobacillus bulgaricus* y *Streptococcus thermophilus*. Busque esos ingredientes cuando vaya de compras.

Además, recuerde que cada bebida en el estudio fue de sólo 97 mililitros, unas 3 onzas. Téngalo en cuenta ya que el precio por onza de algunas bebidas probióticas puede ser bastante alto. Después de tomar un antibiótico, es muy importante no tomar probióticos dentro de las dos horas siguientes. Así evita que los antibióticos maten a los probióticos y de esta manera aprovecha al máximo los beneficios de su inversión.

La mejor manera de prevenir un resfriado

Dos cosas que se encuentran en todos los baños y cocinas, es todo lo que necesita para combatir 200 virus diferentes, incluidos los que causan el temido resfriado común. Y usted necesitará su ayuda, porque los virus escurridizos están al acecho en los teléfonos, los pasamanos y muchos otros lugares que usted toca a diario. Las manos sólo necesitan pasar por esos lugares para contaminarse.

Peor aún, cada vez que se toca los ojos o la nariz, puede estar transmitiendo estas bacterias a su cuerpo a través de las manos. No es de extrañar, entonces, que ir al baño o a la cocina de manera regular pueda romper esta cadena, porque es ahí donde encontrará agua y jabón para acabar con los virus y bacterias.

Y algo más: no use geles antibacterianos para manos si tiene agua y jabón. Las investigaciones muestran que un simple lavado de manos es mucho más poderoso que los geles para eliminar estos virus. Así que lávese las manos a menudo y utilice los geles únicamente cuando no puede conseguir agua y jabón.

Acabe con el peligro de las pastillas sobrantes. Su médico le recetó analgésicos para una semana, pero al tercer día sus dolores habían desaparecido. Uno pensaría que lo lógico sería tirar las pastillas sobrantes al inodoro, pero eso podría contaminar los arroyos en su área. De hecho, los científicos dicen haber encontrado vestigios de medicamentos en peces. Tampoco puede tirarlas a la basura. Las investigaciones muestran que los adolescentes consumen estas pastillas recetadas que consiguen "gratis".

Use uno de los siguientes métodos para deshacerse de los medicamentos sobrantes de manera segura:

Primero, llame a su farmacéutico para saber si su Estado tiene normas para deshacerse de medicamentos y pregúntele si conoce algún sitio de recolección de medicamentos sobrantes. Antes de llevarlos, asegúrese de eliminar cualquier información personal de las etiquetas, como su nombre o su número de teléfono.

Si su farmacéutico le aconseja tirarlos a la basura, asegúrese de hacerlo correctamente. Mezcle arena para gatos ya usada o posos de café con las pastillas, borre cualquier información personal de las etiquetas y ponga el frasco en una bolsa de cierre hermético. Si la bolsa es transparente, colóquela dentro de una bolsa opaca y asegúrela.

Pasos para economizar energía

Haga que la compañía de electricidad le pague a usted. Cuando usted se inscribe en el programa de manejo de carga de Georgia Power, recibe un crédito de $20 en su factura de electricidad. Algunas otras empresas de servicio público ofrecen programas similares de incentivos para reducir el consumo de electricidad durante las horas de mayor demanda.

"Los equipos de aire acondicionado funcionan por ciclos, es decir, operan por un tiempo determinado y luego se apagan", explica Dean Harless, gerente de Asuntos de Marketing de Georgia Power. Cuando usted se inscribe en un programa de manejo de carga, la compañía de servicios públicos instala un interruptor con un receptor de radio en su sistema de aire acondicionado. Cuando el consumo de energía en su comunidad empieza a abrumar a la compañía eléctrica, ésta envía una señal al receptor para apagar su aire acondicionado.

"Por ejemplo, si el aire acondicionado funciona normalmente durante 15 minutos, el interruptor hará que opere durante 5 minutos", dice Harless. La temperatura en su hogar podría subir unos cuantos grados, hasta que se reanude el aire acondicionado. "Esta reducción del consumo de electricidad significa menos presión para el sistema durante las horas pico de demanda de energía". Harless dice que su compañía por lo general activa este interruptor sólo unas cuantas veces cada verano, así que es probable que los usuarios ni noten la diferencia. Pero cada vez que Georgia Power hace uso del interruptor, le acredita $2 en su factura de electricidad. La inscripción en el programa y la instalación del receptor son gratuitas.

Ingenioso dispositivo hará feliz a su bolsillo. Con un termostato programable de Energy Star usted podría reducir su factura de calefacción, de gas o de electricidad, hasta en 30 por ciento. Este ingenioso dispositivo mantiene la casa caliente a un costo menor, al regular automáticamente la temperatura basándose en su horario personal.

Usted ya no tendrá que acordarse de apagar la calefacción al salir de casa, el termostato se encargará de hacerlo. Además, durante el invierno usted puede ahorrar hasta 5 por ciento de su factura de calefacción por cada grado que reduzca en el termostato.

Si usted tiene una bomba de calor utilice un termostato programable especialmente diseñado para ese sistema. Con un termostato, la temperatura de la bomba de calor subirá y bajará gradualmente, sin llegar a activar el calentador eléctrico auxiliar, que es menos eficiente. Mantenga las lámparas y los televisores lejos del termostato del aire acondicionado. El termostato puede detectar estas fuentes de calor y hacer que el aire acondicionado funcione más tiempo del necesario.

Reduzca su factura de energía

Con estos seis pasos usted podrá ahorrar más de $700 al año en servicios públicos y, al mismo tiempo, conservar energía.

Plan de acción	Ahorro potencial en un año
Reemplace los viejos electrodomésticos y equipos de calefacción y enfriamiento con productos certificados por Energy Star.	$450
Lave la ropa con agua fría utilizando detergentes formulados para agua fría.	$63
Instale un termostato programable de Energy Star que automáticamente regula la temperatura cuando usted no está en casa y durante las noches.	$100
Inscríbase en los programas de manejo de carga o de tarifa reducida de su compañía de servicios públicos.	$100
Utilice un sistema de ventilación integral (o ventilador de ático) en lugar de aire acondicionado para enfriar la casa.	$330
Reemplace las cinco bombillas de luz incandescente de mayor uso con bombillas fluorescentes certificadas por Energy Star.	$60

Con los ventiladores de techo usted obtiene ahorros refrescantes.

En estudios realizados por el Centro de Energía Solar de Florida se encontró que tener un ventilador de techo puede reducir el costo de energía durante el verano, siempre y cuando también se suba el termostato. Los ventiladores le permiten aumentar la temperatura en el termostato en seis grados y sentirse igual de fresco. Eso implica un ahorro considerable. Subir el termostato tan sólo dos grados durante el verano puede reducir en 14 por ciento la factura de aire acondicionado. Cuanto más alto lo suba, más ahorrará. De otro lado, programar el aire acondicionado en un nivel bajo mientras que tiene los ventiladores funcionando, de hecho aumentará la factura.

Dos pasos para aumentar la eficiencia del HVAC.

Mejore la eficiencia de su sistema de calefacción, ventilación y aire acondicionado (HVAC, en inglés) y ahorre dinero con dos pasos sencillos:

✦ Revise el filtro de aire cada mes. Un filtro sucio bloquea el flujo de aire forzando al sistema a trabajar más. Limpie o cambie el filtro según sea necesario para ahorrar energía y evitar averías.

✦ Contrate a un experto para que revise el aire acondicionado en la primavera y el sistema de calefacción en el otoño. Poner a punto el sistema hace que funcione más eficientemente.

Método probado para atrapar alergenos

Según los expertos de la Asociación Estadounidense del Pulmón (ALA, en inglés), el uso de filtros de aire en el sistema de calefacción y enfriamiento es el método más efectivo para eliminar los alergenos en el aire, pero sólo funcionan si usted los limpia o cambia con regularidad. Los filtros de alta eficiencia para partículas en el aire o filtros HEPA, por sus siglas en inglés, son el estándar recomendado debido a que retienen la mayor cantidad de partículas. Los filtros plisados tipo acordeón tienen una mayor superficie por lo que pueden atrapar más alergenos que los modelos planos.

La mejor manera de reparar conductos con fugas.

Las fugas en los conductos de ventilación y calefacción son una de las principales causas de desperdicio de energía en el hogar. Afortunadamente es fácil reparar las fugas:

+ Compruebe si hay fugas de aire. Revise si los conductos tienen agujeros o si los empalmes se han separado.

+ Si encuentra una fuga de aire, olvídese de la cinta adhesiva plateada multiuso. También conocida como *duct tape,* esta cinta sirve para casi todo, salvo para reparar conductos con fugas. Utilice masilla, una sustancia pegajosa que se aplica con pincel. Las cintas de butilo o de aluminio también funcionan. Busque cintas que lleven el logo de Underwriters Laboratories (UL).

Obtenga más calor de la leña

La cantidad de calor que produce la leña depende de su peso. Las maderas más pesadas y duras, como la madera dura seca, pesan dos veces más que las maderas blandas y emiten dos veces más calor al quemarse. El fresno blanco, la haya, el abedul amarillo, el arce sacarino, el roble rojo y el roble blanco producen más calor. Si usted tiene varias especies en su pila de leña, queme las maderas blandas en los meses más cálidos del invierno y guarde las maderas duras para los meses más fríos.

Cuatro consejos para comprar ventanas nuevas.

Según el Departamento de Energía de Estados Unidos, la pérdida de calor debido a ventanas con corrientes de aire puede llegar a representar entre el 10 y el 25 por ciento de su factura de energía. Éstas son pautas a seguir a la hora de comprar sus nuevas ventanas:

+ En la zona sur del país conocida como Sun Belt (cinturón de sol) y en otros lugares de clima cálido, adquiera ventanas de doble cristal y con revestimiento espectralmente selectivo. Éstas bloquean en parte la luz del sol, manteniendo las habitaciones más frescas durante el verano y reduciendo entre 10 y 15 por ciento sus gastos de enfriamiento.

✦ En climas más fríos, elija ventanas rellenas de gas con revestimiento de baja emisividad (*low-e,* en inglés) y con un valor U de 0.35 o menos. El revestimiento *low-e* refleja el calor de vuelta a la habitación durante el invierno, mientras que los valores U miden la capacidad de aislamiento. Cuanto menor sea el valor U, mejor será el aislamiento.

✦ En climas templados, donde hace frío y calor, elija ventanas que tengan valores U bajos, para una mejor protección contra el frío, así como coeficientes de acumulación de calor solar (SHGC, en inglés) bajos, para mantener la casa fresca durante el verano.

✦ No importa en qué clima viva, compre ventanas con la etiqueta de Energy Star, EnergyGuide o National Fenestration Rating Council. También busque las ventanas que tengan un índice de fuga de aire de 0.3 pies cúbicos por minuto o menos.

Solución rápida para la "fuga de frío" del refrigerador. Un billete de dólar puede ayudarle a ahorrar dinero y electricidad. Y ni siquiera tiene que gastarlo. Cierre la puerta del refrigerador sobre un billete de dólar y luego trate de recuperarlo. Si el billete se desliza con facilidad, el refrigerador está perdiendo aire frío y usted está perdiendo dinero. Ajuste el cierre de la puerta o cambie el sello de goma alrededor del borde de la puerta.

Ahorre energía y cuide el medio ambiente

Cada vez más compañías de servicios públicos ofrecen opciones "verdes" a sus clientes, para que puedan adquirir bloques de energía de fuentes renovables, como la energía eólica y la solar. Comuníquese con su compañía de servicios públicos sobre la posibilidad de comprar energía limpia. O visite el sitio web *www.eere.energy.gov/greenpower* (en inglés) y haga clic en el mapa para ver cuáles son las opciones verdes en su Estado.

Tres consejos de cocina para ahorrar energía. Créalo o no, usted puede reducir su factura de energía mientras cocina. Pruebe estos consejos ahorradores:

+ Si usted tiene tres platillos que desea hornear a temperaturas diferentes, no los hornee por separado. Elija la temperatura promedio y colóquelos todos a la vez. No se moleste en precalentar el horno para una receta que necesita más de una hora de horneado.

+ Ase los alimentos a la parrilla cuando sea posible, ya que asar no requiere precalentar.

+ En los meses cálidos, encienda la campana extractora mientras cocina. El extractor aspirará el aire caliente y el ambiente se mantendrá fresco.

Potencie la eficiencia de su refrigerador. Envuelva los alimentos y cubra los líquidos antes de guardarlos en el refrigerador. De lo contrario, la humedad que liberan los alimentos hará que el compresor de su refrigerador trabaje más.

Mantenga la frescura en climas secos

Los acondicionadores de aire normales son una mala elección para climas secos. Mejor compre un enfriador de evaporación. Cuesta menos y, además, añade humedad al ambiente.

Desconecte para conectarse a más ahorros. Ahorre dinero desconectando, y no sólo apagando los electrodomésticos pequeños. Los televisores, las tostadoras, los cargadores de batería, las computadoras y la mayoría de los aparatos eléctricos consumen energía mientras están enchufados, aun si están apagados. Desconéctelos y podría ahorrar hasta 75 por ciento de electricidad. Para hacerlo más fácil, conecte los aparatos que están cerca a una misma base con tomas múltiples, para así cortar la electricidad a todos los electrodomésticos apagando un solo interruptor.

Comidas saludables en el microondas

Conozca algunas de las ventajas de cocinar en microondas:

◆ Precocinar en el microondas la papa para las papas fritas, reduce el tiempo que necesitará para freírlas, lo que a su vez reduce los niveles de un compuesto cancerígeno llamado acrilamida.

◆ La mayoría de los expertos coinciden en que cocinar las verduras en el microondas generalmente no destruye los nutrientes, siempre y cuando utilice poco o nada de agua. Las crucíferas son la excepción: cocinar el brócoli, la coliflor y el repollo en alta potencia podría destruir más nutrientes que si los cocina al vapor.

Dinero gratis para modernizar electrodomésticos.

El gobierno y hasta las empresas de servicios públicos están literalmente regalando dinero para ayudarle a comprar aparatos más eficientes en energía. Si usted necesita un calentador de agua, un refrigerador u otro electrodoméstico, consulte los siguientes sitios web y averigüe si usted también puede recibir un crédito fiscal o un reembolso para adquirir un nuevo modelo de consumo eficiente de energía. Estos sitios además proporcionan información sobre préstamos hipotecarios para remodelar y mejorar la eficiencia energética de una vivienda:

✦ *www.dsireusa.org*

✦ *www.energystar.gov*

✦ *www.ase.org/taxcredits*

✦ *www.energytaxincentives.org*

Comuníquese directamente con su compañía de gas y electricidad, y pregunte sobre su política de reembolsos. Si no ofrecen este tipo de incentivos financieros, considere la posibilidad de cambiar de proveedor. Llame a la competencia y compare los incentivos y los costos de energía. Además, averigüe si su Estado ofrece una tregua fiscal del impuesto sobre las ventas en productos de eficiencia energética.

Los tres mayores errores energéticos

Si los corrige obtendrá ahorros instantáneos:

◆ Comprar un segundo refrigerador o congelador. Si necesita más espacio para almacenar alimentos, es mejor comprar un refrigerador más grande. En general, es más económico tener un modelo grande que dos pequeños.

◆ Colocar aislamiento térmico únicamente en el ático. A pesar de que el calor sube, también debe colocarse aislamiento en los pisos de los semisótanos y de los sótanos sin calefacción, así como en las ventanas y las paredes exteriores.

◆ Comprar el tamaño equivocado de equipo de calefacción y enfriamiento. No se deje presionar por los vendedores. Compre el tamaño que necesita para máxima eficiencia.

Dispositivo mejora eficiencia de electrodomésticos.

Usted sabe que el congelador en el garaje "traga" energía, pero no puede desprenderse de él. Mejore su eficiencia al instante con un controlador de potencia. Este sencillo dispositivo regula la electricidad que llega a través del tomacorriente y la ajusta a las necesidades del motor. De ese modo, se mantiene la eficiencia óptima del electrodoméstico a un costo menor. Usted verá mayores ahorros en los aparatos fabricados antes de 1990. Los modelos posteriores ya vienen con dispositivos ahorradores de energía, por lo que un controlador de potencia será de poca ayuda.

Obtenga mejor luz de las bombillas fluorescentes.

Los fluorescentes compactos (CFL, en inglés), esos modernos tubos, bombillas y focos ahorradores, vienen en diferentes colores y luminosidades, no sólo en el blanco azulado de los antiguos fluorescentes. Utilice esta guía a la hora de comprar nuevas bombillas o focos:

✦ Los vatios miden cuánta energía utiliza una bombilla, mientras que los lúmenes miden la cantidad de luz que emite. Dos fluorescentes compactos pueden usar la misma cantidad de vatios, pero emitir distintas cantidades de luz. Lea la etiqueta del paquete y compre el fluorescente compacto que tenga la misma cantidad de lúmenes de la bombilla que está cambiando, o más si necesita más luz.

✦ Al igual que las bombillas normales, los fluorescentes compactos están disponibles en distintas tonalidades de luz, desde la luz azulada más fría hasta la luz amarillenta más cálida. Si desea la luz suave o cálida de las bombillas incandescentes, busque una temperatura de color correlacionada (CCT, en inglés) de 2700K y 3000K. Pero si busca una luz similar a la de una bombilla "blanca brillante", "luz diurna" o "natural", entonces busque un CCT de 3500K o más.

✦ El índice de reproducción cromática (CRI, en inglés) mide la capacidad de la bombilla de mostrar el color real del objeto, comparado con la luz del sol. Compre los fluorescentes compactos que tengan un CRI de 80 o más.

✦ Compre únicamente fluorescentes compactos certificados por Energy Star. Estos fluorescentes deben cumplir estándares exigentes y a diferencia de otros, tienen la garantía de no zumbar.

Haga su propia auditoría energética

Usted puede evaluar la eficiencia energética de su hogar sin tener que contratar a un experto. Estos tres sitios web le ayudan a determinar la energía que consumen sus electrodomésticos y la energía que necesita para calentar y enfriar su casa, y le recomiendan cambios sencillos para ahorrar dinero:

◆ *www.energysavers.gov*

◆ *rehabadvisor.pathnet.org*

◆ *hes.lbl.gov*

Apague la luz a un mito común. Dejar las luces fluorescentes encendidas no le ahorra dinero. Las viejas luces fluorescentes necesitaban mucha más energía para encenderse que para permanecer encendidas, no ocurre lo mismo con las nuevas y tampoco con las bombillas incandescentes. Para no malgastar su dinero, apague la luz al salir de una habitación.

Luces LED para resplandecer durante las fiestas.

Tire sus antiguas luces navideñas e ilumine su hogar con diodos emisores de luz o LED, por sus siglas en inglés. Las luces LED se parecen a las clásicas sartas de lucecitas navideñas, pero son frías al tacto, es menos probable que provoquen un incendio y pueden reducir el gasto de energía un 85 por ciento en comparación con las luces navideñas incandescentes. Busque luces navideñas con el sello de Underwriters Laboratories (UL).

Pague menos por los servicios públicos. Cuatro tácticas para pagar el precio que usted desea:

✦ Estudie las ofertas de los competidores, luego llame a su actual proveedor para pedirle las mismas ofertas. Tenga los términos de las ofertas de la competencia frente a usted para poder repetirlos, palabra por palabra. Sea firme pero cortés, y asegúrese de hablar con alguien que tenga la autoridad para negociar.

✦ Luche por conseguir la categoría de "nuevo cliente". Si su actual proveedor tiene una fabulosa oferta sólo para clientes nuevos, llame y solicite la misma tarifa. Puede que se la den si usted firma un compromiso por un año más de servicio.

✦ Verifique tarifas a través de la comisión estatal de servicios públicos. Muchos gobiernos estatales ofrecen herramientas en línea para comparar tarifas de los distintos proveedores de servicios públicos.

✦ Los sitios recopiladores de servicios le ayudan a encontrar las tarifas de las compañías de teléfonos, de cable, de electricidad, de gas, de Internet y de otros proveedores de su área. Algunos sitios hasta le ayudan a cambiarse de proveedor. Vaya a *www.whitefence.com*, *www.connectutilities.com* y *www.allconnect.com*. Algunos cobran una comisión por el cambio de proveedor. Debido a que no todos los proveedores publican sus tarifas en estos sitios, es aconsejable consultar otras fuentes y comparar precios.

Cinco pasos para resolver errores de facturación.

Un error de facturación no tiene por qué acabar en una pelea a gritos con el servicio al cliente. Usted puede resolverlo sin levantar la voz:

✦ Llame cuando la compañía esté menos ocupada, por ejemplo, durante la mañana del miércoles o del viernes. No llame un lunes o después de un feriado.

✦ Sea firme pero cortés. Evite el tono beligerante. Hable con el representante como si quisiera trabajar con él para encontrar una solución al problema.

✦ Tome notas durante la conversación, incluido el número de caso asignado a su problema, el nombre y la extensión telefónica del representante, y la fecha y hora de su llamada. Pregunte cuándo se espera que la compañía resuelva el problema y anote la fecha para hacer un seguimiento.

✦ Trate de llamar en otro momento del día si no logra nada positivo con un representante en particular. Tal vez le toque alguien más dispuesto a ayudarle. Si el problema persiste, solicite hablar con el gerente.

✦ Presente una queja ante la comisión de servicios públicos de su Estado si no logra resolver el problema con la compañía. Si aún no queda satisfecho, presente su queja ante el Better Business Bureau (Oficina de Buenas Prácticas Comerciales).

Pintar para aislar

Esta nueva pintura hace mucho más que redecorar una habitación, ya que sirve como aislamiento térmico para el hogar y ayuda a reducir las facturas de energía. Insuladd es un polvo especial de cerámica que se agrega a la pintura normal para pintar paredes interiores y exteriores. Insuladd contiene diminutas esferas huecas de cerámica. Al secarse sobre la pared, la capa de pintura forma una película delgada que, según los fabricantes, impide la salida del calor durante los meses de invierno y la entrada durante los meses de verano. Para más información o para solicitar el producto, vaya a *www.insuladd.com* o llame al 888-748-5233.

Reduzca sus facturas de teléfono

Ponga fin a las llamadas de telemercadeo. Acabe
con la mayoría de las llamadas no deseadas de vendedores telefónicos
inscribiéndose en el Registro Nacional No Llame *(National Do Not Call
List)*. Simplemente marque 888-382-1222 y presione 2 para español desde
el número que desee registrar o vaya a *www.donotcall.gov/default_es.aspx*.

Las organizaciones políticas, las organizaciones benéficas, las encuestadoras
y las compañías con las que usted ya tiene contacto podrán seguir
llamándole. Hágales saber por separado si no desea seguir recibiendo estas
llamadas. Las empresas de telemarketing, sin embargo, tienen 31 días
para retirarlo de sus listas. Si las llamadas continúan, hay seis maneras de
hacer que lamenten haber marcado su número. Presente una queja ante:

+ La Comisión Federal de Comercio (FTC) al 888-382-1222
  o en *www.donotcall.gov*. Proporcione el nombre o el número
  telefónico de la compañía y la fecha de la llamada.

+ La Oficina de Buenas Prácticas Comerciales (Better Business
  Bureau) del Estado donde está la sede de la compañía.

+ La Comisión Federal de Comunicaciones (FCC) al
  888-CALL-FCC o al 888-225-5322.

+ El fiscal general del Estado.

+ La comisión estatal de servicios públicos.

+ La corte de reclamos menores. Si usted solicita a una compañía
  que lo borren de su lista de llamadas, pero ésta vuelve a llamar
  dentro de los siguientes 12 meses, usted puede demandarla.

Protéjase contra el fraude en la factura telefónica.
El "cramming" ocurre cuando en su factura aparecen cargos por servicios
que usted nunca solicitó o que cuestan más de lo que la compañía le

hizo creer. Detectar estos cargos fraudulentos no es tarea fácil. Pueden aparecer en la factura como cargos por servicio bajo distintos nombres —*service fee, service charge, other fees, monthly fees, minimum monthly usage fee*— o también como cargos por un plan de llamadas o por membresía —*calling plan, membership*—, entre otros.

Revise detenidamente su factura de teléfono todos los meses y exija una explicación por los cargos que no reconozca o no entienda. Hágalo antes de pagar la cuenta y pida que los cargos incorrectos sean ajustados. Si la compañía se niega a hacerlo, presente una queja ante la FCC llamando al 888-CALL-FCC o ante la comisión de servicios públicos de su Estado.

Hágale frente a la estafa de "slamming". El "slamming" ocurre cuando su servicio telefónico es cambiado sin su autorización. En esos casos, usted no tiene que pagar por los 30 primeros días del nuevo servicio. Es más, la compañía telefónica debe reembolsarle la mitad de los cobros fraudulentos. Para eso usted primero tiene que detectar la estafa. Tenga en cuenta los siguientes consejos:

✦ Si usted ve el nombre de una nueva compañía telefónica en su factura, llame de inmediato y exija una explicación.

✦ Si alguien le llama y le pide que se cambie de compañía para el servicio local o de larga distancia, usted puede decirle que no tiene interés y que borre su nombre de su lista de llamadas.

✦ Si usted recibe una carta en la que le solicitan verificar el cambio a una nueva compañía telefónica (y usted no autorizó ese cambio) llame al remitente de inmediato. Luego llame a su compañía local y hágale saber que desea permanecer con sus proveedores originales.

Llame gratis al 411. Existen dos nuevos servicios de asistencia de directorio que le ofrecen la misma información del 411, pero gratis:

✦ Marque el 800-FREE-411 y escuche un breve comercial de diez segundos antes de recibir asistencia de directorio.

✦ Llame al 800-GOOG-411 para obtener asistencia sin comerciales sobre los listados de las empresas. Este servicio de Google le permite conectar su llamada automáticamente y recibir un mapa o un mensaje de texto con la información del listado telefónico.

Proteja el marcapasos de los teléfonos móviles

Los teléfonos celulares pueden interferir con las señales del marcapasos en algunas personas. Cuando el celular está encendido, manténgalo por lo menos a 6 pulgadas (15 cm) de distancia del marcapasos. Aleje el celular del cuerpo al marcar un número y manténgalo contra el oído, lo más alejado posible del marcapasos, mientras habla. Nunca lleve el celular encendido en el bolsillo de la camisa directamente sobre el marcapasos.

Celulares gratuitos para los "cazaofertas". Cómprelo en línea y su próximo celular podría ser gratuito. Las principales operadoras de teléfono, como Verizon *(www.verizonwireless.com)* y AT&T *(www.wireless.att.com)*, tienen atractivas ofertas en celulares si usted compra uno en línea y firma un contrato por uno o dos años. Los distribuidores independientes, como LetsTalk.com *(www.letstalk.com)* también ofrecen excelentes promociones en teléfonos de todas las operadoras, la mayoría en forma de descuentos mediante reembolsos instantáneos o a realizarse por correo.

Decida primero qué teléfono desea antes de comprar en línea. Vaya a una de las tiendas físicas de la compañía operadora para poder probar y tocar los teléfonos y presionar los botones. Cuando decida qué modelo quiere, busque en Internet la mejor oferta para ese modelo. Asegúrese de entender los términos del contrato antes de dar el salto. La mayoría de las compañías cobran cargos elevados por cancelación si usted luego decide romper el contrato. Asegúrese de que le den un período de prueba durante el cual usted puede devolver el teléfono y cancelar el servicio sin costo alguno, si no logra conseguir recepción en los lugares donde la necesita.

Advertencia para el 911 inalámbrico. Llevar un teléfono celular para casos de emergencia es buena idea. "Los celulares pueden salvar vidas", dice Patrick Halley, director de asuntos de gobierno de la Asociación Nacional de Números de Emergencia.

Pero hay un detalle. Los teléfonos fijos están asociados a una dirección de calle. Cuando usted marca 911 desde un teléfono fijo, el operador puede determinar su ubicación física, lo que ayuda a la policía, a los bomberos y a los técnicos de emergencias médicas a llegar a usted mucho más rápido. Cuando usted llama de un teléfono inalámbrico, sin embargo, los proveedores de telefonía móvil estiman desde dónde ha hecho usted la llamada y envían esa información al centro de recepción de llamadas del 911 más cercano. "Pero se trata de una aproximación, no de la ubicación física exacta", dice Halley. "Si llamo del piso 17 de un edificio de apartamentos desde mi teléfono fijo, los operadores saben desde dónde estoy llamando. Pero si lo hago desde un celular, es posible que ni sepan en qué edificio estoy, mucho menos en qué piso". Por eso es importante decirle al operador del 911 desde dónde está llamando. "Es más fácil decirlo que hacerlo, pero mantenga la calma y dele la ubicación exacta", aconseja Halley. No cuelgue hasta no haberlo hecho.

Olvídese de contratos y de cargos por cancelación.
Salirse de un extenso contrato de telefonía celular le puede costar hasta $250 por cada teléfono, debido a los escandalosos cargos por cancelación establecidos por las compañías telefónicas. Afortunadamente, ahora usted puede recurrir a sitios web como *www.cellswapper.com* y *www.celltradeusa.com*. Estos servicios le ayudan a encontrar a alguien interesado en asumir el contrato telefónico hasta finalizar el término del mismo y así evitar los cargos excesivos por cancelación.

Ponga fin a los mensajes de texto costosos. Los
mensajes de texto no deseados pueden hacer que su factura de teléfono celular se vaya por las nubes. Tome el control de su factura bloqueando estos mensajes basura enviados por algunas compañías, a los que también se les conoce como spam celular. Si usted recibe mensajes de texto no solicitados, llame a su compañía de telefonía móvil y pida que le deduzcan el costo de estos mensajes de su factura mensual. Los textos de amigos bien intencionados o los números equivocados también contribuyen a aumentar estos cargos adicionales. Su compañía de

telefonía celular le puede permitir bloquear varios números de teléfono para que no puedan enviarle mensajes de texto. Algunos proveedores de servicio hasta podrían desactivar la función de recibir y enviar mensajes de texto. Llame a su proveedor para más detalles.

Lo último sobre los teléfonos celulares y el cáncer

La Sociedad del Cáncer de Estados Unidos (ACS, en inglés) dice que los teléfonos celulares no aumentan el riesgo de desarrollar cáncer cerebral. Sin embargo, investigaciones más recientes habrían establecido un vínculo entre el uso a largo plazo de los teléfonos celulares y el desarrollo de tumores poco frecuentes, llamados neuromas acústicos. Aunque se necesitan más estudios, la ACS recomienda protegerse usando los celulares solamente para conversaciones breves y utilizando auriculares para mantener el teléfono alejado del cuerpo. Tanto la duración de la llamada como la cercanía del teléfono podrían incrementar el riesgo de desarrollar un neuroma acústico.

ICE, tres letras que pueden salvarle la vida. Los médicos de las salas de emergencias y las personas que dan los primeros auxilios a menudo utilizan el teléfono celular de las víctimas para localizar a familiares y amigos cuando éstas no pueden hablar por sí mismas. Las personas cercanas pueden informar sobre las alergias a medicamentos, la historia médica, los medicamentos que toma y cualquier necesidad especial del paciente. Abra la libreta de direcciones de su teléfono celular e ingrese las letras ICE, un acrónimo de "In Case of Emergency" (en caso de emergencia), al lado de los nombres de las personas que usted desea que sean contactadas en una emergencia.

Soluciones sencillas a los problemas de plomería

Dos pasos para ahorrar más agua. Gaste cinco dólares en la ferretería y reduzca su consumo de agua en miles de galones al año, instalando, a bajo costo, un aireador para grifo. Primero compruebe si su grifo o llave de agua ya tiene un aireador. Busque el número pequeño impreso en la boca de la llave de agua. Este número indica la velocidad del flujo de agua. Cuanto más bajo el número, mejor: si es mayor a 2.75 gpm (galones por minuto), instale un nuevo aireador. Si no ve un número, quiere decir que no tiene aireador instalado. Pase el dedo alrededor del interior de la boca del grifo; si siente los filetes de la rosca significa que usted podrá enroscar un aireador en el grifo.

También considere la posibilidad de reemplazar el viejo cabezal de ducha que gotea, con un modelo de bajo flujo, que sólo use 2.5 galones de agua por minuto. Usted puede saber si su cabezal es un derrochador de agua colocando una cacerola de dos cuartos de galón en el piso de la bañera. Abra la llave de la ducha o regadera al máximo y sitúe la cacerola justo debajo del centro del chorro. Si se llena en menos de 12 segundos, usted necesita un cabezal de bajo flujo.

Arreglos rápidos para las llaves de agua. Usted no necesita llamar a un plomero para los siguientes problemas:

✦ Si el chorro de agua que sale del grifo es irregular, es probable que el aireador esté obstruido. Simplemente desenrosque el aireador y enjuague el filtro interior, para eliminar los depósitos minerales.

✦ Si la presión del agua del grifo del fregadero es baja, es probable que necesite limpiar la válvula desviadora. Desenrosque la cabeza del rociador y busque una válvula pequeña en la base del grifo. Sáquela con la ayuda de un destornillador y remójela en un baño caliente de mitad vinagre, mitad agua.

✦ Si el cabezal de la ducha gotea, lo más probable es que necesite un nuevo anillo "O", que es un pequeño anillo o junta de goma. Desenrosque el cabezal del brazo de la ducha fijado a la pared. Retire el anillo "O" del interior del cabezal. Llévelo a una ferretería y compre otro del mismo tamaño, más una cinta Teflón. Envuelva la cinta alrededor de los filetes de la rosca del cabezal e inserte el nuevo anillo "O". Vuelva a enroscar el cabezal al brazo de la ducha.

Beber agua "dura" es bueno para el corazón

La misma agua dura que mancha la taza del baño puede ser beneficiosa para el corazón. Beber agua mineral natural redujo la presión arterial, según un estudio, y el riesgo de sufrir un ataque al corazón, según otro. De hecho, los investigadores encontraron que cuanto mayor es la dureza del agua, menor es el riesgo de sufrir un infarto en los hombres. El magnesio parece bajar la presión arterial, mientras que el fluoruro reduce el riesgo cardíaco. El hierro y el cobre en el agua, sin embargo, podrían aumentar la probabilidad de un ataque cardíaco.

Remedios fáciles para los problemas del inodoro.

La cadena se jala sola. El agua no deja de correr. La taza del baño se desborda. Todos son problemas de plomería que usted puede solucionar con estos consejos sencillos:

✦ Reaccione rápido para impedir el desborde de la taza del baño. Retire la tapa del tanque, tome el flotador y tire hacia arriba. Eso detendrá el agua que fluye hacia la taza del baño. Con la mano libre, cierre la llave de paso auxiliar que conecta el inodoro a la pared.

✦ El inodoro no deja de descargar. Algunas veces la cadena se queda atascada debajo del tapón de la válvula de descarga al fondo del tanque. Si ése es el caso, ensaye este truco. Pase la cadena a través de una pajilla de plástico. Corte la pajilla al tamaño, de ser necesario. Esto evitará que la cadena se vuelva a quedar atrapada debajo del tapón.

✦ Remplace la válvula de descarga. Si la cadena no es el problema, puede que el tapón de la válvula de descarga no esté funcionando. El tapón es una pieza de goma al fondo del tanque que se cierra después de tirar la cadena y que, con el tiempo, puede agrietarse y empezar a dejar pasar agua. Llévelo a la ferretería y compre uno de reemplazo.

Desatasque tuberías con vinagre. Destape tuberías de desagüe obstruidas con este desatascador de tres ingredientes. Es natural, seguro y no daña las tuberías. Vierta media taza de bicarbonato de sodio por el desagüe, seguida por una taza de vinagre caliente. Deje que burbujee y descomponga los residuos. Después de unos minutos, vierta un cuarto de galón de agua caliente. Además, pruebe estos otros remedios naturales para evitar obstrucciones desagradables:

✦ Limpie el desagüe del fregadero echando tres tabletas de Alka-Seltzer seguidas de una taza de vinagre blanco. Luego deje correr agua caliente.

✦ Para eliminar la acumulación de grasa en las tuberías, vierta media taza de sal y media taza de bicarbonato de sodio en el desagüe, y luego una tetera de agua hirviendo. Deje reposar toda la noche antes de enjuagar.

✦ Mantenga las tuberías libres de atascos con este tratamiento semanal. Mezcle 1/4 de taza de bicarbonato de sodio, 1/4 de taza de sal y una cucharada de cremor tártaro, y revuelva bien. Vierta la mezcla por la tubería, seguida por una taza de agua hirviendo. Espere unos segundos y luego enjuague con agua fría.

Socorro para el sistema séptico. Zane Satterfield, científico de ingeniería en el Centro Nacional de Servicios Ambientales, ofrece estos consejos para el mantenimiento de las fosas o tanques sépticos:

✦ No instale un triturador de basura. "El mayor error que los propietarios de vivienda pueden hacer es instalar un triturador de basura", dice Satterfield. Eso se debe a que los restos de comida interrumpen la acción de las bacterias dedicadas a descomponer los desperdicios humanos en el tanque séptico.

✦ Ignore los aditivos que dicen mejorar el sistema séptico. Sería mejor que no los usara. Algunas personas vierten demasiados aditivos lo que hace que los sólidos en el tanque se descompongan demasiado rápido y atasquen el campo de drenaje.

✦ Revise las etiquetas de los limpiadores. "*'Septic safe'* (seguro para sistemas sépticos) es tal vez lo mejor", dice. "*'Environmentally safe'* (seguro para el medio ambiente) no es lo mismo, tampoco lo es *'biodegradable'*. Algo que es biodegradable puede darle trabajo al tanque séptico, como lo hacen los restos de comida", señala.

✦ No se angustie por pequeñeces. Los limpiadores caseros, incluso el amoníaco y la lejía o cloro, son seguros en pequeñas cantidades. "Ésa es la clave: en pequeñas cantidades", dice Satterfield. Por ejemplo, la cantidad de lejía que usa al lavar la ropa blanca está bien, pero no utilice más de lo que recomienda el empaque.

✦ No debe tirar las toallitas húmedas. "Aun si la etiqueta indica que son biodegradables, tomarán más tiempo para descomponerse que el papel higiénico corriente", advierte Satterfield.

Ponga fin a las tuberías congeladas. Usted puede evitar el congelamiento de las tuberías durante el invierno con estas ideas de bajo costo:

✦ Aísle las cañerías de agua caliente y agua fría en las áreas sin calefacción, como el sótano, el semisótano y el garaje. Las mangas para tuberías y las cintas térmicas son económicas y ayudan a prevenir el congelamiento. En el ático, simplemente proteja las tuberías bajo el aislamiento que usa normalmente para este lugar.

✦ Aísle las tuberías con papel periódico si vive en una zona de inviernos templados. Envuelva con 1/4 de pulgada de papel periódico las tuberías expuestas en las partes sin calefacción de su hogar.

✦ Abra las puertas de los gabinetes debajo del fregadero de la cocina y del lavabo del baño, cuando descienda la temperatura. Esto permite que el aire caliente de la casa circule alrededor de las cañerías.

✦ Configure el termostato un poco más alto en las noches de helada. Su factura de calefacción será unos cuantos dólares más alta, pero usted evitará que las tuberías estallen.

✦ Deje la calefacción encendida si sale de viaje durante el invierno, y no deje el termostato debajo de los 55°F (13°C).

Cuatro maneras de descongelar las tuberías. Si

llegara a ocurrir lo peor, la Cruz Roja Americana ofrece estos consejos:

✦ Envuelva una manta eléctrica alrededor de la sección congelada de la tubería.

✦ Aplique calor con un secador de pelo eléctrico hasta descongelar.

✦ Coloque un calentador eléctrico cerca de las zonas congeladas.

✦ Envuelva las tuberías con toallas empapadas en agua caliente.

Siga aplicando calor mediante uno de estos métodos hasta que se recupere la presión del agua. Asegúrese de mantener la llave abierta, ya que el agua que corre ayuda a descongelar el hielo al interior de las cañerías. Nunca utilice un soplete; el calor intenso podría hacer hervir el agua al interior y hacer que la tubería estalle. Tampoco utilice un calentador con llama abierta, ni calentadores de querosén, propano o carbón.

Por qué se debe analizar el agua. Cada año, su proveedor

de agua potable debe enviarle un informe sobre la calidad del agua, indicándole si se detectaron contaminantes en el agua y si éstos son peligrosos. Pero este informe no le dice nada sobre la calidad del agua dentro de su casa.

El agua pública puede estar libre de contaminantes, pero las tuberías dentro de su propia casa pueden desprender plomo, cobre y otros contaminantes en el agua. Por eso es buena idea analizar el agua que sale del grifo. Si usted bebe agua del pozo, debería comprobar cada año la presencia de bacterias coliformes, nitratos y sólidos totalmente disueltos, así como los niveles de pH. Llame a la autoridad municipal del agua o al departamento de salud y pregunte si hacen análisis a domicilio. Algunos lo hacen de manera gratuita, otros cobran una tarifa mínima. Usted también puede adquirir *kits* caseros, entre $15 y $150 cada uno.

Lamentablemente, la mayoría de los *kits* caseros sólo analizan un contaminante a la vez, por lo que usted probablemente necesitará más de uno para analizar múltiples contaminantes. Usted también puede hacer que un laboratorio independiente certificado analice el agua. Esta opción puede que cueste más, pero le permite analizar múltiples contaminantes. Póngase en contacto con el departamento de salud local o llame a la Línea Directa de Agua Potable de la Agencia de Protección Ambiental (EPA, en inglés) al 800-426-4791, presione 4 para español, para obtener una lista de laboratorios certificados.

Haga que el agua potable de su casa sea más segura.
"Muchas personas en Estados Unidos tienen la suerte de contar con agua potable de alta calidad, sin ningún tipo de contaminantes por encima de los niveles de preocupación", dice Richard Andrew, gerente de operaciones de la Fundación Nacional de Ciencia (NSF, en inglés) para su Programa de las Unidades de Tratamiento de Agua Potable. Pero, de vez en cuando, compuestos nocivos ingresan al agua.

"El plomo puede ser un problema en sistemas de agua comunitarios más antiguos", señala Andrew. "Los contaminantes inorgánicos, como el arsénico, son más comunes en los pozos individuales. Todos pueden ser peligrosos, especialmente para las personas con el sistema inmunitario comprometido".

Usted puede elegir entre estos cinco métodos caseros para el tratamiento del agua: los filtros de adsorción (como los filtros de carbón), los sistemas de ósmosis inversa, los sistemas de destilación, los productos desinfectantes ultravioleta y los suavizadores de agua. Algunos eliminan ciertos compuestos mejor que otros. Por ejemplo, NSF recomienda como mejores opciones: los filtros de adsorción para eliminar los compuestos cancerígenos llamados PCB, y la ósmosis revertida o la destilación para deshacerse del plomo.

Para averiguar qué sistema comprar visite el sitio web de la NSF en *www.nsf.org/Certified/DWTU/* y busque cada contaminante presente en el agua de su casa. La NSF le dirá qué filtros han sido certificados para eliminar ese contaminante. Usted también puede comunicarse con la Oficina de Asuntos del Consumidor de la NSF, llamando al número gratuito 877-NSF-HELP.

Cualquiera que sea el método que elija, Andrew le ofrece este consejo: "Es importante asegurarse de que el sistema cuente con la Certificación NSF para el tratamiento de contaminantes en el agua. Tenga cuidado con productos no certificados".

Olvídese del tanque para más ahorros

¿Necesita un nuevo calentador de agua? Considere la posibilidad de adquirir un modelo supereficiente y sin tanque. Este dispositivo calienta agua sólo cuando usted lo necesita, en lugar de acumular y calentar agua en un tanque. ¿El resultado? Facturas de energía reducidas. De hecho, los expertos dicen que reemplazar un calentador de agua de tanque con un modelo que no tiene tanque puede reducir entre 10 y 40 por ciento sus costos de agua caliente. Estos dispositivos están disponibles en tres modelos: eléctrico, de gas natural y de gas propano. El costo de instalación es mayor, pero su funcionamiento cuesta menos. Además, duran mucho más: hasta 20 años, comparados con los 10 ó 15 años de los calentadores de tanque.

Cultive plantas perfectas

Prolongue la temporada de jardinería por centavos.
Para este "prolongador de temporada" todo lo que
usted necesita son botellas de dos litros y cinta
adhesiva extrafuerte e impermeable *(duct tape,
en inglés)*. Utilice una botella como marcador
central y forme un círculo de botellas a su
alrededor. Envuelva las botellas exteriores del
círculo con la cinta adhesiva, para sostenerlas
y mantenerlas juntas. Luego retire la botella
del centro y usted tiene una nueva campana.

Para obtener mejores resultados coloque la
campana alrededor de la planta y, por las
mañanas, llene las botellas con agua, agregando una pizca de sal para
conservar el calor. El sol calentará el agua durante el día. Y debido a que
el agua retiene el calor mejor que el aire, las plantas se mantendrán
'abrigadas' durante las noches frías. Para protección adicional contra las
heladas, se puede colocar una lámina de plástico transparente o una
cortina de baño vieja, también transparente, sobre la campana.

Siete gangas para jardineros. Ahorre una fortuna en
macetas, plantas y artículos de jardinería con estos siete consejos:

+ Pregunte al agente de extensión de su Condado hasta cuándo se
  pueden plantar bulbos para que florezcan la próxima primavera.
  Si es hasta después de Año Nuevo, cómprelos en las liquidaciones
  de primavera, para conseguir hasta un 75 por ciento de descuento.

+ No compre herramientas de jardinería si las va a usar pocas veces.
  Mejor pídalas prestadas o intercambie herramientas con otros
  jardineros. Si se trata de equipos más grandes de uso ocasional,
  puede que sea más barato alquilar que comprar.

+ Pregunte si tienen abono gratis en las lecherías, los establos y las
  granjas de la zona.

✦ No compre plantas anuales nuevas cada año. Si vive en el sur del país y sus plantas anuales no dejan semillas, desentiérrelas, póngalas en macetas y manténgalas en el garaje hasta que sea tiempo de volver a plantar. El agente de extensión de su Condado puede darle consejos sobre lo que debe hacer para que sus plantas sobrevivan el invierno.

✦ No gaste un dineral en una compostera. Más bien, dedique un lugar del patio para la pila de compostaje. Si debido a plagas u otros problemas necesita una compostera, vaya a la compañía de recolección de basura. Ellos podrían vender composteras de calidad a precios mucho más razonables que la tienda de jardinería.

✦ Organice intercambios de plantas y semillas.

✦ Vaya a los mercadillos callejeros y ventas de garaje para adquirir plantas y artículos de jardinería. También busque en las ofertas de las tiendas de mejoras para el hogar. Compruebe la vigencia y calidad de los productos antes de comprar.

No se olvide de los 'reutilizables'. "Las ollas viejas, los coladores y los jarrones que ya no usa en la cocina pueden tener una nueva vida como caprichosas macetas de bajo costo", dice Colleen Vanderlinden, escritora independiente y creadora de *www.inthegardenonline.com*.

Ahorre en árboles y arbustos de calidad. Cuando compre en un vivero no se fije en el árbol que está en el contenedor de diez galones; llévese más bien el arbolito más pequeño que encuentre. No sólo recibirá un descuento espectacular, sino que su arbolito llegará a tener el mismo tamaño que el de los diez galones en tan sólo unos años.

Eso puede parecerle poco probable, pero mírelo así: dado que el árbol de los diez galones tendrá que quedarse en el contenedor durante algunos años, no podrá crecer tan rápido como el árbol más joven que es plantado en un lugar donde las raíces puedan extenderse. Así que compre pequeño cuando vaya por árboles, arbustos y plantas perennes. En unos años su nueva planta puede llegar a ser tan grande e impresionante como sus hermanas mayores, pero hoy es usted quien ahorra en grande.

Plantas gratis para el diseño de su jardín. *The Frugal Wench* recomienda que usted pida a los centros de jardinería que le regalen las plantas que van a tirar. La mayoría de los grandes almacenes tienen políticas estrictas en contra de regalar plantas, pero los establecimientos locales suelen indicarle dónde han apilado las plantas de las que se quieren deshacer. Si usted se las lleva, ellos ya no tienen que transportarlas a un vertedero ni pagar a los recolectores de basura, que cobran por cada libra que recogen.

Para aprovechar más ideas como ésta, vaya a *www.frugalwench.com* y haga clic en el enlace de *"Frugal Gardening 101"* (Jardinería frugal básica). Aquí descubrirá cómo y dónde conseguir plantas ornamentales gratis, así como abono gratis, macetas gratis, herramientas gratis y más.

Tres maneras de gastar menos en el jardín. Éstas son algunas sugerencias para no pagar el precio completo en artículos de jardinería:

+ Vaya al mercado local de agricultores para conseguir las plantas perennes. Ahí encontrará plantas ya aclimatadas a su zona, a precios más bajos que en el vivero.

+ Compre todo lo que necesita para el jardín en las rebajas de fin de temporada. No se lleve nada que no esté en oferta. Usted siempre puede regresar al inicio de la temporada del próximo año.

+ Averigüe qué árboles y plantas pueden plantarse cerca del final de la temporada de crecimiento y cuáles pueden sobrevivir en interiores. Ésos son los árboles y plantas que usted debe comprar en las ofertas de fin de temporada.

Ponga fin a la pesadilla de cargar con el peso del rociador. *Heavy metal,* para usted, es el rociador a presión de cinco galones que tiene cargar y arrastrar por todo el jardín. Aligere la carga. Tome un par de cuerdas elásticas y sujete el rociador sobre una mini-plataforma rodante o un carrito para equipaje. Y a rodar se ha dicho.

Truquitos para que las flores cortadas duren más.

Las flores cortadas pueden verse más frescas y durar más tiempo con estos secretos:

✦ La mayoría de las variedades deben cortarse al final de la tarde o al anochecer. Es mejor cortar las rosas y los lirios cuando aún son capullos.

✦ No corte con tijeras, ya que aplastan el tallo y reducen la capacidad de la flor para beber agua. Utilice un cuchillo muy afilado, unas tijeras de podar o unas tijeras de florista.

✦ Haga un corte diagonal. Con un corte plano, el tallo acaba apoyado sobre el fondo del florero y no podrá absorber el agua con facilidad.

✦ Para que las flores conserven su belleza y frescura, mezcle una taza de refresco de lima-limón con tres tazas de agua caliente, más un cuarto de cucharadita de lejía o cloro. Agregue un cuarto de cucharadita de lejía o cloro cada cinco días. Para una solución más simple, mezcle un cuarto de taza de enjuague bucal Listerine con un galón (4 litros) de agua caliente.

Haga su propio reclinatorio para el jardín

Compre una plancha de espuma de 3 pulgadas (8 cm) de ancho y envuélvala en bolsas de plástico grueso. Las bolsas delgadas de las tiendas de descuentos no son resistentes, mejor use las de los grandes almacenes o las bolsas para la basura. Ponga una dentro de otra para mayor durabilidad. Por último, asegure las bolsas con cinta adhesiva multiuso extrafuerte *(duct tape,* en inglés). Listo, ahora tiene una almohadilla para apoyar las rodillas cuando trabaje en el jardín.

Defienda a las plantas del agua blanda. Usted ha instalado un descalcificador de agua, pero a sus plantas en maceta no les va bien. Eso se debe a que el agua blanda es más salada que el agua dura, aun cuando usted no pueda notar la diferencia en el sabor. Una manera de solucionar este problema es comprobar si el grifo de la manguera está conectado a la línea del descalcificador de agua. De no ser así, use el agua de la manguera para sus plantas de interiores. De lo contrario:

✦ Compre yeso y, antes de regar las plantas, eche media cucharadita de yeso en un galón (4 litros) de agua blanda y mezcle bien.

✦ Cambie la tierra una vez al año y restriegue los depósitos de sal que aparecen en las macetas.

✦ Recoja agua de lluvia para regar las plantas.

Convierta la basura en preciado compost. Flores lindas, vegetación exuberante, verduras sabrosas. Mantener un jardín frondoso o un pequeño huerto de hortalizas no tiene por qué costar un dineral. Hay productos caseros que son muy eficaces. Sólo tiene que saber qué tirar a la pila de compost. Use la siguiente lista como guía:

✦ hojas de té y posos de café

✦ terrones de césped y tierra

✦ hongos venenosos

✦ mazorcas de maíz trituradas

✦ hojas desmenuzadas

✦ cáscaras de huevo trituradas

✦ recortes de césped o pasto

✦ cabello humano sin tinte

✦ pelo de animales domésticos

✦ heno y paja

✦ cáscaras de frutas y verduras

✦ cítricos

✦ aserrín

Posos de café para su jardín. Algunas tiendas de Starbucks ofrecen a los jardineros posos o asientos de café gratuitamente. Llame a las tiendas de su zona para ver si participan en este programa, llamado *"Grounds for Your Gardens"* (Posos de café para su jardín). También puede ponerse en contacto con los cafés del vecindario.

Esparza los posos de café sobre las plantas de hoja perenne, las rosas, las azaleas, las camelias y los rododendros. Úselo en la compostera. Úselo también para preparar mantillo *(mulch,* en inglés), un tipo de acolchado orgánico ideal para cubrir los maceteros de exteriores que retienen demasiada agua. Pero cuidado, no ponga demasiado o dejará a la planta sin agua.

El café puede causarles intoxicación por cafeína a los perros, por lo que es mejor no usarlo si hay perros que pasan a menudo por su jardín.

Cultive tomates más sabrosos y que no se pudren.

Los tomates cultivados en jaula resisten mejor la putrefacción del extremo de la flor que los tomates que crecen en estacas. Pero hay una solución mejor. Para conseguir los tomates más dulces y jugosos jamás vistos, agregue leche en polvo al agua. El calcio nutre al tomate, intensifica su sabor e impide que se pudra en el extremo.

Transforme los residuos de cocina en fertilizante, sin compostaje.
Utilice cáscaras de banana como fertilizante para cultivar flores deslumbrantes y verduras llenas de sabor. Pero no se detenga ahí. Aquí hay más ideas para reutilizar cosas que suele tirar a la basura:

✦ Guarde las cáscaras de banana todo el año. Deje que se sequen al aire libre sobre una tela metálica vieja hasta que estén ligeramente crocantes. Colóquelas en un envase hermético hasta que las necesite. Esparza las cáscaras enteras o ralladas alrededor de las raíces del tomate, los arbustos de rosas, algunos tipos de helecho, las hortalizas y más. El fósforo y el potasio que contienen harán las plantas más felices y saludables.

✦ Las cáscaras de huevo trituradas también son buenas para las plantas en macetas y las plantas en exteriores. Échelas las sobre la tierra aplicando presión y prepárese para admirar cómo sus plantas empiezan a florecer.

✦ No tire el frasco de pepinos encurtidos. Vierta el jugo sobrante alrededor de las gardenias y de otras plantas acidófilas.

✦ Deje enfriar el agua donde hirvió las papas y el espagueti y úsela ocasionalmente para regar las plantas. A las plantas les encanta esta agua "almidonada".

Cuidado con la ceniza de madera. La ceniza de madera tiene un alto contenido de potasio. Si la espolvorea alrededor de las plantas, puede que obtenga flores más grandes, pero tal vez acabe haciendo más mal que bien. En unos pocos días, esta ceniza puede convertir la tierra que es ácida en más alcalina. Pero si el suelo ya es alcalino, podría dañar las plantas y privarlas de nutrientes esenciales.

Es más, la ceniza de madera añade sal a la tierra, lo que puede ser muy dañino para algunas plantas. Así que no use ceniza de madera si la tierra es neutra, alcalina o tiene altos niveles de potasio. Para determinar el tipo de suelo que tiene, haga una prueba cada dos años. Sus plantas se lo agradecerán.

Reanime las rosas con este ingrediente secreto.
Fabrique su propio "oro líquido" para las rosas de su jardín. Primero compre gránulos o harina de alfalfa. Necesitará por lo menos un tercio de taza por cada rosal. En un recipiente coloque la alfalfa y agregue un galón (4 litros) de agua por rosal. Deje reposar durante varios días antes de regar sus rosas. Repita cada tres o cuatro meses. Si no tiene tiempo para preparar la infusión, simplemente mezcle un puñado de los gránulos de alfalfa directamente en la tierra alrededor de los rosales. Los rosales le darán las gracias con abundantes flores.

Más tiempo al tiempo de cultivo

Prolongue la temporada de cultivo hasta avanzado el otoño con este *"hot cap"* o pequeño invernadero casero. Remoje y retire la etiqueta de una botella de plástico de dos litros, corte la base de la botella y coloque la botella sin fondo sobre la planta que desea proteger de la intemperie. Aplique presión para que quede firme en la tierra y así evitar que el viento o los animales la volteen. Si la planta es demasiado frondosa para una botella de dos litros, pruebe usar un bidón de plástico de leche, también sin fondo.

A diferencia de algunos *hot caps* en venta, no hay necesidad de retirar estas "campanas" cada día. Basta con abrir la tapa de la botella y permitir que la planta se ventile, para evitar que se recaliente en los días cálidos y soleados. Sólo asegúrese de volver a colocar las tapas al anochecer, para mantener las plantas calentitas toda la noche.

Cultive hierbas en interiores con poca luz. En lugar de las costosas luces para crecimiento, fije un dispositivo de iluminación fluorescente en la parte inferior de una repisa. Póngale un tubo fluorescente "caliente" y otro "frío" y coloque las hierbas a 5 pulgadas (12.5 cm) debajo de la luz. Deles a las hierbas alrededor de 16 horas de "luz de día".

Si usted utiliza un dispositivo de iluminación fluorescente que cuenta con un cable y un enchufe, conéctelo a un temporizador de luz, para no tener que estar encendiendo y apagando la luz. No olvide que las hierbas también necesitan unas cuantas horas de luz de día real. Si las hierbas no caben en la repisa debajo de la luz, deje el cebollino y el perejil junto a la ventana, ya que estas dos hierbas necesitan menos luz que las demás.

Semilleros para el jardinero frugal. Usted puede crear sus propios semilleros o almácigos sin gastar un solo centavo:

✦ No pierda dinero en bandejas de semillero o mini macetas de plástico. En su lugar, haga agujeros a la parte inferior de las cáscaras de aguacate o de huevo. Ahora tiene "macetas" gratis para las semillas.

✦ Las semillas necesitan humedad, así que coloque sus "macetas" dentro de contenedores de plástico tipo almeja. Una vez cerrados, estos contenedores mantienen la humedad dentro. Y son gratuitos, ya que son los mismos envases que usted recibe cuando pide comida a domicilio. Enjuáguelos y guárdelos.

✦ Coloque sus "semilleros" sobre el refrigerador, un lugar agradable y cálido para las semillas.

✦ Las semillas exigen luz, así que mantenga una lámpara fluorescente sobre ellas.

Siempre elija el mejor árbol. Si compra el árbol equivocado, habrá gastado mucho dinero en una planta que no sobrevivirá. Tenga en cuenta estos consejos de Wayne Juers, horticultor y 'médico' de plantas del vivero Pike Family Nurseries, con sede en Norcross, Georgia:

✦ Decida si lo que busca es una sombra rápida o un árbol de lento crecimiento. "Los de rápido crecimiento le darán sombra más rápidamente, pero serán árboles quebradizos que tal vez no soporten los vientos fuertes y el hielo", dice Juers. Los de crecimiento más lento tienen más probabilidades de sobrevivir al mal tiempo.

✦ Calcule cuánto sol y sombra recibirá el árbol y averigüe qué variedades crecen bien en esa luz.

✦ Si usted es quien va a plantar el árbol, elija uno con un diámetro de tronco de 2 pulgadas (5 cm) o menos. Los árboles con diámetros de tronco mayores pueden ser difíciles de plantar. "Usted necesitará a un profesional o a un equipo para cavar un hoyo muy profundo para el árbol", explica Juers.

✦ Elija únicamente árboles que tengan el tronco recto.

✦ Evite los árboles con cicatrices o que tengan la corteza expuesta o pelada. Ésos son signos de que el árbol ha sufrido daños durante la descarga.

✦ No se lleve ningún árbol cuyo contenedor tenga tierra suelta o que parezca haberse caído del contenedor. También revise con cuidado los árboles con cepellón, esto es, los que tienen las raíces rodeadas de tierra compacta en forma de bola. "Asegúrese de que tenga una bola de buen tamaño", dice Juers. "No debe ser cuadrada ni tener una forma irregular. Si la tierra no está compacta quiere decir que lo dejaron caer, que la tierra no envuelve firmemente las raíces y que el árbol probablemente no sobrevivirá".

Vuélvase un experto en bulbos. La próxima vez que vaya a comprar bulbos de primavera o verano, recuerde estos consejos de Wayne Juers, horticultor y 'médico' de plantas del vivero Pike Family Nurseries, con sede en Norcross, Georgia:

✦ "Compruebe que la tienda los tenga en un lugar algo seco y fresco", dice Juers, "porque si han estado expuestos al sol o la humedad, empezarán a descomponerse".

✦ Llévese los bulbos que están firmes, nunca los blandos.

✦ Los bulbos más grandes pueden costar más, pero considere las ventajas. "Usted obtendrá más plantas de los bulbos grandes", dice Juers. "Aunque a veces es mejor optar por los bulbos pequeños: compre más de ellos y podría conseguir una mejor oferta".

✦ Para los bulbos de primavera, Juers propone lo siguiente: "Asegúrese de que tengan muchas capas de piel parecida al papel. Y en vez de comprar bulbos en bolsa, busque los que se venden por unidad empaquetados en Styrofoam o paja desmenuzada. Obtendrá bulbos de mejor calidad si puede escogerlos usted mismo", explica.

How deep to plant your bulbs

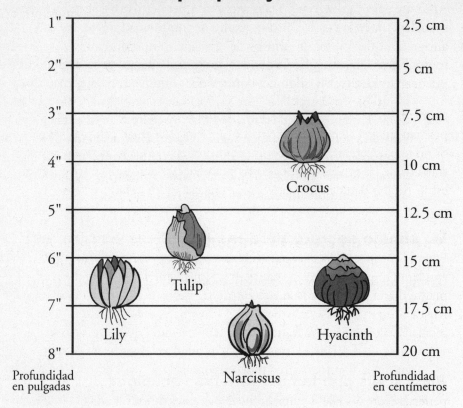

Profundidad
en pulgadas

Narcissus

Profundidad
en centímetros

Usted debe plantar los bulbos en el momento adecuado a la profundidad adecuada. "La gente se confunde porque los bulbos empiezan a venderse demasiado temprano", dice Juers. Plante los bulbos de primavera en setiembre y octubre si vive en las zonas más frías del noreste, pero espere hasta noviembre o diciembre si vive más al sur. Los jardineros de las zonas más frías deben plantar los bulbos que florecen en el verano a fines de mayo o junio, mientras que en el sur deben plantarse en abril.

Supersolución para los zapatos enlodados. Para no

ensuciar la alfombra al entrar a la casa mientras trabaja en el jardín, mantenga dos gorras de baño o bolsas de plástico a la entrada de la casa, para cubrirse los zapatos. Si utiliza las bolsas de plástico, átelas alrededor de los tobillos, como las zapatillas de una bailarina. Ya nunca más tendrá que lidiar con una alfombra manchada de barro.

Acabe con las manchas en el piso de la terraza.

Antes de llevar las macetas a la terraza, adquiera estos "bloqueadores de manchas" de bajo costo. Busque rejillas de los quemadores de las antiguas estufas de gas en centros de reciclaje, ventas de garaje, mercadillos callejeros y otras tiendas de segunda mano. Estas rejillas pueden convertirse en originales bases de soporte para sus macetas.

Aun si las macetas gotean sobre el piso de madera, el agua no permanecerá el tiempo suficiente como para ocasionar una mancha. Si no le parecen atractivas, compre pintura en aerosol para metales y transforme las rejillas en modernos posamacetas color plata, de cobre al estilo rural o de cualquier otro color que sea de su agrado.

Un simple secreto para las hortalizas tempranas.

Plante borraja en macetas por toda la huerta. Esto atrae abejas que ayudarán a que la cosecha se anticipe. Si no tiene tantas macetas, no la plante directamente en el suelo. Puede ser tan invasora como la menta. Mejor busque en las ventas de garaje y los mercadillos callejeros macetas rebajadas en buenas condiciones.

Riegue sus plantas durante las vacaciones.
Sí, es perfectamente posible si empieza unos días antes de salir de viaje. Necesitará un balde o cubo, un banquito y un trapeador viejo hecho de rayón o de otro material sintético. Llene el balde con agua, colóquelo sobre el banquito y ordene las plantas en un círculo apretado alrededor de él. Sumerja el trapeador en el agua.

Para cada planta, tome una hebra del trapeador y entiérrela profundamente en la maceta, cerca de las raíces. Mantenga las plantas en un nivel más bajo que el trapeador, para que el agua pueda desplazarse hacia abajo a lo largo de la hebra. Además, asegúrese de que parte del trapeador siempre permanezca bajo el agua. Una

vez al día compruebe si están recibiendo suficiente agua. De ser así, solamente agregue agua al balde antes de salir de viaje. A su regreso comprobará lo bien regadas que estarán sus plantas.

Obtenga más rosas de sus rosales. Antes de cortar esa preciosa rosa, asegúrese de hacerlo en el lugar correcto, de lo contrario esa planta producirá tallos delgados y frágiles, que no lograrán sostener otra rosa. Al podar o recortar, hágalo siguiendo el tallo hasta encontrar la primera rama con por lo menos cinco hojas. Su rosal se lo agradecerá desarrollando un tallo más fuerte que puede soportar el peso de más rosas.

Aumente el poder de su fertilizante. El suelo que es demasiado alcalino o ácido puede impedir la absorción de los fertilizantes. Por suerte, evaluar la calidad del suelo es una tarea fácil y poco costosa. Recoja algunas muestras de tierra y pida ayuda al agente de extensión cooperativa de su zona. El análisis revelará si el suelo es ácido o alcalino, qué tipo de nutrientes necesita y cómo tratarlo para que prosperen las plantas y el césped.

Pero recuerde, la calidad de los resultados de este análisis depende de la calidad de las muestras, así que tenga cuidado al recogerlas. No mezcle las muestras de la huerta con las del cantero de plantas ornamentales, las del borde de los arbustos o las del pasto. Después de todo, el suelo que es ideal para un césped perfecto no lo es para cultivar verduras. Elija qué secciones de su jardín quiere analizar y recoja una muestra para cada una. Es fácil.

Por ejemplo, en la huerta extraiga varios tapones de tierra de 5 pulgadas (13 cm) de profundidad y mézclelos bien. Elimine todo lo que no sea tierra. Coloque la muestra final en un contenedor recomendado por el laboratorio y etiquete. Siga el mismo procedimiento para el césped o cualquier otra sección del jardín.

Elija la maceta perfecta

Una práctica guía para cuando vaya a comprar macetas y maceteros:

Material	Ventajas	Desventajas
hormigón (concreto)	duraderas, musgos y líquenes pueden crecer a los lados	pesadas
cerámica con esmalte vidriado	retienen bien la humedad	podrían secarse con demasiada lentitud o podrían no dejar pasar suficiente aire para el crecimiento de las raíces
pasta piedra *(hypertufa)*	duraderas, musgos pueden crecer a los lados	difíciles de encontrar
metal	duraderas y atractivas, pueden ser de hierro fundido o colado, aluminio, cobre y acero	las de tamaño pequeño se recalientan demasiado, sobretodo bajo el sol; no sirven como aislantes en climas fríos
plástico y fibra de vidrio	menos pesadas, económicas, duraderas y resistentes a las manchas	se secan lentamente
piedra y piedra artificial	duraderas	costosas y pueden ser pesadas
terracota	porosas, ideales para que las raíces crezcan	pesadas, se secan demasiado rápido
madera	no permiten que la temperatura de la tierra fluctúe demasiado, buenas como aislantes en climas fríos	hay que tener cuidado para que no se pudran

Planifique el diseño perfecto para su jardín. Consiga una botella de plástico exprimible vacía, puede ser de mostaza o *Ketchup,* o una de esas botellas de agua que tienen un pitorro que se tira hacia arriba. Límpiela, déjela secar y llénela a dos tercios con harina. Utilice este "marcador exprimible" para indicar dónde irá cada planta en el cantero del jardín.

Para mejores resultados, "dibuje" la forma que tendrá la planta cuando alcance la madurez, y deje un espacio de trabajo entre cada una. Incluso puede marcar los espacios que serán destinados a senderos o a objetos de arte. Con este truco usted nunca volverá a comprar más plantas de las que su jardín puede contener.

Evite errores al podar los árboles. No desfigure los árboles, ya que podrían enfermarse. Antes de cortar, busque el nódulo o el lugar de encuentro de dos ramas. Corte cerca del nódulo, pero no demasiado cerca, sin lesionar la corteza. Algunas prácticas de poda, como el corte con desgarramiento de corteza, el corte liso y el corte con tocón, dañan el árbol, lo exponen a enfermedades y pueden causar la descomposición de las ramas.

Las ramas cortadas pueden usarse como estacas para el soporte de ciertas plantas. No sólo gastará menos en estacas, también le darán un aspecto encantador y natural a su jardín.

Corte con desgarramiento de corteza

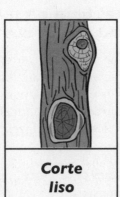

Corte liso

Corte con tocón

Gáneles a dos temibles enemigos del jardín. Con estos simples ingredientes de la despensa usted puede acabar con los hongos que están enfermando sus plantas.

Si los semilleros han sido atacados por hongos, trátelos con bolsitas usadas de manzanilla, previamente remojadas en 3 y 3/4 de tazas de agua. Deje reposar y vierta el agua sobre el semillero. Deje reposar y vierta el agua sobre el semillero. Para casos severos, prepare la infusión utilizando bolsitas frescas tomadas directamente de la caja.

Si el césped presenta manchas negras, espolvoree harina de maíz por encima de las manchitas. Es un método barato, fácil y se sorprenderá al ver lo bien que funciona.

El fin de las malas hierbas a la entrada de su casa.
La mala hierba que crece en las grietas de la acera a la entrada de la casa volverá a aparecer, una y otra vez. Solucione ese problema rellenando las grietas con arena, para impedir que las semillas reciban suficiente luz y puedan desarrollarse. Para las grietas más pequeñas, utilice arena de albañilería o polvo de piedra. Otra idea es verter agua hirviendo directamente sobre las grietas de la acera y del patio, y luego espolvorear sal sobre ellas.

'Deshielante' bajo de sal es seguro para usted y para sus plantas

Las sales para deshielar pueden volver el suelo más compacto, paralizar el crecimiento de las raíces y dañar las plantas. Pero le tenemos una buena noticia. Usted puede proteger sus plantas si reduce la cantidad de sal que usa habitualmente y añade arena a la mezcla, incluso arena para gatos. Algunos expertos recomiendan la proporción de una libra de sales para deshielar por cada 50 libras de arena. Pero si le preocupa la tracción, sencillamente utilice más arena que sal. Su bolsillo y las plantas se lo agradecerán.

Controle las malas hierbas y sus semillas de manera natural. Increíblemente, el vinagre blanco funciona tan bien como los herbicidas caros. Es muy sencillo: caliéntelo, viértalo en una botella con atomizador y listo. Esta solución es barata, fácil y libre de contaminantes. Las malezas jóvenes morirán de inmediato, pero las más persistentes necesitarán dos o tres tratamientos. También puede rociarles una sola dosis de vinagre para encurtir. Es más poderoso que el vinagre casero. Pero tenga cuidado al apuntar el atomizador, para no matar a las plantas cercanas.

Una vez que haya eliminado las malas hierbas, haga lo siguiente para no volver a verlas:

+ Eleve la cuchilla del cortacésped y deje el césped alto. Un césped alto impide que la luz llegue a las semillas de las malas hierbas, de modo que no pueden desarrollarse.

+ Líbrese de las malezas en los canteros de plantas ornamentales cubriéndolos con una malla de jardín y una ligera capa de acolchado o mantillo *(mulch,* en inglés).

Proteja sus plantas de los herbicidas en aerosol. Ya sea que le declare la guerra a las malas hierbas con vinagre o algo más tóxico, cuídese de no dañar las plantas circundantes. He aquí una solución sencilla: corte la base de una botella de plástico de dos litros y la de una botella de 16 onzas. Guarde las botellas sin fondo junto con las herramientas del jardín. Cuando vaya a rociar un herbicida, coloque una de estas botellas sobre la mala hierba, deslice la boquilla del atomizador por la boca de la botella y rocíe. Espere 30 segundos a que los productos químicos actúen y haga lo mismo con la siguiente maleza. Sus plantas permanecerán a salvo.

Trucos de jardinería

Enrejados, macetas y hasta un cantero elevado, todo gratis. Transforme cosas viejas que ya no usa en maravillosos contenedores para sus plantas. He aquí algunas ideas para empezar:

✦ Un tazón de café astillado o rajado puede convertirse en una minimaceta para la repisa de la ventana.

✦ Una vieja rejilla de chimenea o un cabecero de cama en desuso puede servir de espaldar para las plantas trepadoras. Igual sucede con esos renos de alambre cuyas luces dejaron de funcionar la Navidad pasada.

✦ La caja de arena donde antes jugaban los niños puede usarse como un cantero elevado para las flores.

Convierta su basura en tesoros para el jardín. "Son infinitas las cosas que pueden ser reutilizadas en el jardín", dice Colleen Vanderlinden, escritora independiente y creadora de *"In the Garden Online"* (En el jardín en línea), en *www.inthegardenonline.com*. "Algunas de mis favoritas son las que normalmente acabarían en la basura".

Las bolsas de redecilla donde vienen las naranjas y las cebollas son un buen ejemplo. "Coloque en ellas los bulbos tiernos recién excavados y cuélguelas en el sótano, para que los bulbos se sequen un poco antes de guardarlos", sugiere Vanderlinden. "O utilice dos bolsas de malla, una dentro de la otra, y llénelas de tierra para esparcirla sobre las semillas recién sembradas", añade. ¿Y al final de la temporada? "Enróllelas y úselas como un estropajo para restregar las macetas". Pero eso no es todo.

"Utilice cucharas viejas y desgastadas como herramientas para el jardín. Son ideales para desplantar en espacios pequeños, como en los maceteros, donde las palas jardineras típicas son a menudo demasiado grandes", aconseja Vanderlinden.

"También reutilizo los envases de porciones individuales de yogur", dice Vanderlinden. "Los uso como almácigo casero para las semillas de hortalizas: antes de llenarlos de tierra y plantar las semillas, los lavo bien y les hago varios agujeros en la base. Los tomates, los pimientos y las berenjenas crecen de maravilla en estos envases, porque desarrollan grandes sistemas de raíces en un tiempo muy corto. Usted puede también usar los envases de yogur como cucharas medidoras, siempre necesarias a la hora de preparar la tierra para las macetas. Por ejemplo, si la receta requiere ocho partes de turba, más una de perlita, usted puede usar ocho envases de turba y uno de perlita, y la mezcla le saldrá perfecta todas las veces".

Cuidado con la deshidratación sin sed

Usted puede deshidratarse aunque no tenga sed, sobretodo a medida que envejece. Así que beba mucha agua cuando trabaje en el jardín y esté atento a estos signos de deshidratación:

- lengua y labios secos
- respiración y ritmo cardíaco acelerados
- mareo
- confusión
- piel seca y tirante
- orina de color oscuro

Si nota estos síntomas, consulte inmediatamente a su médico.

Cree su propio catálogo de semillas. Un álbum barato para fotos o un viejo estuche de CDs son ideales para guardar sobres o bolsitas con semillas. Para mayor comodidad, use notas adhesivas a manera de pestañas para cada "página" o para hacer anotaciones sobre una semilla en particular.

Contenedores de semillas que no cuestan nada. Los frascos de las pastillas con receta médica son los envases ideales para guardar semillas. A diferencia de los sobres, en estos frascos de plástico las semillas están visibles, se conservan secas y están seguras aun si el frasco se vuelca. Así que cuando haya tomado la última pastilla, lave bien el frasco, déjelo secar y guarde las semillas. Incluso puede pegar una etiqueta sobre el frasco. Si usted no tiene suficientes frascos de pastillas, pida a sus amigos y familiares que le den los frascos vacíos que ya no necesitan.

Aligere los maceteros pesados. "Usted puede usar bolsas de plástico del supermercado para rellenar el espacio en el fondo de una jardinera de ventana o un macetero grande. De esta manera ahorra en tierra para macetas y hace que el contenedor sea más ligero y fácil de mover", dice Colleen Vanderlinden, escritora independiente y creadora de *www.inthegardenonline.com*. Si no tiene suficientes bolsas de plástico, utilice hojas o las bolitas de poliestireno para embalaje en su lugar. Rellene el tercio inferior del contenedor y luego cubra con la tierra para macetas. Su espalda y su bolsillo se lo agradecerán.

Tenga éxito con las flores difíciles de cultivar. Usted por fin podrá rodearse de flores que requieren mucha atención, son difíciles de cultivar o mueren cada par de años a causa de una ola de frío o de calor. He aquí cómo. Seleccione maceteros que sean lo suficientemente grandes como para contener varias plantas de flores. Siembre una o dos variedades que usted ya cultive con éxito y sin mucho esfuerzo, pero deje espacio para otras.

A continuación, compre versiones de seda de las flores que le gustaría tener. Elija solamente las que parezcan reales. Insértelas en los espacios libres entre las plantas verdaderas. El observador casual jamás notará la diferencia y usted podrá disfrutar de las flores que pensó que nunca podría tener. No olvide reemplazar las flores de seda cada pocos años. Así también tendrá la oportunidad de disfrutar de otras "variedades".

No vuelva a perder tiempo buscando una pala.

Organice fácilmente las herramientas manuales, las etiquetas de plantas y otros artículos para el cuidado del jardín. Consiga un organizador de zapatos colgante con bolsillos de plástico transparente. Coloque la paleta y otras herramientas de ese tamaño en los bolsillos. Y en los bolsillos restantes ponga vasitos de plástico transparente, bolsitas con cierre y otros contenedores pequeños y transparentes. Llene cada uno con sujetadores de alambre, estaquillas de jardinería y otros artículos pequeños. Incluso puede etiquetar cada bolsillo, para poder saber dónde está todo de un solo vistazo.

Prevenga los daños por frío

Proteja sus plantas de los daños que podrían causarles las heladas nocturnas o temperaturas excesivamente frías, con bolsas para la basura o viejas fundas de almohada.

Riegue sin desperdiciar una sola gota. Utilice la

herramienta de riego adecuada en el momento adecuado para asegurarse de que toda el agua llegue a las plantas. Si usted riega con un aspersor, hágalo por las mañanas. Hasta el 40 por ciento del agua puede evaporarse si usted riega por aspersión durante las tardes más cálidas y soleadas. Además, el riego matutino permite que las hojas se sequen antes del anochecer, cuando las hojas húmedas son más propensas a contraer enfermedades fúngicas. Pero si usted riega con una manguera de remojo o un sistema de riego por goteo, hágalo por las noches, para que el agua tenga más tiempo de penetrar el suelo

Instale estacas de tomates que también rieguen

las raíces. Si usted necesita instalar estacas para apoyar las plantas de tomate y tuberías para regar las raíces, le encantará conocer este truco del dos por uno. Por cada planta de tomate corte un tubo de 5 pies (1.5 m) de largo de una tubería de PVC de 2 pulgadas. Haga una marca a unas 10 pulgadas (25.5 cm) de uno de los extremos de cada tubo. A continuación, utilice una excavadora manual de postes para cavar un hoyo cerca de cada lugar donde planea colocar una planta de tomate. Vuelque la tierra desplazada sobre un plástico cerca de cada hoyo.

Coloque el primer tubo en uno de los hoyos. Empuje hacia abajo lo más que pueda. Coloque un pedazo de madera de 2 pulgadas (5 cm) de grosor sobre la parte superior del tubo. Con la ayuda de un martillo golpee directamente para empujar el tubo aún más, hasta que la marca quede a la altura del suelo. Aproximadamente 4 pies (1.2 m) del tubo deben permanecer por encima del suelo. Rellene lo excavado alrededor del tubo y eche la tierra sobrante por el tubo. Repita para instalar todos los tubos. Cuando haya terminado, estará listo para plantar tomates. Asegúrese de que cada planta esté a sólo unas cuantas pulgadas de distancia del tubo.

Cuando quiera regar, abra la manguera a una presión baja y coloque la boquilla de la manguera en el tubo. Llene cada tubo con agua. Si el agua se absorbe rápidamente, tendrá que volver a llenar los tubos un par de veces más. A medida que crecen los tomates, átelos a las "estacas" de PVC. Primero ate el sujetador a la estaca, anude y utilice el sobrante para atar la planta.

Evite las recetas médicas, con avena

En lugar de ir por un antihistamínico o cremas de venta con receta médica, calme la picazón provocada por el contacto con la hiedra venenosa con este remedio casero. Llene la bañera con agua tibia y agregue un producto de avena coloidal, como los disponibles de Aveeno. Sumérjase y disfrute de un buen baño de veinte minutos.

La versión casera de avena coloidal usada contra la varicela también funciona en este caso. Ponga una o dos tazas de avena sin cocer en una licuadora o un procesador de alimentos y conviértala en polvo fino. Eche el polvo a la bañera mientras corre el agua y sumérjase para aliviar la comezón.

Cómo elegir la mejor manguera. "Elija una de caucho (goma, hule) o una de caucho y vinilo para que le dure más", aconseja Trey Rogers, experto en césped. Rogers también recomienda comprar la manguera con la mayor cantidad de capas posible.

Siete consejos para cultivar el jardín sin dolor. Tenga en cuenta estos consejos para aliviar la rigidez y los dolores ocasionados por sus esfuerzos en el jardín:

✦ Pruebe trabajar con herramientas más ligeras y con mangos más anchos, más largos o más cómodos, si empieza a sentir dolores en la espalda, la rodilla, la muñeca o el codo. Por ejemplo, utilice un rastrillo con el mango doblado, para evitar la tensión en la muñeca.

✦ Dé un paseo corto y haga unos cuantos estiramientos para calentar los músculos antes de trabajar en el jardín. Alterne sus actividades para que ningún grupo de músculos trabaje en exceso.

✦ Siempre que sea posible evite agacharse o inclinarse. En cambio, acérquese al suelo sentándose en un cajón puesto al revés o un taburete de cocina.

✦ Elija una pala que corresponda a la altura entre su brazo y el piso. Las hay de todos los tamaños a partir las 38 pulgadas (96.5 cm) de largo.

✦ Procure trabajar en canteros pequeños y elevados. Asegúrese de que pueda alcanzar el centro del cantero sin esfuerzo cuando esté sentado en el borde exterior. Si el esfuerzo es demasiado grande, considere la posibilidad de dedicarse a la jardinería en macetas.

✦ Cultive plantas perennes, bulbos y plantas anuales que dejen semilla sin su ayuda. Seguirá obteniendo flores hermosas, pero usted no tendrá que volver a plantarlas cada año.

✦ Instale enrejados para las verduras trepadoras, a fin de disminuir el esfuerzo que debe hacer para alcanzarlas.

No deje que las lesiones lo alejen del jardín. Más de 200,000 personas llegan a la sala de emergencias cada año debido a lesiones causadas por herramientas de jardinería. Siga estos pasos para protegerse:

✦ Prevenga las torceduras y los esguinces. No trate de alzar una maceta pesada sin pedir ayuda. Llame a los amigos o use una carretilla, y llénela después de moverla.

✦ Use zapatos resistentes para proteger sus pies, especialmente si es diabético. Evite las sandalias, las chancletas o hawaianas y los zapatos abiertos. Y no trabaje descalzo.

✦ Esté al día con la vacuna contra el tétano y aplíquese un refuerzo cada diez años.

✦ Use guantes y ropa de protección cada vez que utilice aerosoles tóxicos. Báñese y lave bien la ropa después.

✦ Use lentes protectores cuando trabaje con herramientas y equipos eléctricos.

Pase tiempo en el jardín y evite la artritis

Reduzca la probabilidad de padecer artritis, sin recurrir a los fármacos. Investigadores en Australia encontraron que las mujeres de 70 años que hicieron poco más de una hora de ejercicio moderado cada semana tenían menos probabilidades de desarrollar síntomas frecuentes de artritis durante los siguientes tres años. Las mujeres que hicieron más de dos horas de ejercicio moderado tenían más posibilidades de prevenir los síntomas de la artritis. Pero las noticias son aún mejores. Hacer ejercicio no solamente es correr y sudar la gota gorda en un gimnasio. También lo es cortar el césped, rastrillar y trabajar en el jardín.

Mantenga impecables los cojines de las sillas del patio. El polen, el polvo y el pelo de las mascotas parecen adherirse como por arte de magia a los cojines de sus muebles de exteriores. Cúbralos con viejas fundas de almohada cuando no estén en uso. Si las fundas se ensucian, sólo tiene que echarlas en la lavadora.

Deshágase de un antiestético tocón de árbol. Y hágalo sin desenterrarlo. Este método nada complicado funciona de maravilla y le ahorra a usted una fortuna. Perfore agujeros grandes y profundos en el tocón, especialmente cerca de los bordes. Llénelos con azúcar y eche agua sobre el tocón con una manguera. Cúbralo con un pie (30 cm) de mantillo *(mulch,* en inglés) y espere. El tocón de árbol se irá descomponiendo y simplemente desaparecerá con el tiempo. Usted también puede perforar algunos agujeros en el centro del tocón y rellenarlos con el carbón que le sobró de la barbacoa. El tocón se desintegrará desde adentro.

Gánele la guerra a la hiedra venenosa. Si usted acaba de descubrir que una de sus plantas favoritas está rodeada por una liana de hiedra venenosa, no entre en pánico. El Centro Agrícola de la Universidad Estatal de Louisiana recomienda el siguiente método para salvar la planta. En vez de utilizar un herbicida y matar la hiedra venenosa junto con la planta, compre un herbicida que contenga triclopir y saque sus tijeras podadoras.

Corte la hiedra venenosa cerca de la base y luego trate la base con el triclopir. La liana se marchitará y el triclopir matará la base y las raíces de la enredadera. Y, a diferencia de otros productos, usted puede usar este método en cualquier época del año. Sólo que no debe olvidar limpiar bien las tijeras y no debe retirar las lianas muertas sin usar guantes y ropas de protección. Lávese bien, así como los guantes y la ropa, en cuanto haya terminado.

El camino ahorrativo a un sendero para el jardín.

Usted puede crear un sendero en su jardín con productos de bajo costo disponibles en su zona. Dependiendo de dónde vive, puede utilizar cascarillas de trigo sarraceno, composta de hongos, paja de pino, huesos de cereza o las fragantes cáscaras del cacao.

Vaya al centro de jardinería de su localidad. Si no encuentra lo que busca, pregunte al personal del centro o en un servicio de jardinería. También puede obtener materiales baratos para construir el sendero en una empresa local que procese el material que usted busca. Por ejemplo, si se cultiva trigo sarraceno en su zona, vaya a una planta procesadora, donde podrían alegrarse de la oportunidad de deshacerse de parte de las cascarillas.

Si no está familiarizado con el material, pregunte si es seguro usarlo en todos los jardines. Por ejemplo, la Sociedad Estadounidense para la Prevención de la Crueldad hacia los Animales (ASPCA, en inglés) informa que las cáscaras de cacao son tóxicas para los perros y recomienda a sus dueños que eviten usarlas.

Cómo cuidar y cortar el césped

Método fácil para embolsar las hojas sin ayuda. El embolsado de las hojas siempre ha sido un trabajo para dos personas, pero gracias a dos trucos ingeniosos usted ahora puede hacerlo solo. Si únicamente va a llenar una bolsa, pase el cordel de la bolsa por los brazos de la carretilla de mano, de modo que la abertura quede hacia arriba. Esta disposición de la bolsa le deja las manos libres para recoger las hojas caídas y embolsarlas.

Si cree que va a llenar varias bolsas, con la ayuda de un rastrillo reúna las hojas caídas encima de una lona desplegada o de una cortina de baño. Cuando tenga suficientes hojas para llenar una bolsa, enrolle la cortina como un saco de dormir. Coloque un extremo dentro de una bolsa, levante el otro extremo y sacuda para que las hojas caigan directamente en la bolsa. Repita hasta llenar todas las bolsas, sin tanto alboroto, sin desorden y sin tener que pedir ayuda.

Evite el error número uno al cortar el césped. Si corta el césped a una altura demasiado baja tal vez tenga que cortarlo menos veces por temporada, pero es también el peor error que puede cometer. De hecho, usted podría acabar gastando más tiempo y dinero defendiéndolo contra las malas hierbas, los insectos y las enfermedades. La razón es la siguiente:

Cuando se corta a ras de manera periódica, el césped desarrolla naturalmente hojas más cortas y raíces menos profundas. Debido a que el tamaño de la hoja determina la cantidad de luz solar que absorbe, las hojas con menos superficie absorben menos. Esta carencia de luz solar hace que el césped se vuelva más vulnerable a las enfermedades y los insectos. Entretanto, las raíces menos profundas empiezan a limitar la cantidad de agua que recibe cada hoja, haciendo que el césped se debilite aún más. Por si esto fuera poco, el césped corto permite que las semillas de las malas hierbas reciban más luz, lo que favorece su germinación.

Usted podría superar estos problemas desherbando y fumigando constantemente. Pero es mucho más sencillo mantener el césped a una altura de 2 a 3 pulgadas y nunca cortar más de un tercio de la hoja. En poco tiempo tendrá una exuberante alfombra verde que será la envidia de los vecinos.

Elija el mejor césped para su jardín

Llámelo como guste —césped, hierba, pasto, grama—, pero no siembre la semilla equivocada. Tenga en cuenta las condiciones en las qué tendrá que crecer y elija la variedad de césped más indicada para esas condiciones.

Problema	Variedad de césped
calor	césped de las Bermudas, hierba bahía, pasto azul, zoysia
frío	pasto azul de Kentucky *(Kentucky bluegrass)*, pasto azul de Supina *(Supina bluegrass)*
sequía	pasto Buffalo, grama azul, *bluestem*, festuca encespedante *(chewings fescue)*, hierba bahía, zoysia
sombra	hierba bahía, festuca encespedante *(chewings fescue)*, festuca roja rastrera *(creeping red fescue)*, pasto de San Augustín
uso intenso	césped de las Bermudas, pasto azul, hierba bahía, zoysia

Defiéndase de la sequía. Éstos son los cinco primeros pasos para fortalecer el césped y ayudar a que se recupere rápidamente de una sequía:

✦ Ajuste la altura estándar de la cuchilla de su cortadora. Súbala media pulgada si suele cortar el césped a una altura de 2 pulgadas,

3/4 si corta a 3 pulgadas y una pulgada para los cortes de 4 pulgadas. De ese modo promoverá un sistema de raíz más profundo, así como reacciones químicas naturales que ayudarán al pasto a tolerar mejor las condiciones de sequía.

✦ Evite el riego frecuente y superficial. Mejor espere a ver los primeros signos de que está empezando a marchitarse y riegue profundamente.

✦ Manténgase alejado del pasto siempre que sea posible. Cuanto menos personas y animales caminen sobre él, mejor le irá al césped.

✦ Mantenga la cuchilla de la cortadora de césped bien afilada. El corte desigual hecho por una cuchilla desafilada hace que la grama retenga menos agua.

✦ Evite el uso de pesticidas hasta que la sequía mejore. Sólo agregarán estrés al césped ya debilitado. Si los almacena hasta que pase la sequía, comprará menos pesticidas y permitirá al mismo tiempo que el césped se recupere.

Ponga fin a los recortes pegajosos de pasto. Olvídese de tener que limpiar la cortadora de césped cada vez que la use. Rocíe WD-40 en la parte inferior de la máquina para impedir que los recortes de pasto se adhieran a ella. Y la próxima vez que termine de cortar el césped y esté acalorado y cansado, sonría. Ya no necesita limpiar la cortadora, ahora puede descansar.

Medidas para cortar el césped sin dolor. Cortar el césped es un ejercicio aeróbico que puede causar dolores musculares, de las articulaciones y de espalda, dice un estudio reciente. Pero cortar el césped debería ser un ejercicio ligero o moderado, nunca un ejercicio traumático. Si usted debe hacer un esfuerzo extenuante para maniobrar la cortadora, busque un modelo más ligero. Compruebe, por ejemplo, si es fácil de girar y si el mango es ajustable para prevenir las molestias en los brazos, las manos y los hombros.

Nuevo protector solar de más potencia y duración

Los filtros solares que contienen este nuevo ingrediente bloquean los nocivos rayos ultravioleta A (UV–A) mejor que nunca. Este poderoso componente se llama *ecamsule* o Mexoryl SX, y ha sido aprobado por la Administración de Alimentos y Fármacos (FDA, en inglés). A diferencia de los otros protectores UV–A, *ecamsule* no se descompone fácilmente por la acción de la luz solar después de un par de horas, de modo que dura más. Eso significa menos arrugas y un riesgo menor de desarrollar cáncer de piel. Para obtener estos beneficios, busque protectores solares que contengan *ecamsule* o Mexoryl SX.

Las ventajas de un cortacésped de carrete manual.

Tal vez sea el momento de considerar la posibilidad de adquirir una cortadora manual más económica, más ligera y que requiera menos mantenimiento: la cortadora de césped de carrete manual. "Creo que muchas personas tienen la idea errónea de que son difíciles de usar", dice Lars Hundley, propietario de CleanAirGardening.com. Él explica que la cortadoras manuales de césped modernas son mucho menos pesadas y más fáciles de maniobrar. Algunas pesan tan sólo 17 libras (menos de 8 kilos). Tenga en cuenta estas otras ventajas:

✦ Usted nunca tendrá problemas en arrancar una cortadora de empuje manual. Tampoco necesitará llevarla al taller de reparaciones para el mantenimiento de rutina. "Con una cortadora de empuje manual, usted empuja y la máquina corta", dice Hundley. "Es simple mecánicamente hablando y no hay mucho que pueda ir mal con estas máquinas".

✦ La cortadora de carrete es una mejor opción para los pulmones y los senos nasales, ya que no produce humo ni polución. Las cortadoras que necesitan combustible son grandes contaminadoras.

273

"Si bien queman muy poca gasolina, estas máquinas generan más polución que un automóvil por cada hora de uso", dice Hundley.

✦ "No hacen ruido", dice Hundley. "Usted puede llevar su celular o teléfono móvil mientras corta el césped y escuchar cuando suenan".

Por supuesto, las cortadoras de césped de carrete no son perfectas. Las cuchillas aún tienen que afilarse cada par de años, no cortan bien en jardines con muchas rocas, palos o malezas crecidas. Y si su jardín es muy grande, tal vez sea mejor que consiga un cortacésped autopropulsado. Por lo demás, las cortadoras de césped de carrete y empuje no sólo le ofrecen todas las ventajas descritas por Hundley, sino que su estilo de corte limpio es mucho mejor para el césped.

Cómo regar una pendiente con éxito. Regar cuesta abajo es una batalla cuesta arriba. Eso se debe a que el agua suele correr por la pendiente antes de ser absorbida por la tierra. Usted podría comprar mangueras de remojo, pero la siguiente es una opción más económica: riegue durante unos minutos (o hasta que observe que el agua empieza a escurrirse) y espere a que la humedad se asiente. Regrese algo más tarde y riegue nuevamente durante unos minutos. Repita el proceso hasta comprobar que la tierra está húmeda y ya ha regado lo suficiente.

Acabe con las plagas

Cómo mantener a los venados fuera del jardín. "Si pretende controlar las plagas utilizando solamente una estrategia, usted está condenado al fracaso", dice Steve Tvedten, autor de un libro sobre métodos no tóxicos para el control de plagas, disponible gratuitamente (en inglés) en *www.thebestcontrol2.com*. De modo que para ahuyentar a los venados no dependa de un solo método, pruebe tres o más.

Primero, saque las luces intermitentes de Navidad. "Las luces navideñas que se encienden por acción de un detector de movimiento pararán en seco a los venados que se acerquen a su jardín", explica Tvedten. Él también recomienda rociar los árboles frutales, los arbustos y las plantas con una mezcla de varios huevos revueltos en un galón de agua. Pero si los venados están demasiado hambrientos o son demasiado numerosos para detenerlos con estos trucos, coloque redecillas sobre las plantas más pequeñas. O rodee el jardín con un cerco hecho con una malla liviana de plástico de poco peso y tan alto como para que no puedan saltar sobre él.

Secreto de la Casa Blanca acaba con los daños de las ardillas. Después de años de intentar combatirlas en vano, los jardineros de la Casa Blanca lograron por fin reducir en más del 90 por ciento los daños ocasionados por las ardillas. La nueva estrategia consistió en alejar a las ardillas de las plantas tentándolas con seis cajas repletas de nueces y otros frutos secos. Usted puede hacer lo mismo, pero sin gastar tanto. Basta con dejar unos cuantos platos con frutos secos cerca de sus plantas y observe los resultados.

Pero si alimentar ardillas no es lo suyo, plante bulbos resistentes a las ardillas, como el narciso, los ajos ornamentales y el jacinto. Y si opta por las variedades que les gusta a las ardillas, después de plantar limpie los restos de piel exterior tipo papel que dejan los bulbos y coloque una tela metálica sobre el lugar donde están enterrados. Sujete los bordes de la tela metálica con rocas o tablas y no olvide retirarla antes de que las flores emerjan de la tierra.

Aleje a las ardillas del comedero para pájaros. Deles de comer a los pájaros, no a las ardillas, con estos trucos ingeniosos:

✦ Utilice uno de esos resortes con los que juegan los niños, llamado Slinky. Usando un alambre o grapas, sujete el extremo superior del Slinky justo debajo del comedero y envuelva el resto del Slinky alrededor del poste, de arriba hacia abajo. Este truco frustrará a las ardillas.

✦ Corte el fondo de una botella de plástico de dos litros o de cinco galones. Perfore agujeros en el cuello de la botella y use parte de una percha para colgarla de la base del comedero para pájaros. Esta "sombrilla" hará casi imposible para las ardillas subir el poste. Usted puede lograr el mismo resultado con un balde viejo sin fondo. Simplemente perfore agujeros a los lados, cerca de la base. Utilice una percha para sujetarlo a la base del comedero y las ardillas optarán por irse a otro lado a buscarse la vida.

✦ Pida a un empleado de una tienda para mejoras del hogar ayuda para encontrar un reductor para el sistema de calefacción, ventilación y aire acondicionado (HVAC, en inglés). Se trata de un cilindro corto de metal diseñado para conectar un ducto pequeño a uno más grande. También necesitará unos cuantos tornillos y cuñas pequeñas de madera que puedan encajar entre la pared interior del reductor y el poste del comedero para pájaros. Deslice el reductor sobre el poste, introduzca las cuñas en el espacio vacío entre el poste y el reductor, y sujete este dispositivo al poste con clavos o tornillos.

Recurra a la astucia para disfrutar de un jardín libre de animales. Los pesticidas pueden ser costosos y tóxicos, pero con remedios seguros como éstos, usted puede mantener a los animales lejos de su jardín sin gastar tanto:

✦ Mapaches. "A los mapaches no les gustan esas luces brillantes que se encienden cuando algo se mueve en el jardín", dice Steve Tvedten, autor de un libro sobre métodos no tóxicos para el control de plagas, disponible gratuitamente en *www.thebestcontrol2.com.* Así que instale luces intermitentes activadas por detectores de movimiento. También puede crear un perímetro de seguridad de una yarda de ancho (casi un metro) tendiendo una malla de alambre alrededor de cada planta o del jardín entero. Los mapaches no lo cruzarán. "No les gusta cómo se siente", explica Tvedten.

✦ Perros y gatos. Tvedten recomienda rociar a estos intrusos peludos con un chorro de agua. Una potente pistola de agua de juguete es ideal, pero la manguera también funciona.

✦ Marmotas. Esparza harina de sangre sobre el suelo para espantarlas.

✦ Topos. Utilice un rociador de aceite de ricino alrededor de los agujeros del topo y en todo su jardín. A los topos no les gusta.

✦ Ratones de campo. A la hora de plantar los bulbos mezcle conchas de ostras trituradas en la tierra para que estos pequeños roedores no se los coman.

Póngale sazón a la tierra para salvar los bulbos. Los mapaches y las ardillas están locos por comerse los bulbos que ha plantado en su jardín, pero usted puede evitarlo con un viaje a la cocina. Espolvoree pimienta de Cayena sobre la tierra alrededor de los bulbos. También puede usar salsa de Tabasco o pimienta negra. Sólo recuerde que deberá volver a "sazonar" la tierra después de cada lluvia.

Espante a los pájaros con CDs viejos. Recolecte los discos compactos viejos o dañados de sus amigos, para poder disfrutar de los tomates antes de que los pájaros lo hagan. Sólo asegúrese de que nadie quiera usar esos CDs de nuevo. Esta operativo espantapájaros funciona así:

Cuando vaya a sembrar los tomates, ate un cordel a las puntas de las estacas y pase un CD por el cordel entre cada par de estacas. Cuando haya terminado con esta tarea, entre todas las estacas habrá un CD brillando con el sol. Si no logra reunir suficientes CDs, no se preocupe. También puede usar platos metálicos para tartas o tiras anchas de papel metálico con un hueco en el medio. Para mayor protección, clave unos cuantos molinetes de papel metálico en el suelo cerca de los tomates.

Lo último sobre el virus del Nilo occidental

Las personas mayores de 50 años son las más expuestas a padecer síntomas peligrosos si se contagian con el virus del Nilo occidental. Por eso usted debe protegerse en todo momento. Utilice repelente de insectos cuando esté afuera y tenga especial cuidado en evitar las picaduras de mosquitos. Y debido a que a menudo este virus pasa de los insectos a los pájaros, si ve un pájaro muerto no lo toque. En cambio, llame al departamento de salud y pregúnteles qué hacer.

Mantenga a raya a los conejos para siempre.

Espolvoree harina de sangre sobre el suelo para mantener a los conejos fuera de su jardín, recomienda Steve Tvedten, autor de un libro sobre métodos no tóxicos para el control de plagas, disponible gratuitamente en *www.thebestcontrol2.com*. Pero si está siendo molestado por conejos excepcionalmente persistentes, vaya a la ferretería y pregunte por una malla de alambre soldado *(hardware cloth,* en inglés).

Coloque un cilindro hecho con la malla de alambre alrededor de cada árbol pequeño o arbusto que necesita proteger. Entierre estos cilindros a una profundidad de 2 ó 3 pulgadas (5 ó 7.5 cm), y asegúrese de que tengan una altura de por lo menos 2 pies (60 cm) sobre el nivel del suelo o futuras caídas de nieve. Para proteger todo un jardín o un cantero de flores, levante un cerco de malla de alambre soldado o uno de malla de alambre tejido.

Mantillo gratuito para repeler las plagas. Ahorre su
dinero. En lugar de gastar una fortuna comprando mantillo de cedro ya

preparado en una tienda especializada en jardinería, pida a sus vecinos y amigos que le den las ramas podadas de su jardín, que sean de eucalipto, cedro, enebro o ciprés. Pase las ramas por una máquina astilladora y usted tendrá su propio mantillo para repeler plagas. Recuerde sólo usar plantas de la zona.

Fabrique su propio jabón insecticida por centavos.

Mezcle 3/4 de cucharadita de jabón de aceite Murphy's Oil Soap en un cuarto de galón (un litro) de agua y muéstreles a los insectos quién es realmente el dueño de las plantas.

Un consejo de Hollywood para ahuyentar arañas

La próxima vez que una araña se le acerque, recurra a Lemon Pledge. El entrenador de insectos de la película Aracnofobia usaba Lemon Pledge para evitar que las arañas se desviaran de sus rutas asignadas. Aparentemente, a las arañas no les gusta caminar sobre las superficies rociadas con este producto para la limpieza de muebles.

Erradique los insectos dañinos para las flores y las plantas de semillero.

"Corte el fondo de los envases pequeños de yogur. Usted puede usar estos vasos de yogur sin fondo para proteger a las plantitas más tiernas del jardín de la amenaza de las babosas y las orugas", dice Colleen Vanderlinden, escritora independiente y creadora de *www.inthegardenonline.com*. "Simplemente deslice el envase sobre la planta, presione para enterrarlo a una pulgada de profundidad y la planta quedará protegida".

Estas son otras maneras económicas de acabar con los insectos dañinos:

+ Las arañuelas y los pulgones son transmisores de virus que son perjudiciales para las plantas. Pero según algunos patólogos de plantas usted puede defenderlas del virus tendiendo papel de aluminio alrededor de los tomates, la albahaca, los pimientos y las calabazas.

✦ Usted puede desalojar a los pulgones de sus plantas con un rociado intenso de agua.

✦ Si su jardín está siendo atacado por las hormigas coloradas, vierta una pulgada de sales de Epsom sobre sus montículos. Rodee los montículos con otra pulgada de sales para que las hormigas no puedan escapar.

Prepare su propio aceite en aerosol casero para la huerta. Proteja a las rosas y las hortensias de los ácaros y los insectos que pueden causarles enfermedades, con ingredientes que ya tiene en casa. Mezcle una cucharada de líquido biodegradable para lavar vajilla con una taza de aceite de maíz, aceite de cártamo, aceite de cacahuate, aceite de girasol o aceite de soya. Luego agregue dos tazas de agua. Este aceite para rociar acabará con las plagas y su jardín volverá a florecer.

Líbrese de las babosas sin pagar un centavo. Atrape las babosas y los caracoles colocando hojas de col o viejas láminas de madera en su jardín. Debido a que a las babosas les gusta ocultarse debajo de este tipo de objetos durante el día, deles una mirada a sus 'trampas' justo antes del anochecer. Voltee cada hoja o lámina de madera, y sacúdala para eliminar las babosas. Tírelas lejos, desde donde jamás podrán regresar a su jardín. Si no tiene hojas de col o láminas de madera, levante una barrera alrededor de las plantas, hecha con cáscaras de huevo trituradas. A las babosas no les gusta tener que arrastrarse por los bordes filudos de las cáscaras de huevo.

Invite a los "tragaplagas" a que patrullen su jardín. Imagine un jardín que nunca necesite pesticidas porque cuenta con la protección de sus propios policías antiplagas. Usted puede tener ese jardín si cultiva las siguientes plantas que, con sus encantos, lograrán atraer a insectos y animales "buenos" que se alimentan de estas plagas:

✦ Cultive angélica, eneldo *(dill,* en inglés), campanillas *(morning glories,* en inglés), anís, hinojo *(fennel,* en inglés), girasoles o milenrama *(yarrow,* en inglés) para tentar a las mariquitas a su jardín. Ellas acabarán con los pulgones, las arañuelas, la mosca blanca y otros insectos de caparazón blando que causan estragos en sus plantas.

✦ Siembre mastuerzos, bayas de saúco *(elderberry,* en inglés), cornejo o cerezos silvestres *(dogwood,* en inglés), bérbero o agracejo (barberry, en inglés) o durillo dulce *(cotoneaster,* en inglés) para atraer e invitar a los pájaros a un festín de insectos dañinos.

✦ Cultive borraja o la planta conocida como *Alyssum* dulce entre sus flores y hortalizas. A los 'comepulgones' les encanta.

Y recuerde: los pesticidas harán daño a estos insectívoros, por lo que debe evitar su uso.

Pesticidas representan un peligro de Parkinson

El uso de pesticidas puede aumentar el riesgo de desarrollar la enfermedad de Parkinson. Investigadores de la Clínica Mayo descubrieron recientemente que los hombres con Parkinson tenían una probabilidad más alta de haber estado expuestos a pesticidas que aquéllos que no padecían la enfermedad.

Las ranas pueden ayudarle a controlar las plagas.

Las ranas se alimentan de los mismos insectos que usted quiere erradicar de su jardín. Es más, si usted deja de usar pesticidas y herbicidas, las ranas pueden encargarse de exterminar los insectos dañinos por unos cuantos centavos. He aquí lo que usted puede hacer:

✦ Si usted tiene un estanque, agregue plantas nativas alrededor para ofrecerles a las ranas un lugar donde esconderse. Deje que crezcan algunas algas para alimentar a los renacuajos. No tenga peces de colores o perderá a las ranas.

+ Construya casas para las ranas con pilas de rocas, madera u hojas. No se olvide de dejar una entrada a la "casa" y asegúrese de que al interior haya suficiente espacio para las ranas. Una maceta vieja (o la mitad de una) boca abajo sería el hogar ideal para una de ellas.

+ Si no tiene un estanque, coloque varios platillos de terracota llenos de agua debajo de los arbustos y otros lugares protegidos y con sombra. Deje un poco de tierra al fondo del plato para que se sientan más en casa. No olvide de mantenerlos siempre con agua.

Vístase para matar... a los mosquitos. Sepa qué ponerse para repelerlos. Como su armadura antimosquitos, elija ropa gruesa de manga larga, pantalones largos, medias y zapatos. Los tejidos más delgados pueden ser más frescos, pero los mosquitos pueden picar a través de ellos, a menos que rocíe la ropa con un repelente de insectos que contenga DEET. También evite usar colores vivos, joyas brillantes, perfume o colonias. Estos brillos y olores dulces atraen a los insectos de la misma manera que un camión de helados atrae a los niños.

Ahuyente a los mosquitos dañinos para las plantas.
Los mosquitos y las moscas de la fruta no son sólo una molestia. Sus larvas se alimentan de raíces, impidiendo el crecimiento de las plantas de interiores y causando que sus hojas se vuelvan amarillas y se marchiten. Pero es fácil deshacerse de ellos. Mezcle una cucharada de miel, más una cucharadita de detergente líquido para lavar vajillas, ya sea con una taza de agua tibia o a una taza de vinagre de sidra de manzana.

Los mosquitos y las moscas de la fruta se sienten atraídos por esta mezcla y, a menudo, acaban ahogándose en ella. Si algunos mosquitos rezagados parecen querer escapar, deles el encuentro y rocíelos con alcohol de uso externo en cuanto aparezcan. Hágalo a diario hasta que desaparezcan por completo.

Ahorro sobre ruedas

Compre en línea y ahorre tiempo y dinero. ¿Desea ahorrar mucho dinero al comprar un coche nuevo? Entonces, invierta un poco de tiempo frente a la computadora antes de dirigirse al concesionario. Así es. El Internet es el arma secreta que los vendedores de autos no quieren que usted conozca.

Pasar más tiempo en línea puede ahorrarle tiempo y dinero en el concesionario. Un estudio reciente encontró que quienes investigaban en línea sobre el auto que iban a comprar pasaban un promedio de 80 minutos menos en el concesionario y 25 minutos menos probando el auto y negociando el precio. Otro estudio encontró que la gente que buscaba en línea información sobre precios pagaba cerca de $400 menos que otros compradores.

Eso se debe a que si usted llega al concesionario armado de información estará en mejor posición para alcanzar un acuerdo favorable. En línea usted puede comparar los precios y las características de distintos modelos, leer reseñas y descubrir el valor real de un vehículo, averiguando el costo del concesionario o su precio de factura.

Estos son algunos sitios web útiles para compradores de autos:

✦ Edmunds Car Buying Guide en *www.edmunds.com*

✦ Kelley Blue Book en *www.kbb.com*

✦ Autobytel Network en *www.autobytel.com* o en *www.myride.com*

✦ Cars.com en *www.cars.com*

✦ AutoTrader.com en *www.autotrader.com*

Explore esos sitios para conseguir toda la información que necesita antes de comprar un coche nuevo o usado. Puede que haya que buscar un tanto, pero es mejor y, en última instancia, más barato que tratar de obtener la información de un vendedor con mucha labia y ávido de ventas.

Siéntese con la espalda recta para combatir la presión alta

Cuando utilice su computadora para investigar la compra de su próximo automóvil, asegúrese de mantener la postura correcta. En un estudio reciente se encontró un vínculo entre los músculos del cuello y la parte del cerebro que desempeña un papel dominante en la regulación del ritmo cardíaco y la presión arterial.

Según los investigadores, encorvarse sobre una computadora durante horas puede elevar la presión arterial. Hacer ejercicio regularmente, mantener un peso saludable, dejar de fumar y limitar el consumo de alcohol ayudan a mantener la presión arterial bajo control.

Tómese el tiempo necesario para encontrar la mejor oferta. Nunca se precipite a la hora de comprar un coche. Puede que consiga más rápidamente el auto que busca, pero también es probable que termine pagando más por él. Investigue primero para encontrar el mejor precio y compare modelos y precios en varios concesionarios, no sólo en el más cercano. No tiene sentido apurar las cosas. Tómese el tiempo necesario para comprar como es debido, utilizando estas provechosas estrategias:

✦ Nunca vaya al concesionario sin estar preparado. Reúna información en línea o en la biblioteca antes de ir a comprar.

✦ Nunca haga evidente lo mucho que le gusta un coche. Una vez que el vendedor crea que usted ya mordió el anzuelo, estará menos motivado para negociar.

✦ No se conforme fácilmente. Si no encuentra lo que está buscando, considere la posibilidad de encargar un auto que tenga solamente las características que usted desea.

Encuentre el momento perfecto para comprar un coche.

El momento en que usted decida comprar el coche puede afectar el precio. Como regla general, mientras más tarde mejor. Compre su coche al final del mes y podría lograr un descuento, porque el concesionario necesita elevar su cifra de ventas ese mes. La misma lógica aplica al fin del año. Compre el coche justo antes de que salga el modelo del próximo año y es posible que el concesionario esté impaciente por despejar su inventario y le haga una buena oferta. Incluso puede que usted ahorre tan sólo por comprar al finalizar el día. El vendedor podría estar deseoso de cerrar una venta más antes de irse a casa. Y si no le molesta la lluvia o la nieve y está dispuesto a desafiar el mal tiempo, que es cuando las ventas de autos nuevos suelen disminuir, podría encontrar un concesionario desesperado dispuesto a negociar.

Deje las ropas llamativas en el armario.

Vestirse para el éxito no significa llevar ropas lujosas ni joyas caras, por lo menos no cuando se trata de comprar un coche. Si usted luce como alguien con mucho dinero, el vendedor podría dirigirle hacia modelos más costosos o asumir una postura más dura en las negociaciones. Llegar en un coche de lujo también disminuye sus probabilidades de conseguir un buen precio.

Esté atento a los trucos del concesionario.

Ir a un concesionario de autos es como entrar en la guarida de un león. Si usted no tiene cuidado, podría terminar en apuros. Siga estos consejos para evitar que le estafen:

- ✦ No entregue su licencia de conducir. Algunos concesionarios usarán su licencia como rehén para mantenerle en el concesionario por más tiempo. En vez de eso, haga fotocopias.

- ✦ Diga no a los accesorios y productos adicionales innecesarios, como protección antioxidante o protectores para tapices.

- ✦ Niéguese a que lo obliguen a comprar una garantía extendida. Usted siempre podrá comprarla más adelante, aun si el vendedor le presiona para que diga "sí" de inmediato.

✦ Mire el panorama completo. Cuando se trata del financiamiento, fíjese en el costo total, no sólo en las cuotas mensuales. Préstamos a plazos más largos significan más intereses.

✦ Divida y vencerá. No permita que los concesionarios agrupen la compra de su coche usado y su financiamiento con el precio del coche nuevo. Negocie por separado un precio justo para cada una de estas transacciones.

Tres hurras para cuatro cilindros. Los autos híbridos son buenos para el medio ambiente, pero no lo son tanto para el bolsillo. De hecho, el modelo híbrido de un coche puede costar entre $3,000 y $9,000 más que su versión de sólo gasolina. Afortunadamente, usted puede ahorrar dinero y a la vez proteger el medio ambiente optando por un coche con motor de cuatro cilindros. Aunque no son tan potentes como los de seis u ocho cilindros, los de cuatro cuestan menos y rinden más millas por galón. Se cuentan también entre los motores más limpios a su disposición. Vea cuáles son los mejores y peores coches para el medio ambiente visitando *www.greenercars.org*.

Consiga el financiamiento antes de comprar. El préstamo para su coche no tiene por qué provenir del concesionario. Primero, revise su informe de crédito para asegurarse de que todo esté correcto y luego procure mejorar su calificación crediticia. Después, busque en línea la mejor tasa de interés a través de prestamistas en línea, bancos y cooperativas de crédito. Usted puede incluso pagar su auto con un préstamo sobre el valor neto de su vivienda o con una línea de crédito. Después de acordar un precio justo por el auto, informe al concesionario que usted ya cuenta con su propio financiamiento. Entonces vea si él le ofrece una tasa de interés más favorable.

Cómo refinanciar un préstamo de auto. La refinanciación no existe sólo para las hipotecas. Si usted va a estar pagando el préstamo de su coche por varios años más, estudie la posibilidad de refinanciarlo. Sólo asegúrese de que los ahorros que obtenga de una tasa de interés más baja sean mayores que los costos de cierre, más el pago al Departamento de Vehículos Motorizados por la transferencia del gravamen.

> ## Libérese del contrato de arrendamiento
>
> No se sienta atrapado por el *"lease"* o contrato de arrendamiento de su coche. Si usted desea poner fin a su contrato de arrendamiento antes de tiempo, puede buscar a otra persona que quiera asumirlo. Por una cuota única los sitios web, tales como *LeaseTrader.com*, *Swapalease.com* y *TakeMyPayments.com*, permiten que usted ponga un anuncio. Simplemente asegúrese de revisar la política de transferencia de su compañía de arrendamiento, para ver si hay algún costo.

Toda la verdad sobre el "leasing". El *"leasing"* o arrendamiento puede ser una alternativa inteligente y asequible a comprar un auto, si usted tiene buen crédito y no recorre demasiadas millas al año. Randall Farnsworth, gerente general del Grupo Automotor Randall Farnsworth General Motors, de Canandaigua y Victor, en Nueva York, señala las ventajas y las posibles trampas de arrendar un vehículo. "Como regla general, uno compra bienes que se van a valorizar y alquila o arrienda bienes que se van a desvalorizar", afirma Farnsworth. Los automóviles pertenecen definitivamente a esta última categoría, lo cual es una razón a favor de arrendar.

"El *leasing* puede ser una opción inteligente cuando usted desea realizar un pago menor y, a la vez, obtener más equipo que si hubiera comprado el coche", dice Farnsworth. De hecho, usted puede pagar mucho menos por mes si arrienda el coche que si compra el mismo modelo. Más aún, solamente con contrato de arrendamiento el auto recibe un valor futuro garantizado, llamado residual. Al final del contrato de arrendamiento, usted tiene la opción de comprar el auto por ese valor.

Pero Farnsworth admite que el *leasing* puede ser complicado si usted no es cuidadoso. "Usted puede desencantarse muy rápidamente de arrendar si no se informó bien", afirma. Eso se debe a que el contrato de arrendamiento viene con la obligación de permanecer dentro de un número predeterminado de millas y de dar mantenimiento al auto de modo que sea devuelto solamente con el desgaste normal. No hacerlo puede costarle a usted caro.

"Un error común es no entender a cabalidad la diferencia entre los requisitos legales de un acuerdo de *leasing* y uno de compra", dice Farnsworth. "Es como alquilar un departamento. Usted es legalmente responsable de dejar el departamento en buenas condiciones. Si lo destroza, al final usted va a deber dinero. Lo mismo sucede con el auto".

Farnsworth recomienda leer el contrato y hacer todas las preguntas necesarias para entenderlo. Pida al concesionario una copia en blanco, para así familiarizarse con los términos y las condiciones.

Usted también necesita conocer sus hábitos de manejo. Un contrato de bajo millaje que sólo le permite recorrer 10,000 millas al año podría ser una ganga, siempre y cuando usted no se exceda drásticamente en el millaje. Si lo hace, recibirá una enorme factura. "Usted tiene que ser realista y procurar no aprovecharse de un pago más bajo ahora, para luego terminar pagando mucho al final", dice Farnsworth. Si bien un contrato estándar contempla 15,000 millas al año, usted puede comprar millaje adicional a 10 centavos por milla, si paga por adelantado. De lo contrario, esas mismas millas podrían costarle 15 centavos o más al final contrato.

Una ventaja de arrendar es que la garantía debería cubrir todas las reparaciones. Pero asegúrese de realizar el mantenimiento de rutina, como cambiar el aceite y rotar las llantas. Le podrían cobrar cuatro llantas nuevas si el dibujo de las mismas no cumple con los estándares mínimos.

Siempre y cuando usted cumpla con sus responsabilidades, un contrato de arrendamiento le permite conducir un mejor coche por menos dinero. "Si usted desea conseguir el menor pago posible con un valor futuro garantizado, lo mejor que puede hacer es arrendar", dice Farnsworth. "Y si desea conseguir un mejor vehículo por un pago específico, también le conviene arrendar".

Una buena manera de esquivar las chatarras. Para evitar comprar una chatarra basta con una simple revisión de los antecedentes de un vehículo usado. Vaya a CarFax en *www.carfax.com* y rastree el historial del auto. Descubra si ha estado en un accidente grave o si se ha inundado o incendiado. También puede verificar si hay fraude en el odómetro, es decir, si el cuentamillas ha sido alterado. Usted necesitará el número de identificación o VIN del vehículo. Un mecánico de confianza también podría echarle un vistazo al coche y hasta es posible que no le cobre por hacerlo. Si a pesar de todas estas precauciones usted termina con una chatarra, en *www.lemonlawamerica.com* puede encontrar a un abogado que defienda su caso.

Conozca el resultado de las pruebas de seguridad. Además de encontrar buenas ofertas de coches nuevos y usados, en línea usted también puede descubrir cuáles son los más seguros. Hay dos sitios web que proporcionan información útil sobre las pruebas de choques simulados de una variedad de vehículos:

En *www.iihs.org,* el sitio del Instituto de Seguros para la Seguridad en las Carreteras, usted encuentra calificaciones de seguridad basadas en colisiones frontales, laterales y posteriores. Vea si el coche que usted está considerando comprar está calificado como Bueno, Aceptable, Marginal o Deficiente en esas situaciones. También encontrará una lista de los autos más seguros por año y clase.

Y en *www.safercar.gov* podrá ver las valoraciones de seguridad en colisión de la Administración Nacional para la Seguridad Vial en las Carreteras (NHTSA, en inglés). Mediante un sistema de cinco estrellas se mide la forma como los autos responden en colisiones frontales y laterales, así como el riesgo que tienen de dar vueltas de campana en los accidentes. Aunque no se han puesto a prueba todos los coches, estos sitios le pueden ayudar a reducir su búsqueda de un vehículo más seguro.

El color del coche afecta el riesgo de accidente. Cuando se trata de seguridad, los coches color plata ganan la medalla de oro. Un estudio realizado en Nueva Zelanda encontró que los coches plateados eran los que tenían menos probabilidades de verse implicados en accidentes graves. Por otra parte, usted corre mayores riesgos si conduce un coche marrón, negro o verde.

Los autos modificados son más seguros para los adultos mayores

Que usted tenga unas cuantas velitas más en su torta de cumpleaños no significa que deba dejar de conducir. Con algunas modificaciones, puede hacer que su coche sea más seguro y cómodo. Coloque un espejo más grande sobre el espejo retrovisor original, para obtener un mayor campo visual. Mejore su postura usando almohadillas en el asiento. Use extensiones de pedal para llegar al piso. Instale una barra en el marco de la puerta, para apoyarse al entrar y salir del coche. O agregue una manija en el cinturón de seguridad a fin de que no necesite estirarse para abrocharlo.

Si necesita pagar modificaciones aún mayores, tales como una rampa o un elevador, los fabricantes de automóviles tienen programas que pueden ayudar.

Claves para vender su auto

Consejos para dar su coche como parte de pago.

Cuando usted compra un coche nuevo, es más fácil dar su coche usado como parte de pago que intentar venderlo usted mismo. Pero es también más probable que no consiga un buen trato. He aquí cómo sacar el mayor provecho a la hora de hacer el canje:

- ✦ Conozca el valor de su coche. Investigue por Internet los valores de recompra de la marca, el modelo y el año de su vehículo. De esa manera, usted sabrá si está obteniendo una oferta justa.

- ✦ Asegúrese de que su coche esté en buenas condiciones y luzca bien. Lleve los expedientes del mantenimiento como prueba de su buen estado.

- ✦ Visite varios concesionarios. Puede que consiga una mejor oferta en otro lugar, pero no insista en un precio poco realista para su coche.

- ✦ No se deje engañar. Los concesionarios podrían actuar como si no les interesara su coche, pero la verdad es que ganan mucho dinero al revender los autos que han sido entregados como parte de pago.

- ✦ Mantenga separadas las negociaciones por la entrega de su auto usado como parte de pago y las negociaciones por el auto nuevo, para obtener un buen acuerdo en ambas. Además, tenga en cuenta que en la mayoría de los Estados solamente se grava la diferencia entre el precio de venta del auto nuevo y lo que usted recibió por su auto usado.

Estrategias espectaculares para vender un auto.

Puede que tome más tiempo y esfuerzo, pero es posible conseguir un mejor precio si vende su coche usted mismo en vez de darlo como parte de pago a un concesionario. Ésta es una guía rápida para vender su auto:

- ✦ Con herramientas como el Kelley Blue Book, entre otras, averigüe el valor de los autos de la marca y el modelo del suyo. Busque en los anuncios clasificados locales el precio de mercado de autos similares.

✦ Fije el precio que corresponda. Tome en cuenta el millaje, la condición del auto, su ubicación, el rendimiento en millas y sus accesorios especiales o mejoras. Incremente el precio unos cuantos cientos de dólares, para tener margen de negociación.

✦ Anuncie su coche. Puede hacerlo simplemente colocando un cartel de "For Sale" ("Se Vende") en la ventana. También a través de anuncios en periódicos locales, en las pizarras del vecindario o en línea. Asegúrese de que el anuncio incluya todos los datos importantes, tales como el año, la marca, el modelo, el color, el millaje, la condición y el precio. Si usted está abierto a negociar incluya "OBO" en el anuncio, que significa "o la mejor oferta" *(Or Best Offer,* en inglés). Si ése es su precio final, agregue la palabra "Firm", para indicar que no es negociable.

✦ Deje ver el coche. Estaciónelo con el cartel de "Se Vende" en los lugares donde pueda generar más interés. Recuerde que el aspecto del coche también cuenta. Si los compradores potenciales desean probar su coche, dé un paseo con ellos para que pueda contestar a cualquier pregunta.

✦ Una vez acuerden un precio y un método de pago, cierre el trato. Asegúrese de conocer las leyes de su Estado con respecto a transferencias de título y a cualquier otro papeleo que necesite realizar. Usted puede encontrar la información necesaria en el sitio web del Departamento de Vehículos Motorizados.

Para quitar las pegatinas de los parachoques

Las pegatinas con las que usted personalizó su coche pueden ser un problema a la hora de venderlo. Por suerte, es posible quitar las pegatinas de los parachoques y las etiquetas de las ventanas con una pistola de calor o un secador de pelo. Sólo tenga cuidado de no ablandar también la pintura del coche.

Seis formas de acicalar su coche para la venta.

Cuando muestre su coche a los potenciales compradores, asegúrese de causar una buena primera impresión. Pruebe estos consejos de Edmunds.com para hacer más atractivo su coche:

+ Lave y encere el coche y cuídele los detalles. Arregle las pequeñas abolladuras, arañones y raspaduras.

+ Realice las reparaciones de bajo costo usted mismo. Además, asegúrese de hacerle un mantenimiento de rutina, como el cambio de aceite.

+ Limpie y ordene el interior del coche. Pásele un paño al tablero de control y vacíe los ceniceros.

+ Limpie con un trapo el polvo de las cubiertas de las ruedas y limpie las llantas con un producto para abrillantar neumáticos.

+ Limpie las ventanas por dentro y por fuera, así como todas las superficies de los espejos.

+ Calme las mentes de los compradores potenciales. Muéstreles los expedientes del mantenimiento del coche. Usted también puede hacer que su mecánico prepare un informe sobre la condición del coche o puede solicitar un informe de Carfax —empresa privada de información sobre el historial de vehículos usados– en *www.carfax.com*.

Limpie los insectos del parabrisas. Quienquiera que compre su coche no pagará extra por los insectos. Elimínelos con este limpiador de parabrisas hecho en casa. Prepare una pasta usando un 70 por ciento de bicarbonato de soda y un 30 por ciento de detergente líquido para vajillas. Impregne una esponja mojada con esa pasta, limpie el parabrisas y enjuague bien. No utilice la mezcla en otras partes del coche.

Guía para el cuidado del auto

Diez caminos hacia el mejor taller de reparaciones.
Siga estos consejos del Instituto Nacional para la Excelencia del Servicio Automotriz (ASE, en inglés):

- Busque un taller de reparaciones antes de que realmente necesite uno, de modo que la desesperación no influya en su decisión.

- Pida recomendaciones a amigos y a compañeros de trabajo.

- Averigüe la reputación del taller a través de una organización local del consumidor.

- No elija un taller sólo porque le queda cerca.

- Busque un taller ordenado, bien organizado y con equipo moderno.

- Asegúrese de que el taller trabaje con su marca y modelo.

- Busque las certificaciones de ASE y otras muestras de solvencia mecánica, como diplomas de escuelas técnicas y certificados de cursos avanzados.

- Haga preguntas acerca del personal. Deben ser corteses y atentos. Incluso pida los nombres de algunos clientes como referencias.

- Fíjese si las tarifas de diagnóstico y trabajo, así como las garantías, están claramente anunciadas.

- Empiece con algo pequeño. La primera vez que lleve su coche a un taller desconocido solicite un trabajo de menor importancia.

Cuídese de los trucos de mecánicos poco honrados. Esté atento a estas señales de peligro para no ser víctima de una estafa por parte de un mecánico sin escrúpulos:

294

✦ Le recomienda servicios adicionales y costosos, como cambiar el líquido del motor o de la transmisión. Revise el manual de propietario para consultar el cronograma de mantenimiento recomendado.

✦ Recambio de múltiples piezas. Puede que su mecánico cambie una pieza sólo para encontrar que el problema verdadero está en otra pieza que también necesita cambiarse. Si bien un error de diagnóstico puede ser de buena fe, usted debería recibir un reembolso por la primera reparación o un descuento en la segunda.

✦ Hacer pasar piezas viejas como nuevas. Hay mecánicos que limpian la pieza vieja, la vuelven a colocar y cobran como si hubiesen puesto una nueva. Pida siempre ver la pieza vieja malograda o el recibo de la pieza nueva.

No deje que le pongan bolsas de aire falsas

Las bolsas de aire le pueden salvar la vida, siempre y cuando sean verdaderas. Algunos talleres de reparaciones deshonestos quitan las valiosas bolsas de aire de los coches y las sustituyen por basura, como material de embalaje o trapos. Que el color del timón no sea idéntico al del tablero de control o que el timón ceda a la presión en el centro podrían ser signos de robo de las bolsas de aire.

Prepárese cuando vaya a comprar piezas nuevas.

Cuando usted necesite piezas nuevas para su coche, vaya preparado. En algunos casos puede ser útil tomar una foto de la pieza que necesita y traerla con usted. Pero sobre todo, usted necesita conocer bien su coche.

"Los clientes rara vez saben la marca y el modelo de su automóvil. No se dan cuenta de que cada coche es diferente", dice Félix Martínez, encargado auxiliar de Dave's Auto Part & Accessories, en Hoboken, Nueva Jersey. Las carrocerías de coches con nombres similares pueden no ser iguales y requerir piezas distintas.

"Definitivamente uno debe conocer su marca y modelo y tener su número VIN a mano", dice Martínez. Eso puede ahorrar tiempo si se necesita llamar a un concesionario para consultar sobre las piezas. Usted también debe saber cuántos cilindros tiene su coche, así como el tamaño de las llantas que necesita. Y déjeles el diagnóstico a los profesionales.

"Muchas personas intentan hacer el diagnóstico por sí mismas, pero no saben cuál es el problema. Puede que compren un montón de aditivos, como mejoradores del octanaje o limpiadores de los inyectores de combustible, que podrían causar otros problemas. Primero haga que inspeccionen el coche. Averigüe qué problema tiene. Y sólo después decida qué hacer", aconseja Martínez.

Conduzca su coche por más tiempo y ahorre más.

Según una encuesta reciente de *Consumer Reports,* conducir un auto por más de 200,000 millas es más barato que comprar uno nuevo cada cinco años. De hecho, puede ahorrarle más de $30,000. Por supuesto, la clave es comprar un vehículo sseguro y confiable, y cuidarlo bien. Eso significa seguir el programa de mantenimiento al pie de la letra y usar solamente las piezas y los líquidos recomendados. También implica mantenerse alerta a problemas futuros, mirando regularmente debajo del capó. Usted debe también mantener el coche limpio, para evitar la herrumbre.

Aún así, no siempre vale la pena aferrarse a un vehículo viejo. Si necesita reparaciones que cuestan más de lo que vale, si pasa más tiempo en el taller que en la calle o si ha estado en una inundación o en un accidente serio, deshágase de él.

Recoja el aceite con un viejo escurreplatos. Ponga

ese viejo escurreplatos de la cocina a trabajar en su garaje.
Es una manera práctica de drenar el aceite del filtro
viejo o recoger las últimas gotas de los envases
usados de cuarto de galón. Simplemente coloque
el escurreplatos sobre el recogedor de aceite y deje
los envases drenar durante la noche. Si el escurreplatos es más pequeño que el recogedor de aceite,
usted puede apoyarlo sobre listones de madera.

Haga que su coche clásico luzca como nuevo. Siga estos consejos para mantener un auto antiguo en excelente condición:

✦ Téngalo en un garaje, lejos de temperaturas de congelación y de la luz del sol. Cúbralo para protegerlo del polvo y de los animales.

✦ Proteja el cuero de los interiores y las partes de goma, incluidas las llantas y las mangueras. Necesitan lubricantes y humectantes.

✦ Encuentre las piezas correctas para la marca, el modelo y el año del coche, no siempre una tarea fácil.

✦ Proteja el motor, que fue diseñado para funcionar con gasolina pura y no con las mezclas de etanol de hoy. Eso puede implicar usar un estabilizador de combustible, sustituir las mangueras de combustible y las empaquetaduras viejas por otras hechas con materiales resistentes al etanol e incluso remplazar el tanque de gasolina.

Por último, disfrute de su coche. Es importante conducir a velocidad de carretera de vez en cuando, para limpiar el carburador, hacer circular el aceite y extender la vida del motor.

Aceite de oliva para las manos grasientas. El aceite de oliva es bueno para el corazón; también lo es para las manos grasientas. Después de trabajar en su coche, vierta un poco de aceite de oliva o de aceite vegetal en sus manos sucias y frótelas. Lávese las manos en agua jabonosa caliente y la grasa saldrá mucho más fácil.

Diez excelentes consejos para ahorrar gasolina. Diez maneras fáciles de mejorar su millaje y sus finanzas:

✦ Utilice el regulador de velocidad. Mantener una velocidad constante mejora el millaje.

✦ Sustituya los filtros de aire sucios o atascados. Eso puede mejorar el millaje hasta en 10 por ciento.

✦ Vacíe la maletera y el asiento trasero. El peso adicional tiene un efecto negativo en la economía de combustible.

+ Consolide los viajes y haga todas sus diligencias en una sola salida. Usted realizará menos arranques en frío y ayudará a que su motor funcione mejor.

+ Evite las horas punta. Un auto parado con el motor en marcha sólo desperdicia combustible.

+ Abra las ventanas al conducir en la ciudad, si así lo prefiere, pero utilice el aire acondicionado en la carretera. Las ventanas abiertas crean resistencia al avance a velocidades mayores de 40 mph.

+ Deshágase del portaequipajes de techo. Su coche consume más combustible al intentar superar la resistencia del viento.

+ Sáltese el calentamiento. Comience a conducir de inmediato. El motor calienta más rápidamente de esa manera.

+ Pare y arranque con suavidad. No pise a fondo los frenos ni pise a fondo el acelerador cuando el semáforo se ponga en verde. Conducir con suavidad no sólo ahorra combustible, también extiende la vida de los frenos, la transmisión y las llantas.

+ Mantenga las llantas infladas a la presión de aire correcta. Si una está apenas 2 libras por pulgada cuadrada (psi) por debajo de la presión ideal, se eleva el consumo de combustible en uno por ciento.

Vaciar el tanque puede vaciar su billetera. Llene el tanque de gasolina cuando la aguja indique un cuarto de tanque. De lo contrario, el sedimento acumulado en el fondo del tanque podría removerse y llegar a obstruir algunas piezas. Le saldrá más barato no perder de vista el medidor de combustible.

Ahorre dinero en el surtidor. Comprar un combustible de más alto octanaje no ayudará a que su coche funcione mejor, sólo le costará más. A menos que su coche requiera un combustible de más alto octanaje, opte por el más bajo y ahorre dinero. Todo combustible, no importa la marca, tiene que cumplir con los estándares fijados por la Agencia de Protección del Medio Ambiente.

Limítese a 60 mph y ahorre más

Pague entre 10 y 20 centavos menos la próxima vez que llene el tanque. ¿Cómo? Sencillamente respetando el límite de velocidad. Por cada 5 mph que usted conduce sobre las 60 mph, es como si pagara 20 céntimos más por galón de gasolina. Este simple truco mejora hasta en 23 por ciento el rendimiento de combustible por milla recorrida.

Un dato poco conocido para la protección del medio ambiente. Un auto parado con el motor en marcha durante más de un minuto emite más contaminación que si se lo hubiese apagado y vuelto a encender.

Excelentes consejos para llantas de primera. Las llantas son clave para su seguridad, así que siga estas pautas para mantenerlas en forma:

✦ Revíseles la presión. Hágalo una vez al mes con un manómetro. Para una lectura exacta, mida la presión de las llantas frías, que no hayan sido usadas en por lo menos tres horas. Las llantas infladas por encima o por debajo de la presión ideal acarrean riesgos. Asegúrese de mantener la presión recomendada en el manual de propietario. También podría encontrar este dato en el borde interior de la puerta del auto, en el poste de la puerta, en la puerta de la guantera o en la tapa del maletero.

✦ Compruebe la profundidad del dibujo. No debe ser menor a un 1/16 de pulgada. Tal vez usted ya conozca el viejo truco del centavo: introduzca un centavo entre los surcos del dibujo y si puede ver el tope de la cabeza de Lincoln, es hora de cambiar las llantas. Recientemente, *Consumer Reports* ha recomendado usar una moneda de 25 centavos y 1/8 de pulgada como el patrón de referencia.

✦ Rote las llantas. Periódicamente ponga las llantas de atrás adelante y las de la izquierda a la derecha, para evitar el desgaste desigual.

✦ Compre sabiamente. Cuando necesite cambiar de llantas, busque el mejor precio, así como el tamaño adecuado, y preste atención a una variedad de detalles, como la velocidad, el desgaste del dibujo, la tracción y la temperatura. Las llantas recién fabricadas son las mejores. Los cuatro últimos dígitos después de "DOT" indican la semana y el año de fabricación.

Tres maneras de manejar mejor

Conforme usted se va haciendo mayor, mejorar su estado físico puede ayudar a mejorar su conducción. Haga que su cuello sea más flexible girando la cabeza lentamente hacia la izquierda y manteniendo esa posición durante 10 segundos. Regrese de nuevo al centro y haga el mismo movimiento hacia la derecha. Repita varias veces. Fortalezca las manos 'exprimiendo' una pelota de tenis y fortalezca las piernas caminando 30 minutos cada día.

Conozca los detalles del "detallado" o "detailing".

¿Por qué gastar más de lo necesario para que "detallen" su coche profesionalmente cuando puede rejuvenecerlo y protegerlo usted mismo? Sólo siga estos consejos y su coche resplandecerá:

✦ Comience con el interior. Quite y limpie los tapetes del piso con la aspiradora y trate cualquier mancha. Aspire la tapicería o trate la tapicería de cuero con un acondicionador para cuero. Limpie el panel de control con un paño limpio, después utilice hisopos de algodón para limpiar las salidas del ventilador y otros puntos estrechos. Puede despejar la suciedad de las grietas minúsculas con ráfagas del aire comprimido.

✦ Lave el exterior con agua limpia. Lave de arriba hacia abajo. Para evitar rasguños, cualquier cosa que entre en contacto con el acabado de su coche debe ser suave.

✦ Aplique la cera. Esparza una capa fina y pareja y saque brillo.

✦ Lave el coche con frecuencia. Hacerlo una vez al mes podría ser suficiente, pero si su coche está expuesto a condiciones ambientales extremas es mejor lavarlo cada dos semanas.

Use mayonesa contra el alquitrán de las carreteras.

La mayonesa no sólo sirve para sazonar su sándwich. También sirve para limpiar las manchas de alquitrán de su coche. Unte un poco de mayonesa sobre los restos de alquitrán, deje reposar unos minutos y quite las manchas con un trapo limpio.

Dé a sus frenos un descanso. He aquí cómo extender la vida de los frenos del auto:

✦ Limítese al límite de velocidad. Frenar a velocidades más altas desgasta más los frenos.

✦ Deshágase del peso innecesario en el coche.

✦ Planifique sus viajes, para evitar el tráfico y las horas punta. Si se queda atrapado en el tráfico, deje sitio de más entre su coche y el que tiene enfrente para no tener que frenar bruscamente.

✦ No repose el pie en el pedal de freno.

✦ Utilice una marcha más baja en los descensos prolongados, en vez de confiar solamente en los frenos para controlar la velocidad.

✦ Haga que revisen los frenos regularmente y manténgalos con el ajuste apropiado. En algunos vehículos, el mecanismo del freno de mano ayuda a ajustar los frenos traseros.

Proteja el AC de su coche. Una vez al mes, encienda el aire acondicionado de su coche y déjelo funcionar durante unos minutos. Eso mantendrá el compresor, las mangueras y las gomas en excelente estado. Puede que sienta un poco de frío en diciembre, pero cuando llegue julio agradecerá el haberlo hecho.

Esquive los peligros al conducir

Pasos simples a tomar antes de llamar a la grúa.
Si su coche no arranca, no significa que usted tenga un problema grave. Realice estas verificaciones sencillas e intente luego ponerse en marcha:

+ Asegúrese de que haya gasolina en el tanque.

+ Asegúrese de que el coche esté en la posición de estacionar y que usted tenga el pie sobre el freno.

+ Si está conduciendo un coche con cambios manuales, asegúrese de estar pisando el pedal de embrague a fondo.

+ Compruebe si las llantas delanteras se acuñan contra el borde de la acera o banqueta, o si están giradas por completo hacia un lado.

+ Ajústese el cinturón de seguridad y cerciórese de que el sistema de alarma del coche no está activado.

También puede intentar delimitar el problema para ahorrarle tiempo al mecánico y, además, ahorrar algo de dinero. Por ejemplo, si los faros, los limpiaparabrisas y la radio funcionan, la batería no está muerta, así que el problema podría ser el motor de arranque.

Aprenda a hablar el idioma de su coche. Si rechina, retumba, chasquea o hace un ruido metálico, su coche está intentando decirle algo. Solucione el misterio de los sonidos extraños con estas útiles recomendaciones:

+ Un chillido puede provenir de algo suelto o gastado en la dirección asistida, o de la correa del ventilador o del aire acondicionado.

+ Los chasquidos pueden indicar que una cubierta de rueda está floja, que una hoja de ventilador está floja o doblada, que un levantador de válvula se ha atascado o que el nivel del aceite está bajo.

302

✦ Ese chirrido podría ser señal de desgaste de los frenos.

✦ Usted puede oír un ruido sordo de un tubo de escape defectuoso.

✦ Los silbidos o ruidos metálicos pueden ser el resultado de usar gasolina con un octanaje más bajo del recomendado para su auto.

✦ Un cigüeñal gastado o una turbina de la transmisión suelta pueden producir un martilleo rítmico.

✦ Los traqueteos o golpetazos metálicos podrían significar que se ha soltado el amortiguador, el tubo de escape o el silenciador.

10 artículos esenciales que no deben faltar en el auto

No salga de casa sin estos diez artículos esenciales. Podrían ayudarle a prevenir un desastre grave:

- Una manta
- Un botiquín de primeros auxilios
- Una linterna
- Una rasqueta para el hielo
- Una pala
- Cables de arranque
- Un manómetro
- Una llanta de repuesto y un gato
- Luces de emergencia
- Números de teléfono de emergencia, más un teléfono móvil o una tarjeta prepagada de teléfono

Evite los patinazos. Algunos consejos para los días de lluvia:

✦ Si su coche empieza a patinar, gire el timón en la dirección que quiere que vaya la parte delantera del coche. Quite el pie del acelerador y del freno a menos que tenga frenos antibloqueo. En ese caso, frene firmemente al mismo tiempo que mueve el timón.

✦ Si su coche comienza a hidroplanear, cosa que ocurre cuando las llantas pierden contacto con el pavimento debido a una película de agua, no frene ni voltee repentinamente. Afloje el pie del acelerador. Bombee los frenos suavemente si necesita frenar. Si tiene frenos antibloqueo, usted puede frenar normalmente y la computadora de su auto hará el bombeo.

✦ Para evitar hidroplanear, reduzca la velocidad y evite los charcos. Procure conducir sobre las huellas dejadas por las llantas de los coches que van delante de usted. Asegúrese de que sus llantas tengan buen dibujo y estén infladas correctamente.

Tres maneras sorprendentes de reducir el riesgo de lesión en un accidente. Usted no siempre

será capaz de evitar un choque, pero sí puede limitar sus lesiones. He aquí tres maneras de lograrlo:

✦ Asegúrese de que el reposacabezas principal esté colocado correctamente para evitar el latigazo cervical. El tope del reposacabezas debe alinearse con el tope de su cabeza o el tope de sus orejas, y no debería estar a más de 4 pulgadas (10 cm) de distancia de la parte posterior de la cabeza.

✦ No recline el asiento. El cinturón de seguridad dejará de estar en la posición correcta y hasta puede hacerle daño.

✦ Asegure todos los artículos sueltos dentro del coche. De esa manera no será golpeado por objetos voladores.

La mejor manera de que usted y sus pasajeros estén seguros. ¿Desea reducir el riesgo de sufrir un accidente

automovilístico? Entonces apague su teléfono móvil. Los estudios demuestran que hablar por teléfono mientras se conduce cuadruplica el riesgo de chocar. Sin embargo, el solo hecho de llevar pasajeros en el auto también eleva el riesgo. De hecho, el riesgo de accidente más que se duplica con dos o más pasajeros, así que deje de hablar y conduzca.

Métodos asombrosos para limpiar el parabrisas. Un parabrisas empañado puede costarle la vida. Éste es el artículo que usted debe llevar en la guantera para limpiar el vaho al instante. Es inusual, pero barato, y funciona. Simplemente limpie el parabrisas con un borrador de pizarra de tiza para solucionar el problema. Usted también puede repeler la lluvia del parabrisas. Sencillamente impregne un paño húmedo en bicarbonato de soda y frote el parabrisas por dentro y por fuera. Para prevenir la escarcha en el interior de las ventanas, frótelas con una solución de dos cucharaditas de sal en un galón de agua caliente. Luego séquelas con un paño.

Protéjase contra los robos de auto. Cuando conduce, usted debe estar atento a los peatones, a los otros vehículos, a las señales de tráfico y, además, a los ladrones de autos. Siga estas recomendaciones para reducir el riesgo de ser víctima de los ladrones de autos:

+ Estacione en áreas bien iluminadas. No lo haga cerca de paredes, contenedores de basura, bosques o vehículos grandes que obstruyan su visión.

+ Utilice el *valet parking* o una playa de estacionamiento con un empleado.

+ Mantenga las puertas con pestillo y las ventanas cerradas.

+ Esté especialmente alerta cuando reduzca la velocidad en los garajes, playas de estacionamiento, intersecciones, gasolineras de autoservicio, lavaderos de coches y cajeros automáticos.

+ Cuando camine hacia su auto, tome nota de si hay gente sospechosa sentada en los otros coches, repartiendo volantes o merodeando en el lugar.

+ Si alguien se le acerca cuando usted se está dirigiendo a su coche, cambie de dirección o entre en una tienda concurrida.

+ No dé la espalda mientras carga los paquetes en su coche.

+ Mire debajo, alrededor y dentro del coche antes de subirse, luego arranque y aléjese de inmediato.

✦ No pare para ayudar alguien que parece estar teniendo problemas con su coche. En vez de eso, llame a la policía.

✦ Si lo choca un coche lleno de hombres jóvenes, haga una señal para que el otro vehículo lo siga a una gasolinera o a un lugar transitado, antes de salir de su auto.

✦ Procure no conducir solo, especialmente por las noches.

Lo más importante: si un ladrón armado se enfrenta a usted, no se resista. Entréguele su coche. No vale la pena perder la vida por un vehículo. Aléjese lo más rápidamente posible y llame a la policía. Si le obligan a conducir, considere la posibilidad estrellar su coche en una intersección transitada en donde los transeúntes puedan llamar y pedir ayuda.

Un nuevo hogar para las viejas guías de teléfono

En vez de tirar la guía telefónica del año pasado, guárdela en su coche. Puede ser útil para pedir comida para llevar, hacer recados y encontrar direcciones comerciales. Si usted es de baja estatura, incluso puede sentarse encima para ver mejor.

Mantenga la llanta de repuesto inflada de manera apropiada. No hay nada más molesto que una llanta baja. No empeore las cosas cambiando una llanta baja por otra. Ya sea que usted tenga en el maletero una llanta de emergencia o una de tamaño completo, asegúrese siempre de tenerla bien inflada. Si se le pincha una llanta, deténgase en un lugar plano a lo largo de un segmento recto del camino para cambiarla y encienda las luces de emergencia. Usted también puede usar luces de peligro o reflectores a una distancia igual a cinco coches, delante y detrás de su vehículo.

Un chorrito de agua para acabar con la mugre. Llene con agua una botella limpia y vacía de detergente lavavajillas y guárdela en su coche. Utilícela para lavarse las manos después de cambiar una llanta o de chequear debajo del capó, o hasta para limpiar el parabrisas.

No se quede fuera con las llaves dentro. En lugar de usar el seguro de las puertas, siempre asegure el coche usando la llave. Mantenga una llave adicional en la billetera o en alguna otra parte a la que usted tenga acceso. Si usted se queda fuera sin las llaves, su mejor opción es llamar a un cerrajero. Si su auto es viejo, es posible que pueda abrir la puerta con un colgador de ropa doblado, pero esto podría dañar los vehículos más nuevos, y hasta puede que usted mismo se haga daño si se llega a accionar la bolsa de aire. En caso de una verdadera emergencia, por ejemplo si un bebé quedó atrapado dentro del coche, llame a la policía.

Forma rápida de reemplazar una llave perdida. Si usted tiene una llave electrónica de encendido, escriba el número del código de identificación en un papel y guárdelo en la billetera. De ese modo, si pierde la llave, le será más fácil al cerrajero hacer una copia.

Evada las multas por exceso de velocidad. La mejor manera de evitar una multa por exceso de velocidad es, obviamente, respetando el límite de velocidad. Pero si la policía le pide que se detenga, esto es lo que usted debe hacer:

✦ No sea el primero en hablar. Responda "no" si el oficial le pregunta si usted sabe por qué le ha pedido que se detenga. Nunca admita haber hecho algo malo, nunca discuta ni intente dar excusas.

✦ Tome nota de lo sucedido. Los detalles, como la ubicación de la parada, las condiciones atmosféricas, las condiciones de tráfico, los nombres de cualquier pasajero y de cualquier característica particular de su coche, pueden ser útiles si más adelante usted necesita interrogar al policía.

✦ Vaya a la corte y declárese inocente. Muchas veces, sobretodo en los meses de verano cuando la gente está de vacaciones, el policía no asistirá y usted se librará de la multa.

✦ Esté preparado para defenderse. Tal vez la visión del policía estaba obstruida, detuvo el coche incorrecto, su pistola radar no estaba bien calibrada o, tal vez, su recuerdo del incidente no es claro.

Aun si pierde, usted pagaría la misma multa que habría pagado en primer lugar. Apelar la multa sólo le costará tiempo y quizás nada más que eso.

Tenga esto a mano para evitar el recalentamiento.

En caso de emergencia, usted puede agregar agua del grifo o un anticongelante para detener el recalentamiento del auto. Siempre lleve una botella con agua en el coche para una situación como ésta.

Maneras sencillas de combatir un incendio

Considere instalar un extintor portátil en su coche. Algunos modelos vienen con correas para que pueda sujetarlo detrás del asiento delantero, mientras que otros requieren montar un soporte para sostenerlo. Sólo asegúrese de no usar tornillos cerca del tanque de gasolina. También puede guardar cajas de bicarbonato de soda en el coche y en el garaje para apagar un fuego. El bicarbonato de soda no dañará nada de lo que toque.

Consejos para preparar su coche para el invierno.

Revise los líquidos del auto, la batería, los limpiaparabrisas, los faros, la calefacción y el desempañador. También compruebe la profundidad del dibujo de las llantas, así como su presión, y piense en cambiarlas por neumáticos para nieve, de ser necesario. Mantenga el tanque de gasolina lleno, para evitar la condensación. No utilice el regulador de velocidad si hay hielo en la carretera. Conduzca de forma defensiva, especialmente en las inmediaciones de camiones, ya que necesitan más tiempo para frenar. Coloque bolsas de arena en el maletero, para agregar peso en la parte trasera del coche y conseguir una mejor tracción.

Acabe con el desorden con fundas de almohada.

Tenga siempre viejas fundas de almohada en el maletero, para usarlas como prácticas bolsas de almacenaje. En ellas puede guardar una muda de ropa, zapatos, herramientas u otros suministros. También podrá mantener el maletero limpio y seco deslizando los zapatos enlodados o el paraguas mojado en una de estas fundas.

Cada casa es un caso

La mejor temporada para comprar casa. Los precios de los inmuebles alcanzan su punto más bajo en diciembre. También hay menos competencia de otros compradores, porque la mayoría de la gente busca casa durante el verano, cuando es más fácil embalar y mudarse, especialmente con niños. Además, debido al espíritu navideño, el vendedor tal vez esté más dispuesto a bajar el precio.

Cómo encontrar el mejor agente de bienes raíces. La experiencia, la determinación y la capacidad de los agentes inmobiliarios varían enormemente. Éstas son algunas recomendaciones para encontrar el agente más adecuado para usted:

+ Pida referencias de amigos, familiares y compañeros de trabajo que hayan quedado satisfechos con su agente.

+ Investigue un poco. Busque en línea o lea la publicidad impresa, para informarse más sobre las agencias y los agentes locales.

+ Asista a las jornadas de puertas abiertas. Es una manera fácil de conocer a los agentes y darse una idea de cómo trabajan. Recoja las tarjetas de visita y tome notas.

+ Busque experiencia y seriedad. Escoja un agente que haya estado en la industria por lo menos dos años. Evite los de medio tiempo, que podrían no estar siempre disponibles para atender sus necesidades.

+ Entreviste por lo menos a tres agentes potenciales. Pregúnteles qué tan familiarizados están con el vecindario o con qué frecuencia estarán en contacto con usted.

+ Cerciórese de que puedan acomodarse a su horario. Esto podría significar trabajar noches y fines de semana.

Protéjase contra el fraude inmobiliario. Comprar una propiedad es algo complicado. He aquí cómo protegerse contra el fraude:

✦ Desconfíe de las oportunidades de inversión que no requieren un pago inicial y prometen reembolsos en el cierre.

✦ Asegúrese de que el vendedor realmente es propietario del inmueble.

✦ Nunca permita que otra persona utilice su nombre o su número de seguro social para comprar una propiedad. Sospeche de cualquiera que ofrezca pagarle por usar su nombre.

✦ Lea y entienda todo lo que firma. Consulte con un abogado si hay algo que no entiende.

✦ Niéguese a firmar cualquier documento con información en blanco.

✦ Solicite siempre un juego completo de los documentos de cierre.

Plan de acción para los buscadores de casa

Antes de empezar a buscar una casa, asegúrese de obtener su calificación de crédito. Luego haga todo lo necesario para mejorarla. La mayoría de los prestamistas consideran a las personas con un puntaje de más de 650 como prestatarios ideales, por lo que tienen más probabilidades de ser aprobados a una tasa de interés favorable.

Cuándo conviene alquilar. La mayoría de los expertos financieros consideran que "alquilar" es una mala palabra. Es cierto, comprar una casa por lo general representa una inversión sólida, pero a veces alquilar puede ser lo más inteligente. Por ejemplo, si usted tiene una situación inestable en el trabajo o está planeando mudarse en unos cuantos años, probablemente le convenga alquilar. Igualmente, si su calificación de crédito es demasiado baja como para conseguir un buen tipo de interés en un préstamo. Asimismo, si los alquileres en su zona son considerablemente menores que los pagos mensuales de una hipoteca y otros costos de vivienda, tal vez sea buena idea seguir alquilando. En la página siguiente verá una comparación de los pros y los contras de alquilar o ser propietario de una vivienda.

¿Alquilar o ser propietario?

	Alquilar	Ser propietario
gastos	el pago del alquiler	el pago inicial, los costos de cierre, los pagos de hipoteca, los impuestos, el seguro, el mantenimiento
ventajas tributarias	ninguna	poder deducir los intereses hipotecarios y los impuestos sobre la propiedad; no tener que pagar impuestos sobre la ganancia a la hora de vender
inversiones	inversión del dinero que gastaría en el pago inicial y los pagos hipotecarios mensuales	su vivienda es una inversión que se valoriza con el tiempo
errores	no invertir mientras alquila	pagar en exceso por la casa, pagar más de lo que se puede permitir pagar, pagar intereses demasiado altos
beneficios	es más fácil mudarse y no hay costos ni trabajos de mantenimiento	los pagos hipotecarios son los mismos durante 30 años, mientras que el alquiler sube; poder personalizar la casa

La verdad sobre las ejecuciones hipotecarias. El que un propietario no pueda continuar con los pagos de su vivienda, podría representar una oportunidad para usted. Pero toma cierto trabajo identificar dichas oportunidades. Primero, usted debe conocer las leyes y los procedimientos de ejecución de una hipoteca en su Estado. Para ello puede revisar RealtyTrac en *www.realtytrac.com* o ir a la oficina local del secretario del Condado. Luego usted debe buscar las ejecuciones de hipoteca de su zona. Vaya a la oficina local de la Asociación de Inversionistas Inmobiliarios (REIA, en inglés) o mire en línea en RealtyTrac o en el Bargain Network, en *www.bargain.com*.

Su mejor opción es comprar una propiedad en posesión del banco, a través de un agente. Puede que la oferta que consiga no sea tan buena, pero tendrá menos dificultades. Si usted compra en la subasta, podría ahorrar más, pero necesita pagar en efectivo, no tiene la posibilidad de inspeccionar la propiedad y existe la posibilidad de que tenga incluso que desalojar a los arrendatarios. También tendrá que pagar por las reparaciones, ya que las ejecuciones de una hipoteca se venden "tal cual". También puede comprarle una "preejecución hipotecaria" directamente al propietario con problemas financieros y, de ese modo, conseguir el mejor precio.

Las ejecuciones de las hipotecas no siempre son gangas. Si el valor líquido acumulado de la vivienda es mínimo, el precio de venta puede ser muy parecido al precio de mercado. En lo posible, busque casas de personas que hayan vivido en ellas por lo menos dos años.

Respire más fácilmente después de un chequeo ambiental

Incluso una casa a un precio muy bajo no es una ganga si no es saludable respirar el aire circundante. Infórmese sobre las condiciones ambientales de una comunidad antes de comprar una casa allí. Envirofacts en *www.epa.gov/enviro* y Scorecard en *www.scorecard.org* constituyen dos buenas fuentes en inglés. Estos sitios web proporcionan información sobre la calidad del aire y del agua en una zona, incluidas las fuentes de productos químicos y de desechos peligrosos. Las bases de datos podrían no estar actualizadas, por lo que usted también debería revisar los periódicos locales u otros sitios web para obtener más información.

Consejos imprescindibles para encontrar a un buen inspector de viviendas. Encontrar al inspector de viviendas adecuado puede ahorrarle muchas molestias y dinero. Es clave obtener la mayor información posible sobre la casa que está pensando comprar, para no ser sorprendido más adelante con reparaciones inesperadas. Siga estos consejos para encontrar un buen inspector:

✦ Busque un inspector de viviendas a tiempo completo que haya estado en el negocio por lo menos cinco años. Asegúrese de que tenga certificaciones profesionales de organizaciones legítimas.

✦ No se decida por la tarifa más baja. Puede que ahorre algo de dinero en la inspección, pero podría costarle mucho más en reparaciones futuras si el inspector no es meticuloso.

✦ No dependa de su agente inmobiliario para una recomendación. Si bien puede recomendarle un buen inspector, también puede querer acelerar la venta con una inspección rápida y no tan rigurosa.

✦ Busque en línea. Usted también puede encontrar más información sobre el proceso de inspección de una vivienda en HomeGauge *(www.homegauge.com)*, la Sociedad Estadounidense de Inspectores de Viviendas *(www.ashi.org)*, la Asociación Nacional de Inspectores de Viviendas *(www.nahi.org)* y la Asociación Nacional de Inspectores Certificados de Viviendas *(www.nachi.org)*.

Cinco estrategias para potenciar al máximo el valor de su vivienda. Puede que usted piense que ganará mucho dinero cuando venda su casa, pero es probable que ya se haya gastado la mayor parte de ese dinero. Si toma en consideración los intereses, el seguro, los impuestos, las reparaciones y las renovaciones, resulta que usted ha pagado mucho más por su vivienda que el simple precio de compra. Obtenga el mayor beneficio de su mayor activo con estas estrategias:

✦ Pague lo menos posible por su hogar para incrementar sus probabilidades de obtener un beneficio más adelante. Recuerde, no hay garantía de que su casa aumente de valor.

✦ Reduzca el costo de los intereses. Agregue un suplemento a cada pago de la hipoteca para pagar el principal más rápido y perder menos en intereses.

✦ Considere tener inquilinos. Compre una casa de dos unidades familiares o una casa con una unidad de alquiler, y utilice el alquiler para pagar la hipoteca más rápidamente. Después usted puede venderla y mudarse a una mejor vivienda.

313

✦ Ponga límite a las renovaciones. No renueve la cocina o el baño con la esperanza de elevar el valor de la vivienda. Las renovaciones suelen ser costosas, especialmente si tiene que pedir prestado para pagar por ellas, y, por lo general, no se recupera lo invertido.

✦ Quédese en el mismo lugar. Usted no puede incrementar su patrimonio inmobiliario o beneficiarse con el incremento del precio inmobiliario si continúa mudándose.

Siete estrategias para ser un casero con éxito. Éstas son algunas recomendaciones para invertir en propiedades de alquiler:

✦ Una casa de alquiler es preferible a un edificio de departamentos. Una casa, si está ubicada en un buen vecindario, se valoriza más rápidamente.

✦ Haga inspeccionar meticulosamente la propiedad antes de comprarla.

✦ Asegúrese de que el ingreso por alquiler cubra todos sus costos, incluida la hipoteca, los impuestos, el seguro y las reparaciones. Una regla del oro es cobrar el uno por ciento del valor de mercado de la casa como alquiler mensual.

✦ Goce de las ventajas. Usted podrá beneficiarse del incremento del valor inmobiliario y de las exenciones fiscales. Por ejemplo, usted puede deducir la mayoría de las reparaciones.

✦ Guarde algo de efectivo para emergencias inesperadas. Un mes de alquiler por cada unidad es una buena pauta.

✦ Esté atento a los malos inquilinos y a otros dolores de cabeza. Usted puede contratar a un administrador para la propiedad, pero sus honorarios acabarán con sus ganancias. Administrar una propiedad a la distancia puede ser aún más complicado.

✦ Considere la alternativa de alquilar con opción de compra. Si sus inquilinos tienen la opción de comprar al cabo de unos años, es probable que cuiden mejor la propiedad. Mientras tanto, usted goza de una fuente constante de ingresos y las ventajas de las exenciones fiscales por ser propietario.

Hipotecas sin jaquecas

Estrategia de éxito seguro para conseguir una hipoteca. Antes de intentar comprar o refinanciar su vivienda, asegúrese de que sus finanzas estén en orden. Bruce Arnold, especialista en préstamos hipotecarios de East Stroudsburg, Pensilvania, ofrece estos consejos para mejorar sus probabilidades de ser aprobado para una hipoteca. "Una de las mayores ventajas al solicitar una hipoteca es una buena calificación de crédito", dice. "Lo mejor que usted puede hacer es mantener todas sus cuentas a pagar por debajo del 50 por ciento de sus ingresos. Y nunca se retrase más de 30 días en un pago".

"Antes de la solicitud, no es buena idea abrir nuevas líneas de crédito. Tampoco lo es comprar vehículos nuevos", dice Arnold. "Porque si usted saca un nuevo préstamo, su calificación va a disminuir algo". Las nuevas líneas de crédito también pueden afectar la relación entre deuda e ingreso, que no debe ser mayor al 50 por ciento. Esto incluye no sólo los pagos de la hipoteca, sino también los impuestos, el seguro de la propiedad y todos los pagos mensuales. Las cuotas de un coche nuevo, por ejemplo, podrían llevarlo más allá del límite e impedir que su solicitud hipotecaria sea aprobada.

"Otro gran error es consolidar todos los préstamos en una tarjeta de crédito sin interés y cerrar todas las buenas líneas de crédito antiguas. Eso es muy perjudicial", dice Arnold. No sólo la nueva cuenta lastimará su calificación crediticia debido a su carencia de historia, sino que también cancelará todo aquello sobre lo que estaba basada la puntuación de su crédito. Si consolida, no cancele sus viejas líneas de crédito. Simplemente deje un saldo mínimo en ellas.

Arnold también recomienda que, antes de solicitar una hipoteca, conozca su calificación de crédito, pague todas las cuentas morosas y se asegure de que no exista ninguna sentencia o embargo en contra de usted.

Encuentre en línea las mejores tasas de interés. El Internet puede ser una gran herramienta para recopilar información sobre hipotecas, comparar precios e incluso solicitar préstamos. Funciona de esta manera. Para la investigación básica, visite HSH Associates en *www.hsh.com,* Bankrate.com en *www.bankrate.com* o la Asociación de Bancos Hipotecarios en *www.mbaa.org.* Usted también puede visitar el Departamento de Vivienda y Desarrollo Urbano de Estados Unidos, en *www.espanol.hud.gov.* Para buscar un préstamo, usted tiene tres opciones:

✦ Sitios de prestamistas directos. Diríjase a la fuente, ya sea Bank of America o Countrywide. Pero no obtendrá toda la información que necesita sin hacer una llamada telefónica o una visita en persona.

✦ Sitios de subasta. Llene una solicitud de préstamo y los prestamistas competirán por tenerlo como cliente. Usted recibirá ofertas en uno o dos días, de entidades como LendingTree.com, GetSmart.com y RealEstate.com.

✦ Sitios de múltiples prestamistas. Simplemente introduzca el monto del préstamo, los detalles de la propiedad y los demás datos solicitados para conseguir tasas de interés vigentes. Usted puede luego llenar una solicitud y estos sitios, tales como LoanShop.com o ELoan.com, remitirán toda la información al prestamista.

Vaya a lo seguro con una hipoteca de interés fijo.

Usted puede sentirse tentado por una hipoteca de interés ajustable, pero tenga cuidado. El interés inicial podría ser más bajo que el de una hipoteca de interés fijo, pero aumentar considerablemente. Es preferible optar por la estabilidad de una hipoteca de interés fijo. Mientras que los demás costos de la vivienda, como los impuestos, el seguro y el mantenimiento suben, al menos usted sabrá que el pago de la hipoteca será el mismo. Pero si elige una hipoteca de interés ajustable, o ARM en inglés, asegúrese de saber cuánto puede subir el interés y con qué frecuencia, y de poder asumir esos pagos más altos.

Compre una casa sin pago inicial.
Mientras que antes el pago inicial estándar era del 20 por ciento, el comprador de vivienda típico de hoy paga cerca del 2 por ciento. Según la Asociación Nacional de Agentes Inmobiliarios, cerca del 30 por ciento de los compradores de vivienda adquirieron una propiedad sin dar una cuota inicial. Esa cifra asciende al 45 por ciento para los compradores de primera vivienda.

Para obtener ayuda con el pago inicial, busque incentivos del gobierno, que también pueden ayudar con las tasas de interés y los costos de cierre. Infórmese sobre los préstamos de la Administración Federal de Vivienda (FHA, en inglés) en *www.espanol.hud.gov* o llame al 800-569-4287.

Sorba té para combatir el estrés

El financiamiento de una vivienda es estresante, pero usted puede combatir los efectos del estrés bebiendo té negro. Un estudio británico de seis semanas encontró que el té ayudaba a aliviar el estrés. Después de una situación de tensión, las personas que bebieron té tenían niveles muy inferiores de cortisol, la hormona del estrés, que aquellas que tomaron una bebida placebo. La activación de las plaquetas asociadas con la coagulación de la sangre y el riesgo de ataques cardíacos también disminuyeron en los bebedores de té. Mejor aún, los bebedores del té se sentían más relajados.

Ahorre dinero y elimine años de su hipoteca. Hacer un pago de hipoteca adicional al año puede ayudarle a pagar su hipoteca más rápido y ahorrar miles en intereses. Una forma de lograrlo es haciendo pagos bisemanales. Simplemente divida el importe de su hipoteca mensual por la mitad y pague esa cantidad cada dos semanas. De ese modo, usted hace 26 pagos al año, el equivalente a 13 meses.

Pero no se deje engañar por los planes hipotecarios quincenales. Pueden ser estafas y a menudo vienen con tarifas altas o cargos de conversión. Usted puede lograr el mismo resultado con un poco de disciplina. Sencillamente agregue 1/12 de su cuota al cheque de cada mes. O realice un pago adicional cada año, haciendo uso de la devolución de impuestos o de una bonificación laboral.

Regatee para conseguir el mejor préstamo. Es posible que usted no sepa que puede negociar los intereses y los términos de su hipoteca o del préstamo sobre el valor neto de su vivienda. De hecho, es una manera inteligente de pagar menos. Adquirir una hipoteca es como comprar un automóvil: se necesita recopilar información, comparar ofertas y regatear precios. No se limite a aceptar lo que su prestamista o su corredor le ofrecen. Ellos podrían estar intentando quedarse con un beneficio adicional. Con solo negociar, usted podría ahorrar miles de dólares.

Concilie el sueño con carbohidratos

Si usted no puede dormir por las noches debido a que todas las cifras relacionadas con la hipoteca le dan vueltas en la cabeza, pruebe consumir alimentos ricos en carbohidratos y almidones unas cuatro horas antes de irse a la cama. Según un estudio reciente conducido en Australia, esa estrategia ayuda a quedarse dormido más rápidamente.

Consejos para reducir los costos de cierre. Al calcular el costo total de una vivienda, no olvide incluir los costos de cierre. Pueden pasar inadvertidos y usted podría llegar a pagar mucho dinero. Compare los cálculos aproximados de buena fe de varios prestamistas, pero esté atento a los engaños. Examine todos los costos cuidadosamente. Es posible que descubra cargos inflados o adicionales y tal vez logre reducir o eliminar algunos de ellos. Algunos cargos pueden ser gastos por servicios opcionales que usted podría preferir hacer por cuenta propia. Insista en ver los recibos si algún trabajo fue hecho por otras empresas. Los siguientes son otros consejos para pagar menos en el momento del cierre:

✦ Cierre a fin de mes. De esa manera usted paga solamente por unos cuantos días de intereses.

✦ Elija una hipoteca del cero puntos. Usted pagará menos en el cierre, pero la desventaja es que tendrá un interés más alto en el préstamo.

✦ Reclute la ayuda del vendedor. Pídale al vendedor que le dé un crédito por parte de los costos del cierre. Si el vendedor va a pasar a alquilar la vivienda después de su venta, averigüe si puede usar el alquiler como crédito en el cierre.

Cuándo vale la pena refinanciar. ¿Está pagando demasiado por su hipoteca? La refinanciación puede ayudar, pero asegúrese de que ahorrará dinero con la gestión. Considere refinanciar su hipoteca si puede conseguir una nueva tasa de interés que sea por lo menos un punto porcentual más bajo que su interés actual, y si planea mantener la nueva hipoteca por varios años. También es posible que usted desee refinanciar para cambiarse de una hipoteca de interés ajustable (ARM, en inglés) a una hipoteca de interés fijo.

Para cualquier tipo de refinanciamiento, lo mejor es mantener una buena calificación de crédito, a fin de tener acceso a los mejores intereses. Recuerde incluir cualquier costo adicional que venga con la refinanciación, como el pago de la solicitud o los costos de cierre.

Por qué debería pensárselo dos veces antes de solicitar una hipoteca revertida. Disponibles para los propietarios de vivienda de 62 años o más, las hipotecas revertidas les permiten permanecer en sus hogares y, al mismo tiempo, recibir cuotas mensuales del prestamista. Se puede también obtener la suma total o una línea del crédito. El préstamo sólo tiene que ser pagado cuando el propietario venda la casa, se mude o fallezca. Sus hijos pueden entonces vender la casa para pagar el principal, más los intereses

Pero las hipotecas revertidas tienen sus inconvenientes, principalmente las comisiones altas, que pueden llegar a ser hasta el 10 por ciento del valor de la vivienda. Las comisiones más bajas vienen generalmente con tipos de interés más altos. Usted tampoco recibirá el valor real de su casa. Espere recibir tan sólo entre el 50 y el 70 por ciento del valor de tasación. Si bien las hipotecas revertidas pueden tener sus ventajas, no se precipite. Si usted solicita una hipoteca revertida demasiado temprano, podría sobrevivir a sus recursos. Es por eso que este tipo de préstamo hipotecario tiene más sentido para los propietarios de vivienda que tienen más de 70 u 80 años de edad.

Movidas inteligentes para vender una vivienda

Nueve trucos para realzar el atractivo de su hogar.
Puede que usted adore su casa tal como está, pero es la opinión de los compradores potenciales la que cuenta. Si usted paga miles de dólares a un profesional para que su casa luzca más atractiva, podría venderla más rápido y por bastante más. Pero en muchos casos, basta con unos pequeños cambios como los que siguen:

+ Ordene y haga espacio. Esto incluye tanto las baratijas y las fotos, como el exceso de muebles. Es mejor que lleve todo a un almacén, ya que los compradores querrán mirar los clósets y el sótano.

+ Aclare la visión. Coloque bombillas de alto voltaje para hacer que las habitaciones se vean más grandes y atractivas.

+ Preste atención especial a la cocina y a los baños. Deben estar impecables.

+ Cambie el felpudo de la puerta de entrada por uno nuevo.

+ Limpie las ventanas por dentro y por fuera.

+ Agregue una capa de pintura fresca a los exteriores o retoque los puntos que están desportillados o descascarándose. Oculte los defectos con papel texturizado o terminados falsos de pared.

+ Coloque jarrones con flores en las mesas de la cocina y el comedor, en el tocador del dormitorio o en la repisa de la chimenea.

+ Asegúrese de que la casa huela bien. Oculte la caja de arena del gatito. El olor a galletas recién horneadas es muy agradable.

Haga esto antes de poner su casa en el mercado.
Arreglar el jardín puede agregar entre el 7 y el 15 por ciento al valor de una vivienda, según la Organización Gallup. Éstos son algunos consejos de jardinería para vender su casa más rápido y por más dinero:

✦ Plante un árbol. Elija uno con flores en primavera y hojas coloridas en otoño y plántelo a no menos de 15 pies de la casa.

✦ Coloque macetas grandes de flores llamativas a los lados de la puerta de entrada. Plante arbustos alrededor de la casa y manténgalos bajos y recortados.

✦ Utilice enredaderas anuales para cubrir las cercas de malla, los postes del buzón de correos y otras partes poco atractivas del jardín.

✦ Cuide el jardín: quite la mala hierba, arregle los bordes de flores y corte el césped. Mantenga los bordes del césped recortados.

Frustre a los ladrones al mostrar su casa. No todos los que asisten al *Open House* o jornada de puertas abiertas están interesados en comprar su vivienda. Algunos están más interesados en robarle. Tome estas simples precauciones cuando muestre su hogar a extraños:

✦ No exhiba sus posesiones valiosas, como arte costoso, artículos de plata o porcelana fina. No deje los vestidos de diseñador y los abrigos de pieles en los armarios. También oculte sus joyas.

✦ Mantenga consigo o guarde en un lugar seguro las tarjetas de crédito, los talonarios de cheques y las llaves de la casa.

✦ Oculte sus medicamentos bajo prescripción. Un visitante podría robarlos fácilmente de su botiquín al usar el cuarto de baño.

✦ No sea demasiado hablador. No revele demasiado sobre su vida personal o sus horarios.

✦ Siempre acompañe a los visitantes en su recorrido por la casa. No los pierda de vista y asegúrese de que sólo puedan salir por una puerta. Esté atento al truco mediante el cual una persona le distrae con la conversación mientras otra roba sus objetos de valor.

Secretos para tasar su hogar. Al fijar el precio de su casa, sea realista. Un precio excesivamente alto dificultará la venta, pero usted tampoco desea ofrecerla por debajo de su valor. Averigüe a qué precios se vendieron recientemente casas comparables en su vecindario. Sitios web como *www.domania.com* y *www.realtor.org* pueden ser útiles. Revise los anuncios de propiedades inmobiliarias en el periódico, asista a jornadas de casas abiertas y consulte con un agente de propiedades inmobiliarias. Para obtener un precio más exacto, contacte a un tasador local. Puede ser buena idea fijar el precio entre 5 y 10 por ciento sobre el valor de mercado, para así aproximarse al valor real. Otro truco es fijar el precio justo por debajo de un número redondo, como $179,900 en vez de $180,000.

Truco "sucio" que mejora el humor

La jardinería puede hacer más que aumentar el valor de su casa, también puede mejorar su estado de ánimo. Eso se debe a que el suelo contiene *Mycobacterium vaccae,* bacterias amigables que aumentan los niveles de serotonina, la hormona del sentirse bien, en el cerebro. Investigadores británicos observaron recientemente el efecto de estas bacterias en ratones. Dicen que cambió el comportamiento de los ratones de modo similar a los fármacos antidepresivos.

Sea su propio vendedor. Los agentes de bienes raíces hacen que sea más fácil vender su casa, pero cobran una comisión del 6 ó 7 por ciento. Con algo de esfuerzo, usted mismo puede vender su hogar y quedarse con ese dinero en el bolsillo. Usted puede conseguir ayuda en sitios web como *www.forsalebyowner.com.* Éstas son algunas sugerencias para vender su casa por su propia cuenta:

+ Sea más agresivo al fijar el precio. Usted puede permitirse fijar un precio más bajo y vender su casa más rápido, y aún así ahorrará dinero, ya que no tiene que pagar una comisión a un agente.

+ Anuncie mucho. Esto incluye listados en línea, anuncios de periódico, letreros en el césped, jornadas de casa abierta y folletos. Un anuncio bien escrito y con buenas fotos ayuda mucho.

+ Contrate a un abogado de bienes raíces. Vale la pena este costo adicional para que revise los contratos y le guíe durante algunos de los aspectos más complicados de la negociación.

✦ Haga que inspeccionen la casa. Emplee a un inspector antes de que lo haga un comprador potencial, para no darse con la sorpresa de que se necesitan reparaciones.

Cinco pasos a dar antes de mudarse. No se complique la vida contratando compañías de mudanza deshonestas. Consulte antes en *www.movingscam.com* y *www.protectyourmove.gov*. Éstas son otras sugerencias a tener en cuenta antes de contratar los servicios de una compañía de mudanza:

✦ Pida presupuestos por escrito a por lo menos tres compañías de mudanza. Deben venir a su casa y examinar sus pertenencias, y no simplemente hacer una oferta por teléfono.

✦ Verifique que la compañía tenga seguro y una licencia de funcionamiento otorgada por las autoridades competentes.

✦ Asegúrese de que le den un folleto que detalle sus derechos y obligaciones (*"Your Rights and Responsibilities When You Move"*).

✦ Investigue las quejas contra la compañía en la Oficina de Buenas Prácticas Comerciales o en los sitios web mencionados más arriba.

✦ Desconfíe de la compañía que utiliza camiones alquilados, solicita un pago adelantado considerable o le da un presupuesto demasiado bajo por teléfono o por Internet. Es probable que le pidan más dinero cuando sus pertenencias ya están en el camión.

Obtenga ayuda para mudarse

Mudarse puede ser una experiencia abrumadora, pero los adultos mayores pueden contar con la ayuda de un asistente de mudanzas. Estos profesionales les ayudan a organizar, clasificar, embalar, desembalar, almacenar, vender y reducir sus bienes. Pueden incluso ayudarles a encontrar un agente de bienes raíces y preparar su casa para la venta. Para más detalles vaya a la Asociación Nacional de. Administradores de Mudanzas de Personas de Edad (NASMM), en *www.nasmm.org*.

Ropa a la medida del bolsillo

Tres maneras de vestir bien por menos dinero. Siga estos sencillos consejos para ahorrar en grande al comprar ropa:

✦ No se anticipe. No se lance a comprar lo último en ropa en cuanto ésta salga a la venta; con un poco de paciencia usted conseguirá grandes ahorros. La mayoría de los comerciantes rebajan los precios de las prendas de vestir después de nueve semanas en las estanterías. Algunos lo hacen antes y reducen sus precios cada cuatro semanas. Tan sólo esperando, usted podría llegar a ahorrar hasta un 70 por ciento. Ir de compras cuando la temporada está finalizando es otra manera de ahorrar. A fines de julio, por ejemplo, la ropa de verano suele estar a precios rebajados, debido a que los almacenes buscan deshacerse de su inventario para dar paso a las nuevas campañas de vuelta a la escuela.

✦ Cárguelo a la tarjeta. Si usted tiene una tienda favorita, valdría la pena solicitar la tarjeta de crédito de la tienda, para recibir entre el 10 y el 20 por ciento en descuentos adicionales. Sin embargo, asegúrese de pagar cada mes todo el saldo adeudado, ya que la tasa de interés de estas tarjetas suele ser más alta.

✦ Vaya a las tiendas por departamento. Por lo general, usted encontrará mejores ofertas en los grandes almacenes que en las boutiques. Además, tienen una política de devoluciones más flexible.

Negocie un descuento. Los precios no están escritos en piedra. Regateando un poco se consiguen a menudo verdaderas gangas. Si no lo cree, sólo hay que preguntarle a Faye McCollum, supercompradora de Columbus, Georgia, quien perfeccionó el arte de la negociación durante su estadía en Turquía. "La clave en este proceso es llegar a conocer a los gerentes de las tiendas donde usted compra habitualmente", dice

McCollum. "En segundo lugar, observe cuántas veces ha sido rebajado el precio de un artículo y haga una oferta en el momento oportuno".

"Por ejemplo, yo tenía en la mira un par de zapatos de noche en Dillard, unos zapatos preciosos con ribete de lamé dorado. El precio original de $164 había sido reducido a $94. Pensaba esperar a que los volvieran a rebajar, pero al examinarlos cuidadosamente, descubrí una ligera rozadura en el interior del zapato izquierdo. Me acerqué a la jefa de ventas y le pedí un descuento adicional. Mi estrategia fue hacer hincapié en el defecto y luego proponerles un trato: '¿Me los dejaría a $40?'. Después de una llamada telefónica al director, la jefa de ventas regresó y me entregó los zapatos. Eso fue hace tres años y sigo usándolos".

Ella también consiguió una hermosa estola de piel sintética por sólo $299. El precio original de $700 había sido rebajado a $399, debido a que le faltaba un gancho trenzado. "Me la llevé, pero me costó trabajo", dice McCollum.

Sea discreto. Trate de regatear fuera del alcance del oído de los otros clientes. El mejor momento de hacerlo tal vez sea temprano por las mañanas o por la tardes, cuando las tiendas están menos concurridas. Si titubea a la hora de negociar, recuerde que nada se pierde con preguntar.

Ojo con las tallas engañosas. Siempre pruébese la ropa antes de comprarla. Puede que descubra que ha bajado una talla de vestido sin haber hecho dieta ni ejercicio. Eso se debe a una tendencia entre los fabricantes de ropa llamada *"vanity sizing"* o tallaje de la vanidad, que consiste en asignarle tallas menores a la ropa. Por ejemplo, lo que era talla 8 en los años cincuenta pasó a ser talla 4 en los años setenta y hoy es talla 0. También puede encontrar etiquetas con XS, por *"extra small"* (extra pequeño). Cuando compre por catálogo, verifique las tablas con las medidas y las tallas de esa marca, para evitar sorpresas desagradables.

Ropa de segunda mano con ahorros de primera. En las tiendas de ropa usada, de venta a consignación o de reventa usted puede ampliar su guardarropa con poco presupuesto.

"Hay muchísimas tiendas de segunda mano, sólo es cuestión de buscarlas", dice Rick Doble, jefe editorial del boletín *Savvy Discounts*. "Es asombroso todo lo que usted puede encontrar. Conozco a una señora que le consiguió un traje de buzo a su hija. Mi esposa me compró una camisa formal de cuello abotonado de Brooks Brothers a 25 centavos. Ella se compró un vestido de seda chino, uno de esos hermosos trajes rojos, a sólo $3. A algunas personas les incomoda depender del azar. Pero si usted busca, puede encontrar algo".

Busque calidad en la confección y en los materiales. A menudo las prendas más antiguas tienen un mejor acabado que las más recientes. También esté atento a los jalones, los rasgones, las manchas y los agujeros de polilla. Asegúrese de que tanto los accesorios, como los broches o los cinturones anchos, no estén ocultando algún defecto. Si tiene tiempo, fíjese en el nombre en la etiqueta y averigüe cuánto valdría la prenda que le interesa. Y recuerde que los arreglos no están incluidos en el precio.

La combinación acertada para bajar de peso

¿Está tratando de bajar una talla? Para adelgazar, combinar los alimentos puede ser tan importante como controlar las porciones.

Aunque las populares dietas bajas en carbohidratos prometen una rápida pérdida de peso, la clave es bajar de peso gradualmente y no volver a subirlo. Para lograrlo, elija las fuentes de grasas saludables, los productos hechos con cereales integrales y las proteínas, y a la vez reduzca el consumo de carbohidratos refinados y azúcar agregada.

La dieta unificada, un consenso sobre las recomendaciones de varias organizaciones de salud, aconseja distribuir el consumo diario de calorías de la siguiente manera: 55 por ciento de carbohidratos, 30 por ciento de grasas —no más del 10 por ciento de grasas saturadas— y 15 por ciento de proteínas.

No subestime el costo de sobrecomprar. Una oferta no es realmente una ganga si le obliga a comprar más. Usted ahorra más dinero comprando únicamente lo que necesita. Jane Lawson, asesora especializada en estrategias para acabar con el desorden, señala el alto precio de comprar en exceso.

"No caiga en la trampa de las ofertas que proponen comprar un artículo a precio completo y llevar otro a medio precio", dice Lawson. "En el fondo, le están dando el 25 por ciento de descuento por cada artículo si usted compra los dos. Le obligan a comprar dos artículos y eso es demasiado. Yo preferiría recibir el 20 por ciento en un solo artículo y punto, sin condiciones".

Otra buena práctica consiste en comprar una prenda de vestir sólo si está dispuesto a eliminar de su clóset una pieza similar. La tentación de gastar será menor y usted tendrá un clóset menos abarrotado.

Consejos para comprar calzado. Siga estas sugerencias para encontrar el mejor par de zapatos:

✦ Compre zapatos al final del día, cuando los pies están más hinchados.

✦ Los zapatos deben quedarle bien desde el primer momento. No los compre con la esperanza de que se irán amoldando a sus pies.

✦ Pruébese siempre los zapatos. Si usted calza siete en una marca o un estilo puede que necesite otro número de zapato en otra marca o estilo.

✦ Camine por la tienda cinco o diez minutos para asegurarse de que sean cómodos y de que no le ajustan.

Si usted padece artritis, elegir el calzado adecuado es sumamente importante. Zapatos de mala calidad o que le quedan mal pueden alterar su forma de caminar, dando lugar a otros problemas. Pueden, además, agravar los juanetes o los espolones óseos, consecuencias frecuentes de la artritis. También debe prestar especial atención a su calzado si tiene diabetes. Evite los tacones altos, los mocasines sin cordones y las sandalias con tiras entre los dedos.

Obtenga dos números diferentes de zapato a un bajo precio. Comprar zapatos puede ser una tarea difícil si sus pies no son del mismo tamaño. Ya sea debido a una lesión, una enfermedad, un trastorno genético o una simple casualidad, los pies desiguales no deberían ser una carga para su bolsillo. En vez de comprar dos pares a precio completo, compre en las tiendas que venden pares de distinto número o que dan un descuento por el segundo par. Si una zapatería ofrece un servicio de calzado a la medida, es más probable que pueda atender sus necesidades.

Usted puede donar zapatos sin su par, y sin usar, al National Odd Shoe Exchange, organización sin fines de lucro que provee zapatos a personas con amputaciones o con pies significativamente desiguales. Vaya a *www.oddshoe.org.* Usted puede enviar ya sea zapatos o una carta solicitando zapatos a:

National Odd Shoe Exchange
P.O. Box 1120
Chandler, AZ 85244-1120

Salga a caminar para activar la memoria

Ahora que ya tiene zapatos cómodos, haga buen uso de ellos. Salga a caminar. Un estudio reciente realizado en Italia encontró que las personas mayores de 65 años que caminaban con regularidad redujeron significativamente el riesgo de sufrir demencia vascular, la segunda forma más común de la demencia, después de la enfermedad de Alzheimer.

Córrase de las zapatillas para correr de alto precio.

No espere obtener mejores resultados sólo porque pagó más por unas zapatillas para correr más caras. En un estudio conducido en Escocia se comprobó que cuando se trata de comodidad y absorción de impacto, no hay diferencia entre las zapatillas de $80 y las de $150.

Su atención debe dirigirse a si las zapatillas se adaptan bien a sus pies, no a la publicidad o al precio. Con el dinero que usted se ahorra, hasta se podría comprar un segundo par de zapatillas más barato.

Compre calzado con la ayuda de Medicare

Si usted es diabético y padece alguna afección en los pies, Medicare le pagará el 80 por ciento del costo del calzado terapéutico. Estas afecciones incluyen amputación parcial o total del pie, úlceras anteriores en el pie, antecedentes de callos preulcerosos, neuropatía periférica con evidencia de formación de callo, deformidad del pie y mala circulación. Para este tipo de calzado se requiere una receta médica. Pregunte a su médico sobre este programa.

Consejos para cuidar la ropa

Pasos prácticos para pegar botones. Cuando se le caiga un botón, siga estos trucos útiles para volverlo a coser:

✦ ¿Normalmente cose los botones demasiado apretados? La próxima vez, coloque antes un alfiler encima y a través del botón. Después de coserlo, atar el nudo y cortar el hilo, retire el alfiler. El botón quedará seguro, pero no muy apretado a la tela.

✦ Refuerce el lugar donde irá el botón colocando un cuadrado pequeño de tela entre el botón y la prenda. Esto disminuirá la tensión sobre el botón.

✦ Cubra el hilo con esmalte de uñas transparente, tanto sobre el botón como dentro de la prenda, para sellarlo.

✦ Para las prendas sometidas a mayor desgaste, como la ropa de camping, la de salir de excursiones o la que se pone para trabajar en el jardín, utilice algo más resistente que el hilo común. Hilo dental, hilo para alfombras, hilo para bordar o hilo de pescar son buenos sustitutos.

✦ Cuando cosa un botón de cuatro agujeros, anude el hilo después de concluir las puntadas entre el primer par de agujeros. Luego termine de coser. Si uno de los hilos se rompe, el botón no se soltará por completo.

Pase menos tiempo en la tintorería. Cuando la etiqueta de un vestido indica "sólo limpiar en seco" o *"dry clean only"*, ¿debe usted acatar esa orden? "No siempre", dice Steve Boorstein, experto en ropa y autor de *www.clothingdoctor.com.* Pero hay que tener mucho cuidado.

"Todo depende del tipo de tela, del color, de la calidad de los tintes y de la confección", dice Boorstein. "Muchas prendas de algodón, rayón, microfibra, poliéster y algunos acetatos pueden lavarse en casa. Sin embargo, existen cuatro razones concretas para no hacerlo si una prenda lleva la indicación de 'sólo limpiar en seco': se puede decolorar, se puede encoger, se puede desteñir y la eliminación de manchas puede ser problemática, especialmente las manchas grasosas o de color, como la mostaza o la salsa soya", advierte Boorstein.

También debe pensar en cómo va a planchar la prenda. Usted podría necesitar un profesional para el planchado en seco o al vapor, si no quiere que la prenda quede tiesa o pierda su forma.

Sin embargo, simplemente porque diga "sólo limpiar en seco" no significa necesariamente que así sea. La ley federal exige que toda prenda de vestir tenga por lo menos una etiqueta de cuidado, de modo que si los fabricantes pueden indicar la limpieza en seco, ya no necesitan hacer las pruebas de lavado. Pero a veces es mejor ir a lo seguro. "Si le tiene cariño a un vestido y no quiere correr riesgos, llévelo a la tintorería", aconseja Boorstein.

Usted también podría ahorrar en los gastos de tintorería utilizando un *kit* casero para lavar en seco, como Dryel, FreshCare o Dry Cleaners Secret. Pero estos productos que se usan en la secadora tienen limitaciones. "Usted no podrá eliminar las manchas de grasa de las papas fritas o de aceite de oliva, ni tampoco las manchas de sangre, de tinta, de mostaza o de café con Dryel o con uno de estos otros productos", dice Boorstein. "Sin embargo, son muy buenos para quitar el mal olor y para refrescar la ropa, llegan a eliminar algunas manchas y en un apuro cumplen su propósito".

"Pero no se deje engañar: no existe un *kit* casero de lavado en seco o algo parecido que venga en un paquete sellado y que, al ponerse en la secadora, haga el trabajo de una tintorería que ha costado millones de dólares en construir y montar. Ésa es una afirmación descabellada".

Es más fácil quitar las manchas si las identifica primero. Para eliminar una mancha exitosamente es importante saber qué tipo de mancha es. Éstas son algunas maneras de identificar el origen de una mancha, así como consejos para tratarla:

Mancha	Descripción	Tratamiento
a base de agua	La mancha tiene una aureola o contorno definido y parece haber penetrado en el tejido.	Si la prenda es lavable, lavar tan pronto como pueda.
a base de aceite	La mancha no tiene un contorno definido, pero ha penetrado en el tejido. Puede tener la forma de una cruz porque el aceite se filtra a lo largo de la trama del tejido.	Limpiar en seco dentro de las 48 horas siguientes.
combinación	La mancha contiene tanto agua como aceite. Puede tratarse de mantequilla, lápiz labial, cosméticos, pintura, chocolate, glaseado o aliño de ensaladas.	Tal vez sea necesario limpiar en seco.

Pague menos en la tintorería. No todas las prendas de vestir necesitan un tratamiento de lujo. Usted puede ahorrar dinero llevando parte de sus trajes a una tintorería corriente en vez de gastar más en limpiezas especiales o personalizadas. Steve Boorstein, experto en ropa, nos dice cuándo economizar y cuándo derrochar en la limpieza en seco.

"Si lo que tiene son unos *jeans,* un traje básico, ropa sucia o simplemente una prenda con una mancha cualquiera, entonces usted no necesita los servicios de una superestrella del lavado. Todo lo que necesita es un lugar donde le puedan limpiar en seco y planchar la ropa para el día siguiente o la semana siguiente".

En esos casos, una tintorería que ofrece descuentos en el lavado y planchado le vendría bien. Pero no confíe su ropa a cualquiera. Tenga cuidado con los centros que exhiban letreros como "No asumimos la responsabilidad por los botones, por los adornos, por los cierres, por esto o por lo otro". Estas lavanderías a menudo manejan mucho volumen y necesitan trabajar rápidamente, así que no pueden dedicarle el tiempo que una tintorería especializada le dedicaría a su ropa.

"Es importante que si usted decide ir a una de estas lavanderías, pida ver muestras de su trabajo antes de confiarles su ropa", dice Boorstein. Comparar precios puede ayudarle a encontrar un lugar dedicado a la limpieza en seco que ofrezca descuentos y que sea de calidad. Pero para los trajes finos y tejidos delicados, gaste el dinero extra y llévelos a una tintorería especializada.

> ## Evite un desastre con una prueba sencilla
>
> Siempre haga una prueba en un área pequeña y poco visible de la prenda de vestir, antes de intentar sacar la mancha por su cuenta.

Seis maneras de borrar las manchas de tinta. Use cualquiera de estos artículos caseros para hacer desaparecer las manchas de tinta de la ropa:

+ Laca de pelo. Rocíe la mancha, deje reposar durante 30 minutos y frote suavemente la mancha con una esponja húmeda.

+ Pasta dental. Utilice la pasta de dientes normal, no el gel. Frote suavemente sobre la mancha.

+ Alcohol de uso externo. Empape la mancha, deje reposar durante 30 minutos y saque la mancha con una esponja húmeda.

+ Crema de afeitar. Utilice la que hace espuma, no el gel. Deje reposar durante 30 segundos, coloque bajo agua fría corriente y quite la mancha restregando con los dedos.

+ Barra de jabón Ivory. Ponga la mancha bajo agua fría corriente y frote el jabón suavemente sobre la mancha. Enjuague después de 30 minutos.

+ Suero de mantequilla. Deje remojar en suero de mantequilla durante 24 horas, luego enjuague en agua fría con un poco de jabón líquido para manos.

Derrote las manchas tenaces con lavavajillas.

¡Mamma mia! Se le derramó la salsa de espagueti sobre la blusa. Eche un chorrito de detergente líquido lavavajillas sobre la mancha o remoje toda la blusa en agua jabonosa durante horas. El lavavajillas líquido también funciona para eliminar las manchas de grasa, de chocolate y de fórmula para bebés, así como las manchas de sudor.

Manera inteligente de ahorrar dinero. Cuando tenga una

nueva corbata, cúbrala de inmediato con un protector de telas. Esto ayudará a repeler las manchas y reducir sus gastos de tintorería.

Gaste menos al lavar ropa. Éstas son tres maneras de ahorrar

dinero mientras lava la ropa:

+ Utilice solamente la mitad de la cantidad recomendada de detergente para lavar ropa.

+ No seque la ropa por completo. Sáquela de la secadora a los 15 minutos y cuélguela.

+ Llene una bolsita de tela de té con flores secas de lavanda. Úsela en lugar de las láminas para secadora. Le servirá para cinco o seis cargas.

La mejor manera de secar un suéter. Evite las marcas

antiestéticas que dejan los ganchos cuando usted cuelga los suéteres en el tendedero para que se sequen. Sencillamente pase unas pantimedias por el cuello del suéter y jale las piernas a través de las mangas. Luego sujete con ganchos las pantimedias para colgar el suéter.

Aumente el poder del detergente con bicarbonato de sodio. Hace maravillas para la ropa y cuesta mucho menos que

los costosos detergentes. Agregue media taza de bicarbonato de sodio al agua del lavado para ayudar a que el detergente trabaje mejor, al neutralizar el pH del agua. También aumenta la eficacia de la lejía o cloro. Simplemente mezcle una taza de bicarbonato de sodio con media taza de lejía para blancos más blancos. El bicarbonato de sodio ayuda además con los malos olores. Refresque la ropa maloliente añadiendo media taza de bicarbonato de sodio en el ciclo de enjuague.

Truco para hacer las toallas más absorbentes. No gaste su dinero en suavizante para las toallas, ya que las hace menos absorbentes. En cambio, sacúdalas una vez cuando estén húmedas y otra vez cuando estén secas, para esponjar las fibras.

Tres usos del vinagre en la lavandería. Haga que el vinagre sea parte de su rutina de lavado de ropa. El vinagre ayuda a:

+ Blanquear. Agregue una taza de vinagre a los ciclos de remojo o enjuague cuando lava ropa blanca.

+ Combatir los malos olores. Desodorice la ropa agregando una taza de vinagre al ciclo de enjuague.

+ Eliminar las manchas. Utilice una mezcla mitad agua, mitad vinagre para tratar las manchas de sudor, de pasto o de orina.

Nuevo uso para un viejo frasco. Enjuague bien un frasco exprimible de detergente líquido vacío. Llénelo con agua de grifo o agua destilada, y manténgalo cerca para llenar la plancha de vapor.

Borre las arrugas con aire. Para eliminar las arrugas de una chaqueta de vinilo, cuélguela en una percha y apunte a las arrugas con un secador de pelo hasta que éstas desaparezcan.

Pasos sencillos para reanimar el calzado. No invierta en zapatos nuevos cuando los viejos aún tienen mucho camino por recorrer. Pruebe las siguientes ideas para darle nueva vida a sus zapatos:

+ Elimine la suciedad de un par de zapatos de cuero con limpiador de cuero. Luego acondicione, lustre e impermeabilice los zapatos. Utilice limpiadores y cremas acondicionadoras suaves para los cueros exóticos, como la piel de serpiente.

✦ Para los zapatos de gamuza, aplique agua y repelente de manchas para gamuza. Utilice un cepillo con puntas de plástico o goma para restaurar la textura de la gamuza y quitar la suciedad.

✦ Reavive las zapatillas deportivas con sólo cambiar los cordones. Elimine los malos olores con un producto desodorizante que combata las bacterias. La maicena es un remedio casero eficaz.

Respire más fácilmente con mostaza

No tire la ropa vieja, guárdela para hacer compresas cuando se sienta mal. Los herbolarios y los sanadores naturales aconsejan preparar una pasta con semillas de mostaza negra en polvo y agua caliente, envolverla en un pedazo de tela y aplicarla sobre el pecho durante 10 ó 15 minutos para aliviar la congestión. La mostaza puede irritar la piel, así que tenga cuidado. Frotar aceite de oliva sobre la piel luego de retirar la compresa ayuda a calmar la irritación. También puede cocinar con esta especia para aliviar muchos problemas respiratorios, como la congestión de pecho, la bronquitis, la tos bronquial y la sinusitis.

Original bolsa reciclada. ¿La funda de la almohada perdió su encanto? Entonces dele otra oportunidad en la lavandería. Transforme una funda vieja de almohada en una bolsa con cordón para la ropa sucia. También puede usarla como una bolsa para lavar las prendas delicadas.

Fabuloso truco para desatascar un cierre. Con un hisopo de algodón aplique un toque de aceite de oliva sobre el cierre atascado. La idea es lubricar los dientes del cierre para que éste pueda volverse a abrir y cerrar. Pero asegúrese de no manchar la tela con el aceite.

Cómo "ablandar" los vaqueros. Para que sus *jeans* se vuelvan suaves y cómodos, remójelos en suavizante de tela durante la noche y luego lávelos como de costumbre.

Supersecretos de belleza

Siete secretos para mantenerse joven. Siga estos
consejos naturales para borrar el paso de los años sin pastillas ni cirugías:

✦ Rodéese de amigos y familiares. Un grupo de apoyo grande reduce
los niveles de estrés, la presión arterial y el riesgo de sufrir un
ataque cardíaco y enfermedades del corazón.

✦ Estírese. Con la edad se va perdiendo la flexibilidad. El estiramiento
es una manera natural de frenar e incluso revertir ese proceso.

✦ Consuma más antioxidantes. Éstos detienen la acción de los
radicales libres, que causan daño celular y conducen a más de
200 enfermedades. Consuma más frutas y verduras para aumentar
sus niveles de antioxidantes.

✦ Fortalezca los huesos. Los productos lácteos, como la leche, el
yogur y el queso, son buenas fuentes de calcio, que es la clave para
tener huesos fuertes. Además, le proporcionan buena cantidad de
fósforo y vitamina D, otros dos nutrientes esenciales. Agréguelos a
su alimentación para protegerse de la osteoporosis.

✦ Coma pescado. Consumir pescado por lo menos dos veces a la
semana puede reducir el riesgo de sufrir un ataque cardíaco o un
derrame cerebral, gracias a los ácidos grasos omega-3. El pescado
también ayuda a combatir la artritis, la diabetes, las cataratas, la
enfermedad de Alzheimer, la depresión y una serie de
enfermedades relacionadas con la edad.

✦ Salga a caminar. Caminar es una manera fácil, barata, segura y
eficaz de hacer ejercicio. Usted bajará de peso, tendrá más energía,
reducirá sus niveles de presión arterial y colesterol, pensará con
más claridad, sentirá menos ansiedad y dormirá mejor.

✦ Lidie con el estrés. Encontrar maneras de combatir el estrés diario
es fundamental para mantenerse y sentirse joven. Busque ayuda en
la religión, el ejercicio, la risa y las técnicas de relajación.

El secreto para un "estiramiento facial" natural

No gaste una fortuna en cirugías plásticas, inyecciones de Botox o cremas costosas. Simplemente beba más agua. Es una manera natural de borrar las arrugas, ya que mantiene el tejido de la piel firme y elástico. Sin una adecuada hidratación, la piel se vuelve escamosa, arrugada y seca. Aun si usted no tiene sed, su piel podría tenerla. Asegúrese de beber agua con las comidas, las meriendas y cuando está frente a la computadora o viendo televisión. Consumir alimentos ricos en agua, como sopa, frutas y verduras, también ayuda.

Seis sorprendentes remedios caseros. Conozca los trucos de belleza para verse y sentirse de maravilla de pies a cabeza y sin gastar un dineral:

✦ Para tener dientes más limpios, use bicarbonato de sodio como pasta dental. Simplemente humedezca su cepillo de dientes y sumérjalo en el bicarbonato de sodio. "Es ligeramente abrasivo por lo que ayuda a eliminar la placa de los dientes", dice el doctor Frank Toton, dentista de Shawnee-on-Delaware, Pensilvania. "Lo que causa el deterioro dental es el ácido producido por las bacterias en la boca. El bicarbonato de sodio neutraliza ese ácido".

✦ Para lucir un cabello brillante y sin caspa, consuma semilla de lino. Al igual que el pescado, estas potentes y diminutas semillas son una buena fuente de ácidos grasos omega-3, que mantienen la piel y el cabello saludables. Procure consumir entre 4 y 6 cucharadas de semilla de lino en polvo al día, ya sea sobre el yogur, los batidos, los cereales del desayuno o las ensaladas.

✦ Para reducir la hinchazón de los ojos, aplique una compresa fría debajo de éstos. También puede usar rodajas de pepino helado o bolsitas de té húmedas.

✦ Para dejar de morderse las uñas, aplique unos toques de áloe vera sobre ellas. Su sabor las hará menos tentadoras.

338

✦ Para suavizar las manos, mezcle una cucharada de azúcar con jugo fresco de limón y frote la pasta resultante sobre las manos.

✦ Para aliviar los pies secos, prepare un baño relajante utilizando una taza de miel por cada galón de agua caliente. Puede agregar canicas para masajear los pies mientras los pone en remojo.

Cambie las barras por piedras para ahorrar dinero

Gaste menos en desodorante usando una piedra desodorante. Estos cristales, que eliminan las bacterias que causan el mal olor, normalmente cuestan menos de $10 y pueden durar hasta un año. Aplique la piedra desodorante sobre la piel húmeda después de ducharse. Recuerde que estas piedras combaten el mal olor, no la transpiración.

¿La mejor manera de cepillarse los dientes? Un estudio reciente encontró que los cepillos de dientes eléctricos con cabezales circulares, que rotan en cepillados alternantes, funcionan mejor que los cepillos para dientes manuales, reduciendo la placa en 11 por ciento y la gingivitis, o inflamación de las encías, en 6 por ciento. Pero eso no significa que usted tenga que salir corriendo a comprar un cepillo de dientes eléctrico.

"No creo que eliminen nada que no pueda eliminar un cepillo de dientes manual", dice el doctor Frank Toton, dentista de Shawnee-on-Delaware, Pensilvania. "Creo que es una exageración publicitaria. Por lo general, no recomiendo los cepillos eléctricos porque considero que son costosos. Pero sí funcionan si se utilizan correctamente". El cepillo debe usarse en un ángulo de 45 grados para que las cerdas lleguen a limpiar debajo de las encías. Asegúrese de cepillar todas las caras de cada diente.

Sin embargo, los cepillos eléctricos pueden ser útiles en algunas situaciones. "Estos cepillos suelen tener mangos más anchos", dice Toton. "A las personas que padecen artritis les es difícil sostener un cepillo con un mango delgado, por lo que no podrán sostenerlo por mucho tiempo y mucho menos hacer el movimiento correcto de cepillado".

Toton subraya que el uso del hilo dental es esencial para la higiene bucal, sin importar el tipo de cepillo que use. "Si usted tiene problemas en manipular el hilo dental en carrete, use los portahilos, que son pequeños dispositivos de plástico con el hilo dental incorporado fáciles de usar con una mano", dice Toton. Después del cepillado y la limpieza con hilo dental, Toton también recomienda el uso de un enjuague bucal que contenga flúor, de venta con o sin receta médica.

Cuidado con las bacterias en el gimnasio

Tome ciertas precauciones cuando vaya al gimnasio. Si no tiene cuidado, usted podría contraer una infección en la piel por el *Staphylococcus aureus* resistente a la meticilina (SARM o MRSA, en inglés). Protéjase no compartiendo toallas, colocando toallas limpias sobre las almohadillas y esteras del gimnasio, y limpiando las máquinas con el paño con alcohol suministrado por la mayoría de los gimnasios. Si usted nota furúnculos o sarpullidos localizados y dolorosos que no se curan, debe ir al médico.

Pautas de ahorro en pasta de dientes. No gaste demasiado dinero en pastas dentífricas novedosas y de lujo. Cualquier marca que contenga fluoruro limpia los dientes y previene las caries. Usted también puede ahorrar dinero exprimiendo menos pasta sobre el cepillo. Un pequeño toque funciona de maravilla.

Pague menos por una sonrisa blanca nacarada. Ir al dentista para hacer que sus dientes se vean más blancos puede salirle muy caro. Usted puede darle brillo a su sonrisa por una fracción de ese costo utilizando un *kit* de blanqueamiento dental disponible sin receta médica.

Haga que el tinte de su cabello dure más. Siga estos consejos para que su cabello mantenga el color entre visitas a la peluquería:

✦ Use una crema acondicionadora unos días antes de aplicarse el tinte. El cabello sano retiene el color por más tiempo.

✦ Espere por lo menos dos días para lavarse el cabello después de habérselo teñido.

✦ Evite el cloro, que puede cambiar el color de su cabello —incluso a verde, si lo tiene rubio—.

✦ Proteja el cabello del sol si no desea que se aclare. Aunque a veces el sol puede darle brillo y un aspecto más cálido a su cabello.

✦ Tenga cuidado con el calor seco y el agua dura, que pueden afectar el color. Tal vez sea buena idea usar un cabezal con filtro en la ducha. Evite los rizadores, las planchas alisadoras y los secadores de pelo, tanto como sea posible.

✦ Lávese el cabello sólo cuando esté sucio. Cuanto más se lo lave, más rápido se desvanecerá el color.

Olvídese de las cremas antiarrugas. No malgaste su dinero en cremas costosas para las arrugas. Pruebas objetivas no encontraron diferencia alguna entre las cremas caras y las baratas. De hecho, aun cuando las cremas antiarrugas lograron alisar algunas líneas finas y algunas arrugas, el efecto fue prácticamente imperceptible.

Proteja su piel con un secreto de lavandería

A veces la ropa ligera no ofrece suficiente protección de los dañinos rayos ultravioleta del sol. Una manera barata de resolver este problema es el uso de SunGuard, un aditivo para el lavado de ropa que añade a las prendas protección UV para la piel. Sólo necesita agregar un paquete de SunGuard al detergente. Su ropa bloqueará el 96 por ciento de los rayos dañinos, al igual que un protector solar con FPS 30. Una caja cuesta sólo $1.99 y el tratamiento dura hasta por 20 lavadas. Usted puede comprar SunGuard en *www.sunguardsunprotection.com* o llamando al 866-871-3157.

Arréglese como un hombre para ahorrar dinero. Los productos para el cuidado de la piel de la mujer suelen costar mucho más que los productos similares para el varón, aun cuando tienen los mismos ingredientes activos. Ahorre dinero comprando lociones, limpiadores y otros productos de aseo personal para hombres.

Tire los cosméticos viejos para evitar infecciones. Si un cosmético cambia de color o tiene un olor raro, deshágase de él. Tire las bases de maquillaje después de un año y el rímel después de tres meses. Pueden ser portadores de bacterias.

Mime sus pies durante el invierno. Los pies sufren en climas fríos y secos. Caminar sobre la nieve y la lluvia con botas que no le quedan bien puede empeorar las cosas, al igual que si tiene los pies sudorosos y lleva calcetines gruesos. El resultado: talones agrietados, callos y callosidades, mal olor y bacterias. Éstos son algunos consejos para cuidar sus pies durante el invierno:

✦ Remoje los pies una vez por semana para deshacerse de la piel muerta y rebajar las asperezas. Llene una palangana con agua tibia y agregue una gotas de aceite suavizante para la piel.

✦ Use una plantilla liviana para mantener los pies en su lugar dentro de las botas o zapatos. La fricción del movimiento puede causar callos y callosidades.

✦ Humecte las uñas de los pies para evitar que se vuelvan secas y quebradizas.

Pasos para detectar el cáncer de piel

Puede que usted use sombreros, anteojos de sol y protector solar para protegerse del cáncer de piel, pero no se olvide de los pies. Revíselos periódicamente y observe si tienen lunares, pecas o manchas que han crecido o cambiado de aspecto. Mire las plantas de los pies, entre los dedos y debajo de las uñas.

Viaje mucho y gaste poco

Dónde buscar ofertas especiales. Los descuentos para viajeros mayores no han desaparecido. Aquí le decimos dónde buscarlos:

✦ Compañías aéreas. Desde el 11 de septiembre de 2011, las aerolíneas han reducido drásticamente los descuentos para los adultos mayores, pero aún se pueden encontrar buenas ofertas si usted pregunta por ellas. Con Southwest, los adultos mayores de 65 años pueden adquirir boletos aéreos totalmente reembolsables y a precios descontados. Otras aerolíneas, incluidas United y American Airlines, también ofrecen descuentos a los adultos mayores, pero hay que solicitarlos en el momento de hacer la reserva.

✦ Hoteles. Si es mayor de 62 años, usted puede obtener un descuento del 15 por ciento o más en los hoteles Marriott en el mundo entero, solicitando el descuento para adultos mayores cuando haga la reserva. Los hoteles Hyatt prometen un descuento de hasta el 50 por ciento de sus tarifas por habitación en los Estados Unidos continentales y Canadá. Otros hoteles también ofrecen tarifas para adultos mayores, así que pregunte por ellas cuando haga su reserva.

✦ Grupos de mayores. Hay poder (y ahorros) en los números. Los socios de AARP, una organización sin fines de lucro que ayuda a las personas mayores a partir de los 50 años a mejorar su calidad de vida, reciben un descuento del 10 por ciento o más en determinados hoteles, vuelos, coches de alquiler, paquetes vacacionales, tours, cruceros y entretenimiento. Haga sus reservaciones a través de *www.travelocity.com/AARP* o llame gratis y en español al 877-342-2277.

Navegue hacia tarifas aéreas baratas. Si usted quiere encontrar las mejores ofertas en vuelos, empiece navegando por Internet. Según Damon Darlin, editor del *The New York Times,* y Jay Cooke, editor de las guías de viaje *Lonely Planet,* éstos son los sitios web que pueden ayudarle a planificar su viaje y a ahorrar dinero:

✦ Farecast, en *www.farecast.com,* predice el costo del pasaje aéreo en determinadas rutas. Ingrese la ciudad de salida y aparecerá una lista de ofertas con designaciones como *"record low"* (mínimo histórico) o *"$105 less than the average low"* ($105 menos que el promedio bajo).

✦ Airfarewatchdog.com, en *www.airfarewatchdog.com,* se esfuerza en identificar las mejores gangas para sus usuarios, según Cooke, e incluye promociones de aerolíneas de bajo costo, como Southwest y JetBlue. La mayoría de los otros sitios de viaje no lo hacen.

✦ SmarterTravel, en *www.smartertravel.com,* ofrece ofertas consistentes y firmes, según Cooke.

✦ Southwest Airlines, en *www.southwest.com,* es un sitio que vale la pena visitar, si el destino de su viaje es operado por esta aerolínea.

No olvide visitar los otros sitios de viaje, como Orbitz *(www.orbitz.com)*, Travelocity *(www.travelocity.com)* y Expedia *(www.expedia.com)*, así como los sitios más especializados, entre ellos Kayak *(www.kayak.com)*, CheapTickets *(www.cheaptickets.com)* y SideStep *(www.sidestep.com)*.

Programe sus compras para ahorrar aún más.

Consiga el mejor precio en vuelos si reserva el pasaje en ciertos días y horas. Por lo general, los pasajes aéreos son más baratos a principios de semana. Las aerolíneas suelen publicar sus nuevas tarifas y promociones el martes por la mañana. Para la tarde, las otras aerolíneas habrán presentado ofertas equiparables. Así que busque las mejores tarifas los martes por la tarde y los miércoles por la mañana. Los precios empiezan a subir nuevamente el viernes y durante el fin de semana.

Una excepción: las aerolíneas actualizan sus sitios web la noche del sábado hasta entrada la mañana del domingo. A veces se equivocan en un precio, pudiendo éste llegar a ser la fracción del costo de un pasaje normal. Esta superganga desaparecerá tan pronto la aerolínea advierta el error. Pero usted podrá aprovecharla antes, si es rápido y trasnochador.

Consejo experto sobre el seguro de alquiler de auto.

¿Comprar o no comprar? Ésa es la pregunta. Estamos hablando del seguro adicional que las compañías de alquiler intentarán venderle. Tom Schneider, socio de Schneider Insurance Agency, dice que usted puede no necesitarlo si ya cuenta con un seguro de auto. Su actual póliza puede ofrecer suficiente cobertura. "Dos preguntas que debe hacerle a su agente de seguros. Primero: '¿Cubre mi póliza actual los daños o el robo de un coche alquilado?'. Casi el 99 por ciento de las veces, la respuesta es sí", dice Schneider. "Segundo: '¿Cubre mi póliza actual la llamada *pérdida de uso* que tendrá la compañía de alquiler si choco el auto alquilado y éste debe quedarse en el taller de reparaciones durante una semana?' Algunas pólizas lo hacen, otras no", advierte Schneider.

¿Piensa viajar al extranjero? Pregúntele al agente si su actual póliza de auto cubre un auto de alquiler en el país que visitará, o si debe adquirir un anexo a la póliza que sí lo haga, aconseja Schneider. Si usted no es propietario de un coche o no cuenta con un seguro de auto, entonces es obvio que debe adquirir una cobertura para el auto en alquiler.

Para los viajeros con necesidades especiales

Las nuevas normas de seguridad podrían desanimar a viajar a cualquier persona que tenga una condición especial. Pero la Administración de Seguridad en el Transporte (TSA, en inglés) establece excepciones para las personas con diabetes, marcapasos, desfibriladores y otras necesidades especiales. Cuando llegue a la línea de control de seguridad, infórmele al guardia sobre cualquier jeringa, insulina o medicamento que lleve con usted. Solicite una inspección visual de estos artículos en lugar de los rayos X. Asegúrese de tener todo claramente etiquetado. También informe si tiene implantado algún dispositivo médico, como un marcapasos. Si le preocupa pasar por el detector de metales, solicite una inspección manual. La TSA aconseja a los viajeros con marcapasos llevar siempre la tarjeta de identificación de éste.

Cinco maneras de aligerar la carga. Viajar ligero de equipaje no es sólo más cómodo, también puede ahorrarle dinero. Las aerolíneas que antes permitían facturar dos maletas por persona, ahora cobran extra por llevar más de una. Aligere su carga con estos consejos:

✦ Empaque un juego de ropa interior larga si es friolento o si viaja en invierno. Puede usarla para dormir, así no necesitará llevar pijamas.

✦ Enrolle los calcetines y las medias y colóquelos dentro de los zapatos de mujer. Coloque esos zapatos en bolsas de plástico y anídelos dentro de los zapatos de hombre, para hacer mejor uso del espacio en la maleta.

✦ Lleve puestos el día del viaje el suéter, la chaqueta y los pantalones más gruesos, para que no hagan bulto en la maleta. Además, en los aviones suele hacer frío.

✦ Coleccione las muestras de perfumes de las revistas y llévelas en lugar de cargar con botellas frágiles. Haga lo mismo con el champú y otras muestras. Ocupan menos espacio.

✦ Lleve los zapatos viejos que ya no quiere y tírelos al final del viaje. Haga lo mismo con la ropa interior y las medias gastadas.

Haga clic para pasajes aéreos económicos. Encontrar una oferta a través de una aerolínea para presupuestos ajustados es un ejercicio frustrante. No todos los aeropuertos cuentan con aerolíneas de bajo costo y algunas de estas aerolíneas vuelan únicamente en ciertas partes del país. Dos sitios web —*www.lowcostairlines.org* y *www.cheapflights.co.uk*— hacen que sea fácil encontrar una aerolínea de bajo costo en cualquier aeropuerto, tanto en Estados Unidos como en Europa, Asia y otros lugares. Sólo tiene que ingresar la ciudad de partida o de llegada, y estos sitios web le dirán qué aerolíneas de bajo costo operan en ese aeropuerto.

No vuelva a perder sus millas de viajero frecuente. No desperdicie las millas de viajero frecuente y los puntos que ha acumulado en otros programas de lealtad. Tres programas sencillos les darán seguimiento para que usted pueda usarlos antes de que expiren. Dos son gratuitos: MilePort en *www.mileport.com* y MileTracker en *www.miletracker.com.* MileageManager en *www.mileagemanager.com* cobra $14.95 al año, pero ofrece servicios adicionales.

Una manera saludable de ver el mundo

Caminar 30 minutos al día, casi todos los días de la semana, es todo lo que necesita para disminuir el riesgo de sufrir enfermedades del corazón o la enfermedad de Alzheimer, y a la vez bajar los niveles de presión arterial. Empezar a viajar después de jubilarse no es una excusa para no hacer ejercicio. Caminar y andar en bicicleta son buenas maneras de conocer el mundo, especialmente si usted está visitando una ciudad donde se respeta a los peatones.

John, jubilado y ávido corredor de 65 años de edad, está de acuerdo: "Correr es una manera fabulosa de echarle un vistazo a un nuevo lugar. Además, es más aceptable ahora que hace 40 años, cuando la gente se quedaba atónita cuando veía pasar a un adulto corriendo por las calles".

Ahorre un dineral en los cargos de las tarjetas de crédito. Las tarjetas de crédito son una de las maneras más seguras y cómodas de pagar cuando usted viaja al extranjero, pero tenga cuidado con los cargos. La mayoría de los bancos y las compañías de tarjetas de crédito cobran un cargo cada vez que usted hace una compra en otro país o utiliza un cajero automático fuera de la red. La mayoría, pero no todos.

La tarjeta de Discover y el banco Capital One normalmente no cobran estos cargos por uso en el extranjero, mientras que American Express, Visa, MasterCard y los bancos Citigroup, Bank of America y Wachovia sí lo hacen. Los cargos totales pueden llegar a ser hasta el 3 por ciento del precio de compra. Ahorre el dinero que con tanto esfuerzo ha ganado para prolongar sus vacaciones. Si usted viaja al exterior con frecuencia o planea un gran viaje en el futuro, considere la posibilidad de obtener una tarjeta que no cobre estos cargos por uso en el extranjero.

Llame a su banco y a la compañía emisora de su tarjeta de crédito y pregúnteles sobre su política al respecto, y luego elija una compañía que no lo desplume.

Conozca el país por sólo $10. Disfrutar de la belleza natural de este país es una manera estupenda de pasar sus años dorados. Y ahora usted puede hacerlo por tan sólo $10, con el pase para el adulto mayor llamado "America the Beautiful Senior Pass", del Servicio de Parques Nacionales. Este pase vitalicio les da el derecho a las personas mayores de 62 años, más tres adultos —o a los pasajeros de un auto en las áreas donde se cobra una tarifa por vehículo— al ingreso libre a los parques nacionales y a tarifas reducidas para acampar, nadar, echar botes al agua y otras amenidades. Usted solamente puede obtener estos pases en los propios parques, así que súbase al coche y empiece a recorrer el país.

Direcciones sin complicaciones y al instante

La Internet ha revolucionado la forma como planificamos los viajes. Los sitios web, tales como *www.maps.google.com*, *www.mapquest.com* y *www.maps.yahoo.com*, pueden proporcionarle direcciones para llegar en coche a casi cualquier lugar, además de ayudarle a encontrar la ruta más corta y ahorrar combustible, o la ruta más pintoresca. Sólo ingrese el punto de partida y su destino final. Tenga en cuenta que estos sitios pueden cometer errores, así que para estar seguro siempre es mejor obtener direcciones de más de un sitio. Y para que todo le sea aún más fácil, otro sitio web, Seeaarch en *www.directions.seeaarch.com*, hace precisamente eso para usted.

Salud y seguridad a la hora de viajar

Prepare su propia "comida rápida". Salir de viaje no significa que usted también deba tomarse unas vacaciones de la buena nutrición. Los adultos mayores necesitan mucha agua, proteína, calcio y fibra mientras viajan, dice Ruth Frechman, dietista registrada y vocera de la Asociación Estadounidense de Dietética (ADA, en inglés). Lleve con usted estas meriendas económicas, sabrosas y nutritivas:

✦ Surtido de frutos secos por el contenido calórico, el calcio y la fibra. Usted puede comprar las mezclas preenvasadas, que se conocen como *Trail Mix,* pero esté atento al contenido de carbohidratos si es diabético. También puede hacer su propia mezcla con cereales altos en fibra, frutos secos sin sal, y unas cuantas pasas o arándanos rojos secos. Casi cualquier cereal alto en fibra es una merienda nutritiva y de alto valor energético. "En tanto que sea un cereal integral, usted obtendrá muchos nutrientes", dice Frechman. "Es mejor que comer un pedazo de pastel". Coloque una porción en una bolsa pequeña con cierre antes de salir de viaje.

✦ Botellas de agua o fruta para proporcionar fluidos. "Los adultos mayores corren el riesgo de deshidratarse", dice Frechman.

✦ Queso en tiras por la proteína y el calcio. Las latas pequeñas de atún también funcionan.

✦ Un sándwich de mantequilla de cacahuate por la proteína. "Las barras energéticas son muy cómodas, pero suelen ser algo caras", dice Frechman. En su lugar, prepare este favorito de siempre empleando pan integral. "De ese modo, usted obtendrá un cereal integral, más proteínas".

Protéjase de un peligro oculto en los hoteles. Los hoteles deben seguir ciertas reglas cuando se trata de la instalación de detectores de humo y alarmas contra incendios, pero no para la instalación de los detectores de monóxido de carbono (CO). El CO es un gas que no se puede ver ni oler, pero que puede causar la muerte si se inhala. Usted puede correr el riesgo de envenenamiento por CO por una caldera defectuosa cada vez que se hospeda en un hotel. Un estudio realizado en el año 2007 encontró 68 casos de envenenamiento por CO en hoteles, moteles y centros vacacionales entre 1989 y 2004, entre ellos 27 personas fallecidas. A pesar de estas tragedias, la mayoría de los hoteles aún no han instalado detectores de CO. Proteja a su familia llevando su propia alarma contra CO cuando viaja.

La verdad sobre el mito de las llaves electrónicas de los hoteles.

Algunas personas piensan que las llaves electrónicas o las tarjetas de acceso a las habitaciones de los hoteles llevan sus datos personales. La revista *Computerworld* hizo pruebas con 100 tarjetas de acceso de varios hoteles en Estados Unidos, para comprobar si contenían información personal o de crédito. No era así. La mayoría de estas tarjetas llave sólo llevan el número de habitación asignado, un código que identifica al huésped y la fecha de salida del huésped. Toda información personal, incluidos los datos sobre su tarjeta de crédito, es almacenada en un sistema informático independiente.

Solución para viajeros con alergias a las mascotas.

Muchos hoteles están admitiendo mascotas para atraer a más clientes. Si usted es alérgico a los perros o a los gatos, eso es un problema, ya que no hay garantía de que su habitación esté libre de pelusa y descamación animal. Hay hoteles que no hacen un seguimiento de las habitaciones donde han estado alojados los clientes con mascotas. Para su tranquilidad, busque un hotel que mantenga algunas habitaciones libres de mascotas.

Transporte seguro para los medicamentos con receta médica.

Siga estos consejos a la hora de hacer las maletas:

+ Lleve más de lo que necesita. No asuma que podrá conseguir las medicinas que le lleguen a faltar en cualquier farmacia del lugar que visitará. El Instituto de Prácticas Seguras de Medicación publicó una alerta de seguridad en el 2005 sobre medicamentos vendidos en otros países que tienen ingredientes distintos que los medicamentos en Estados Unidos que llevan el mismo nombre.

✦ Utilice bolsas aislantes y enfriadas previamente para los medicamentos que necesiten refrigeración.

✦ Mantenga las medicinas en sus envases originales y llévelas en el bolso de mano si viaja en avión. Lo mejor es consultar las últimas restricciones de lo que es permitido llevar a bordo.

✦ Lleve una lista de todos los medicamentos que toma normalmente, incluidos los que compra sin receta médica.

Prevenga robos con un "gadget" de $5. Los lectores de la revista *Budget Travel* sugieren los siguientes usos para un mosquetón de alpinista, también conocido como *D-ring*:

✦ Asegure el maletín de mano a la pata de una silla mientras espera en el aeropuerto.

✦ Asegure su bolso o cámara al cinturón para tener las manos libres.

✦ Asegure las bolsas pequeñas a la manija de una maleta rodante.

Ayuda para los pasajeros agobiados

No existen normativas federales sobre lo que las aerolíneas deben hacer en caso de retraso en los vuelos y otros problemas que puedan surgir. Usted puede consultar las políticas de las principales líneas aéreas, incluidas Delta, Southwest, US Airways, en *http://airconsumer.dot.gov/spanish/*, el sitio web en español del Departamento de Transporte de EE.UU. que ofrece protección y asesoramiento para los pasajeros aéreos.

Haga que su celular sea su asistente de viaje. Y no sólo para llamar a un taxi. He aquí algunos consejos para hacer que su viaje sea más seguro y placentero con la ayuda de un teléfono celular:

✦ Almacene en su celular los números telefónicos de emergencia, los datos de su médico, así como la lista de medicamentos que toma y cualquier problema médico que tenga.

✦ Tome una foto diaria de sus compañeros de viaje. Si se separan, es más fácil de explicar a quién está buscando y cómo va vestido.

✦ Tome una foto del coche que ha alquilado y de la placa, para poder reconocerlo más adelante.

✦ Si está en una ciudad con mapas públicos, tome la foto de uno. Puede servirle para orientarse cuando se mueva por la ciudad.

Sólo beba agua embotellada en el avión

En pruebas realizadas por la Agencia de Protección Ambiental de Estados Unidos (EPA, en inglés) se encontró que el agua de alrededor del 15 por ciento de los aviones contenía bacterias coliformes. Estas bacterias no son peligrosas, pero pueden indicar la presencia de bacterias patógenas. Las aerolíneas junto con la EPA están tratando de resolver este problema. Entretanto, tal vez sea mejor llevar a bordo su propia agua embotellada. Asegúrese de comprarla después de pasar por el control de seguridad. Y durante el vuelo, sólo pida bebidas en lata o en botella.

Dos maneras de proteger su salud en un crucero.

El norovirus provoca diarreas y vómitos severos. Usted puede contraerlo en cualquier lugar donde entre en contacto cercano con otras personas. Pero en un crucero eso arruinaría sus vacaciones. El norovirus puede transmitirse a través de los alimentos, las superficies que usted toca y directamente de otra persona. Para protegerse, lávese las manos frecuentemente con agua y jabón (no con desinfectante para manos a base de alcohol) y evite dar la mano. Todos los cruceros que salen de un puerto estadounidense son sometidos a inspecciones de salud dos veces al año. Verifique el informe de su barco en *wwwn.cdc.gov/vsp/*.

Disfrute del tiempo libre

Descubra libros nuevos de forma gratuita. ¿Le gusta leer en inglés pero no sabe dónde encontrar buenos libros? Únase a uno de los clubes de lectura de Dear Reader (Querido Lector). Usted podrá elegir entre casi una docena de clubes dedicados a libros de misterio, no ficción, ciencia ficción y novelas románticas, entre otros. Cada día usted recibirá breves selecciones tomadas de distintos títulos en inglés, que le serán enviadas directamente por correo electrónico.

Suzanne Beecher, fundadora de DearReader.com, cuenta que empezó estos clubes para ayudar a las personas ocupadas a volver a disfrutar del hábito de la lectura. "La lectura estaba siendo desplazada a un segundo plano por otras actividades", dice. Pero las selecciones que ella envía a los lectores se pueden leer en cinco minutos, sin compromiso alguno. Usted puede pedir un libro y decidir más adelante si desea comprarlo o si prefiere sacar el libro en préstamo de la biblioteca. Inscríbase gratis en *www.dearreader.com* o en la biblioteca pública de su zona.

"Me encanta cuando la gente se une a los clubes de libros a través de su biblioteca, no sólo porque así participan de un club en línea y de un grupo virtual de personas a nivel mundial, sino porque también forman parte de un grupo en su propia comunidad", dice Beecher. Unas 350,000 personas acceden diariamente a Dear Reader y la columna diaria de Beecher les hace sentirse parte de esa comunidad lectora en línea.

Cambie sus libros viejos por libros nuevos. Renueve sus estantes de libros en casa y obtenga nuevos títulos a través del sitio web *www.paperbackswap.com*. Simplemente inscríbase en línea y presente una lista de por lo menos diez libros que usted estaría dispuesto a dar a cambio de otros. Si usted recibe un mensaje de un socio que desea uno de esos libros, envíelo por correo utilizando una de las tarifas económicas de Media Mail. Usted gana puntos cada vez que regala un libro. Cuando vea anunciado en el sitio web un libro que a usted le gusta, entonces sólo tiene que pedirlo. El dueño del libro se lo enviará gratis. También puede intercambiar CDs y DVDs de video por una módica cuota.

Cuidado con los lentes para leer de la farmacia

Usted puede comprar lentes para leer en cualquier farmacia o supermercado sin necesidad de una receta médica. Pero hágalo sólo en caso de emergencia. Los especialistas para el cuidado de los ojos dicen que estos lentes de venta libre están bien para un tiempo corto, por ejemplo, si se le rompieron los suyos o los dejó olvidados en casa. Pero no son tan duraderos ni precisos como los lentes recetados. Además, pueden causar fatiga visual si no elige los adecuados. Para el uso a largo plazo, es mejor que un profesional le examine la visión y le recete los lentes. También podrá examinarle para otras enfermedades silenciosas de los ojos, como las cataratas o el glaucoma.

Ahorre dinero al renovar las suscripciones a revistas. El precio de una revista puede aumentar cuando usted renueva una suscripción. En lugar de renovar, vuélvase a suscribir a la tarifa original más baja. Usted puede encontrar ese precio ya sea en una de las tarjetas insertadas en la revista o en línea, en sitios web como *www.magazines.com*. Para asegurarse de no acabar con dos suscripciones, incluya la etiqueta que lleva su dirección y que viene con la revista cuando vuelva a suscribirse.

Conozca las reglas del "regifting". Volver a regalar algo que le regalaron, ahorra dinero y evita el desperdicio. A esta práctica se le conoce como *"regifting"* o, literalmente, re-regalar. Siga estas reglas para no herir los sentimientos de alguien o dar la impresión de ser un tacaño:

+ El regalo debe ser nuevo y estar en su empaque original.

+ Envuélvalo en papel de regalo nuevo y descarte cualquier señal delatora, como su nombre en la línea de "Para" en la etiqueta.

+ No vuelva a regalar algo que haya sido personalizado con un monograma, que esté hecho a mano o que sea obviamente una muestra gratis. Despertará sospechas y es de mal gusto.

✦ Hágalo con buena intención. Está bien volver a regalar algo si usted sabe que será del agrado de la persona que lo recibirá, y no sólo para salir del paso y tachar un nombre de su lista.

Aproveche estos descuentos poco conocidos. Los adultos mayores bien informados pueden ahorrar mucho en entretenimiento. Los cines, los museos, los parques recreacionales, los centros de esquí y los parques nacionales buscan atraer a las personas mayores ofreciéndoles un descuento, a menudo de alrededor del 20 por ciento del precio normal.

Bill H., de 67 años de edad, siempre pregunta por los descuentos para adultos mayores cuando juega golf. Ha descubierto que en algunos centros recreacionales y en algunos parques de la ciudad ofrecen una tarjeta anual para los campos públicos de golf. Por ejemplo, los adultos mayores pagan sólo $31, mientras que los demás usuarios pagan $39. Y en algunos campos se les ofrece descuentos mayores en ciertos días de la semana, cuando los demás jugadores están trabajando. También ha descubierto que puede aprovechar otras buenas ofertas cuando muestra su tarjeta de miembro de AARP.

Bill incluso aprovecha los descuentos en algunos restaurantes de comida rápida cerca de su vecindario de personas mayores, en el norte de California. "El otro día pasé por Wendy's y, por casualidad, les pregunte: '¿Tienen descuentos para adultos mayores?' ¡Y vaya que si los tenían!", dice Bill.

El mejor momento para alquilar una película

Vaya a la tienda de alquiler de películas tan pronto comience la tarde del martes. Las devoluciones de la mañana ya deberían estar de vuelta en los estantes, y usted podrá tomar ventaja de las ofertas de media semana.

Únase al club para ahorros de película. No gaste $30 cada vez que lleva a su pareja al cine. La cadena de salas de cine AMC Theatres ofrece sin costo alguno la tarjeta de recompensas MovieWatchers. Muéstrela cada vez que compra una entrada en la taquilla y ganará puntos para adquirir sodas, dulces y otros productos en los puestos de venta, así como entradas más adelante. Inscríbase en *www.moviewatcher.com*. La cadena Regal Cinemas tiene un programa similar, el Regal Crown Club. Usted puede inscribirse de forma gratuita en *www.regalcinemas.com*. Averigüe si el cine de su barrio pertenece a Regal, AMC o a otra empresa.

Descubra una mejor manera de ver televisión.
Aproveche al máximo el tiempo que dedica a ver televisión grabando sus programas favoritos con una videograbadora digital (DVR). Es mucho más sencillo que programar una VCR. Con una DVR usted puede usar el control remoto para buscar y seleccionar sus programas favoritos por nombre, sin tener que saber la hora de transmisión o el tiempo de duración. Usted también puede detener un programa en vivo, una gran función cuando suena el teléfono.

Con una DVR usted también ahorra tiempo, explica Donald A. Norman, profesor de ciencias de la computación y psicología de la Universidad Northwestern y autor de varios libros sobre el buen diseño. "Supongamos que usted quiere ver un show de dos horas de duración en vivo y en directo, como un partido de fútbol", dice Norman. "Conozco a muchas personas que no verán el partido a la hora que empieza. Esperarán 30 ó 40 minutos, y sólo entonces empezarán a verlo". La DVR les permite avanzar y saltarse los comerciales sin perderse una sola jugada, para ver el final del partido en tiempo real. "De ese modo llegan a ahorrar media hora", dice. Usted puede alquilar una DVR de su compañía de cable o comprar un aparato como el de la marca TiVo.

Cuatro consejos para tomar mejores fotos digitales.
Las cámaras digitales pueden ser bastante complicadas, pero estos consejos le ayudarán a tomar fotos como un profesional:

✦ Acérquese al sujeto. Usted puede usar la función manual del zoom si se encuentra a gran distancia, pero desactive el zoom digital.

✦ Mantenga pulsado el botón disparador hasta la mitad, durante un segundo, para ajustar el enfoque previo antes de disparar. De ese modo no habrá una demora cuando esté listo para hacer clic.

✦ Pruebe usar un trípode para evitar el desenfoque si le tiembla la mano. O active el estabilizador de imagen de la cámara.

✦ No olvide recargar la batería entre usos.

Gran idea para los amantes de la música. Música clásica o música tropical, baladas o jazz, escuche lo que va a comprar antes de desembolsar $18 por un disco compacto. La cadena de librerías Barnes & Noble cuenta en muchas de sus tiendas con cabinas para escuchar música en forma gratuita. Basta con ponerse los auriculares y buscar en la pantalla el CD que le interesa. También puede escuchar en línea segmentos breves de canciones, ya sea en el sitio web de una librería virtual como *www.amazon.com* o en la tienda de iTunes. Vaya a *www.apple.com/itunes/store/* y busque la canción o el artista que quiere escuchar.

Coma fuera por menos

Éstas son ocho maneras de salir a comer sin afectar su bolsillo:

◆ Recorte un cupón.

◆ Salga a almorzar, no a cenar.

◆ Busque un especial para madrugadores, conocido como "Early-Bird Special", por el que puede comer a precios rebajados fuera de las horas más concurridas, por lo general entre cinco y siete de la tarde.

◆ Beba agua, es gratis.

◆ Comparta el plato principal.

◆ Pida comida para llevar a casa y ahórrese la propina.

◆ Busque una oferta "Kids Eat Free", por la cual los niños comen gratis.

◆ Vaya a la cafetería de un hospital.

Enfríe bebidas calientes en cinco minutos. Ponga las latas o botellas de refrescos en una olla grande y cúbrala con hielo. Llene la olla con agua y agregue dos tazas de sal de mesa. Revuelva para disolver la sal. Coloque la olla en el congelador durante cinco minutos y disfrute de una bebida fría como el hielo.

Consejos para lucirse a la hora de hacer un brindis.

Recuerde estas reglas básicas de Toastmasters International para un brindis inolvidable:

+ Sea breve, un par de minutos o menos, para no perder la atención de los invitados.

+ Practique antes y hable con claridad y en voz alta durante el brindis.

+ Diga algo personal, sincero y adecuado a la ocasión.

+ Puede decir algo divertido, siempre que sea un humor limpio y positivo.

Aun si no bebe alcohol, usted puede participar en un brindis. Es mejor beber cortésmente un sorbo de soda que rehusarse a ofrecer sus buenos deseos.

Trucos de tejido para las personas con artritis

Haga estos cambios pequeños para aliviar el dolor en los dedos mientras teje:

* Evite los hilos de algodón. Es más fácil trabajar con lanas y mezclas de lana porque son más elásticas.

* Utilice una aguja circular, aun si está tejiendo una pieza plana. El peso de la pieza que está tejiendo descansará sobre su regazo, en lugar de tirar de las muñecas.

* Procure tejer con agujas hechas de materiales livianos, como el abedul *(birch,* en inglés), el bambú o el plástico, en lugar del metal frío.

Organice su espacio de trabajo para evitar lesiones.

El doctor Christopher P. Andreone, de Andreone Sports and Family Chiropractic, de Peachtree City, Georgia, tiene muchos pacientes que sufren de las llamadas "lesiones por uso excesivo", causadas por las acciones repetitivas de una serie de actividades relacionadas con el trabajo o un pasatiempo.

"Por lo general, las costureras, los sastres y las personas que cosen a mano o a máquina presentan más problemas en el cuello, los brazos y la parte superior de la espalda, ya sea por estar sentados con la cabeza hacia abajo durante largos períodos de tiempo, o por trabajar en una máquina que es o demasiado alta o demasiado baja", dice. "Los problemas en la parte inferior de la espalda son más frecuentes en las personas que cosen a mano, ya que éstas permanecen constantemente sentadas por largos períodos de tiempo". Para evitar lesiones, siga los principios básicos de la ergonomía o arregle su espacio de trabajo para adecuarse a la manera como trabaja su cuerpo. El Dr. Andreone aconseja lo siguiente:

"La geometría simple nos ofrece la solución al problema", dice. "En condiciones ideales, la cabeza debe estar erecta, en lugar de mirar hacia abajo o inclinarse hacia delante; los brazos deben colgar derechos a los lados, y los codos deber estar a un ángulo de 90 grados, de manera que los antebrazos queden paralelos al piso. La altura del asiento también es importante. La espalda debe estar recta y los muslos paralelos al suelo, con las rodillas a un ángulo de 90 grados y los pies planos sobre el piso".

El doctor Andreone dice que estos cambios pronto se volverán un hábito. "Si la silla está demasiada alta y no puede bajarla, entonces coloque unos cuantos libros bajo los pies. Si debe inclinarse para llegar a la máquina, entonces coloque algo bajo las patas de la máquina o de la mesa para que usted pueda sentarse derecho", aconseja.

Ideas frugales para organizar sus materiales de manualidades. Invierta su dinero en comprar nuevos materiales

para sus manualidades, no en contenedores para almacenarlos. Alice Jewell, que se dedica a la costura y a hacer colchas a base de retazos, ahorra dinero dando nuevos usos a cosas viejas. "Me encantan las cajas de aparejos de pesca que son de plástico transparente", dice. "Los pequeños compartimentos sirven para guardar casi cualquier cosa. Uso una caja para todo tipo de agujas. La otra tiene los materiales que llevo a mis talleres. Uno de los compartimentos es lo suficientemente grande para mis tijeras y mi cortador giratorio. Y las asas hacen que sean fáciles de llevar a todo lado". Jewell dice que estas cajas son mucho más baratas que los organizadores similares especialmente diseñados para almacenar materiales de manualidades o que las cajas de costura.

No tire las cajas de bombones con divisiones, funcionan para separar objetos pequeños en una gaveta o sobre una mesa. "Yo uso un carrusel organizador de útiles de escritorio para separar mis lápices, los marcadores, el abridor de costuras y otras herramientas que necesito cerca cuando estoy trabajando en la máquina de coser", dice Jewell. "Pero mi organizador favorito es un tablero de clavijas que está colgado muy cerca de donde estoy sentada. Lo uso para colgar mis tijeras y tener fácil acceso a ellas".

Transforme una mesa baja en una mesa elevada para cortar.

Si trabaja de pie para cortar tela, papel o plástico es más cómodo hacerlo sobre una mesa que esté a la altura de un mostrador. Usted puede gastar $300 o más en una mesa para cortar elevada, o puede modificar la mesa que ya tiene por unos $20. Aquí le decimos cómo.

Decida a qué altura desea trabajar. Las mesas comerciales tienen una altura de alrededor de 35 pulgadas (89 cm), pero elija la altura que sea más cómoda para usted. Haga que le corten a esa longitud cuatro piezas de un tubo de PVC de 3 pulgadas. Las cuatro piezas deben tener exactamente el mismo tamaño. Coloque cada pata de la mesa dentro de uno de los tubos de PVC. Para que la mesa no se bambolee, utilice cuñas en el interior de los tubos de PVC para que queden firmes y ajustados. Ya no tendrá que volver a inclinarse para cortar o marcar algo.

Póngase creativo soplando burbujas. Las burbujas de talla única ya son cosa del pasado. Regale a sus niños una experiencia inolvidable utilizando objetos que ya tiene en casa:

✦ Use un matamoscas limpio de plástico y sumérjalo en la solución para hacer burbujas. Obtendrá una sinfonía de burbujas de diferente tamaño.

✦ Reutilice una canastilla de plástico para fresas para crear una enorme cantidad de burbujas.

✦ Doble alambre floral en forma de círculos para soplar burbujas únicas. O doble una percha de alambre para conseguir una burbuja realmente gigante.

Helado casero de cinco minutos

A los niños les encantará preparar este helado de leche. Y a usted le encantará que no haya que ensuciar toda la cocina. Coloque cubos de hielo y algo de sal (o sal de roca) en una bolsa de plástico de un galón con cierre hermético *(zip-lock bag,* en inglés). Sólo llénelo hasta la mitad. Luego vierta media taza de leche, una cucharada de azúcar, más un poco de vainilla en una bolsa de plástico tamaño sándwich y ciérrela herméticamente. Coloque la bolsa pequeña dentro de la bolsa grande, cierre y agite. Siga agitando la bolsa hasta que la leche tome la consistencia de helado.

Glosario

Aguacate. Palta. En inglés: *avocado*

Albaricoque. Chabacano, damasco. En inglés: *apricot*

Áloe vera. Sábila. En inglés: *aloe vera*

Arándano agrio. Arándano rojo. En inglés: *cranberry*

Arándano azul. En inglés: *blueberry*

Bagel. Rosca de pan.

Banana. Banano, cambur, guineo, plátano. En inglés: *banana*

Batata dulce. Boniato, camote. En inglés: *sweet potato*

Berza. En inglés: *collard greens*

Bicarbonato de sodio. Bicarbonato de soda, bicarbonato sódico. En inglés: *baking soda*

Bizcocho. Torta o pastel de azúcar, harina, huevos y mantequilla en partes iguales. Panqué, ponqué, queque inglés. En inglés: *pound cake*

Calabacín. Calabacita, zapallo italiano. En inglés: *zucchini*

Calabaza. Calabaza común, zapallo. En inglés: *pumpkin*

Calabazas de invierno. Calabazas de corteza dura, como la calabaza común *(pumpkin)*, la calabaza bellota *(acorn squash)* o la calabaza de cidra *(butternut squash)*. En inglés: *winter squash*

Calabazas de verano. Calabazas de cáscara fina, como el calabacín. En inglés: *summer squash*

Carne molida. Carne picada. En inglés: *ground meat*

Cártamo. Alazor. En inglés: *safflower*

Cebollino. Cebolleta. En inglés: *chives*

Chile. Ají, pimiento picante. En inglés: *hot pepper*

Cinta adhesiva multiuso. Cinta adhesiva de tela extrafuerte e impermeable. En inglés: *duct tape*

Crockpot. Olla eléctrica de cocción lenta. Sinónimo en inglés: *slow cooker*

Colita de cuadril. Colita de cadera, empuje en trozo, punta de picana, rabillo de cadera. En inglés: *rump tail, triangle roast, triangular roast, tri-tip*

Compost. Abono orgánico que se obtiene por la descomposición de residuos orgánicos.

Compostera. Dispositivo usado para la elaboración de compost. Compostero, compostador. En inglés: *composter*

Cuenta corriente. Cuenta de cheques. En inglés: *checking account*

Durazno. Melocotón. En inglés: *peach*

Fideicomiso. En inglés: *trust*

Habichuelas verdes. Ejotes, judías verdes, vainitas. En inglés: *green beans*

Harina común. Harina sin preparar de uso general. En inglés: *all-purpose flour*

Harina de trigo sarraceno. Harina de alforjón. En inglés: *buckwheat flour*

Hierro fundido. Hierro colado.
En inglés: *cast iron*

Hongos. Champiñones, setas. Hay
muchas variedades de hongos
comestibles. En inglés: *mushrooms*

Huevos a la diabla. Huevos
endiablados, huevos rellenos.
En inglés: *deviled eggs*

Latte. Café expreso con leche
calentada al vapor.

Lejía. Blanqueador, cloro, lavandina.
En inglés: *bleach*

Light. Bajo en calorías, dietético.
Sinónimo en inglés: *lite*

Llanta. Caucho, cubierta, goma,
neumático. En inglés: *tire*

Maíz. Choclo, elote. En inglés: *corn*

Mocachino. Café expreso con sirope
de chocolate, leche caliente y espuma
de leche. También: *mochaccino*

Mero. En inglés: *grouper*

Ocra. Gombo, molondrón,
quimbombó.
En inglés: *okra*

Pajilla. Calimete, caña, pajita, pitillo,
popote, sorbete, sorbeto. En inglés:
drinking straw

Papaya. Fruta bomba, lechosa.
En inglés: *papaya*

Pargo. Chillo, huachinango.
En inglés: *red snapper*

Pasapuré. Prensapapas. En inglés:
potato ricer

Pimiento. Pimentón, pimiento
dulce, pimiento morrón.
En inglés: *bell pepper*

Piña. Ananá. En inglés: *pineapple*

Pisapuré. Aplastador de papas,
pisapapas. En inglés: *potato masher*

Plátano verde. Plátano macho.
En inglés: *plantain*

Ponche de huevo. En inglés: *eggnog*

Remolacha. Betabel, betarraga.
En inglés: *beet*

Repollo. Col. En inglés: *cabbage*

Semilla de lino. Semilla de linaza.
En inglés: *flaxseed*

Toronja. Pamplemusa, pomelo.
En inglés: *grapefruit*

Trigo sarraceno. Alforjón.
En inglés: *buckwheat*

Vieiras. Callos de hacha, conchas.
En inglés: *scallops*

Índice de términos